ABRIENDO PASO

GRAMÁTICA

JOSÉ M. DÍAZ
Hunter College High School

STEPHEN J. COLLINS
Boston College High School

HH
I T P

Heinle & Heinle Publishers
A Division of International Thomson Publishing, Inc.
Boston, Massachusetts 02116, USA

The publication of **Abriendo paso—Gramática** was directed by the members of the Heinle & Heinle School Publishing Team:

Elizabeth Holthaus and Stanley J. Galek, *Team Leaders*
Beth Kramer, *Editorial Director*
Mary McKeon, *Production Editor*
Pam Warren, *Market Development Director*

Also participating in the publication of this program were:

Publisher: Stanley J. Galek
Director of Production: Elizabeth Holthaus
Photo/Video Specialist: Jonathan Stark
Manufacturing Coordinator: Barbara Stephan
Illustrator: Bob Doucet
Cover Designer: Carole Rollins
Cover Art: José Antonio Velázquez, Honduras, *San Antonio de Oriente,* 1957, Oleo sobre tela 66 × 94 cm, fondo de adquisiciones, 1958.

Manufactured in the United States of America

ISBN: 0-8384-4944-1 (Hardcover)
ISBN: 0-8384-6737-7 (Paperback)

10 9 8 7 6 5 4 3 2 1

Table of contents

Unidades

Etapas

Pasos

This book is dedicated to the memory of Stephen J. Collins, an outstanding foreign language educator and author. His wisdom, dedication, and gentle spirit will be greatly missed.

Preface

Introduction

The *Abriendo paso* program is the first Spanish program designed specifically for high school students in level IV or higher. The program provides advanced students with the guidance they need to continue discovering, learning, and using the language in meaningful, creative, and engaging contexts.

Abriendo paso is a two-book program. *Abriendo paso: Lectura* uses readings to develop students' proficiency in the four skills areas. *Abriendo paso: Gramática* is an independent grammar book in which grammar is not an end in itself, but rather a tool for communication.

Organization

We believe that by the time students get to the upper levels they have covered most of the grammar needed for communication. Needs and context define the presentation of grammatical constructs. However, because the need for grammar instruction, review, and reinforcement at these levels varies so widely from class to class, we have created a work that, as an option, allows students to strengthen their personal deficiencies with clearly articulated explanations and straightforward mechanical exercises in a separate section. Paradigms of verb conjugations are presented as an appendix. We have divided the book into five sections: *Unidades, Etapas, Pasos, Un poco más de práctica,* and Appendixes.

Unidades

The *Unidades* deal with six overarching themes:

Unidad 1: *La narración y la descripción en el pasado*

Unidad 2: *La descripción de nuestros alrededores: diferencias y semejanzas*

Unidad 3: *La narración y la descripción en el presente*

Unidad 4: *Cómo expresar deseos y obligaciones*

Unidad 5: *La narración y la descripción en el futuro*
Cómo expresar emociones, dudas y negación

Unidad 6: *La narración y la descripción más detallada en el pasado*

The idea behind *Abriendo paso: Gramática* is to have students put it all together. Rather than review verb conjugations or discrete grammar points, the *Unidades* section reviews *how* and *when* a particular grammar point is used. Each unit begins with a sample passage in which the grammar point being discussed is clearly evident. Students are then given an explanation of the uses of that particular grammar point and are asked to go back to the passage and look closely at the point being used in a real context. This is followed by exercises, going from meaningful to open-ended, that allow students to practice in real situations, using the grammar point to communicate effectively. These units allow students to use the language in different situations, describing their daily lives, experiences, and backgrounds. Students are asked to think and to put their knowledge of the language to use. We have kept in mind the different levels of ability and the varying backgrounds of students in the upper-level classes and, to this end, the exercises in the *Unidades* offer a great deal of flexibility.

Each *Unidad* ends with a section titled *En conclusión....* This section is the culminating point of the unit; the students are asked to bring together everything they have learned in the unit in order to communicate effectively. The *En Escena* section further allows the students to use the grammar point reviewed by describing a series of drawings similar to those the students encounter in the Advanced Placement Spanish Language Examination. Finally, each unit closes with a *Comprensión auditiva* section in which the students are asked to respond to a series of questions that practice the grammar point just studied. These questions have been designed for students wishing to practice for the Advanced Placement Examination.

Etapas

The second section of the book is the *Etapas* section. Each *Etapa* corresponds to the grammar point reviewed in the *Unidades* section. Students who are still experiencing difficulties with a particular grammar point can review the material on their own. This section provides reinforcement exercises that they can complete to prepare for class. These mechanical exercises provide ample practice to help students fix the structure in their minds. An answer key for these exercises is found in the Tapescript/Answer Key so that the students themselves take responsibility for their own learning and check their progress. Teachers may elect to give the answers to students so that they can check their own work before coming to class.

Pasos

The *Pasos* section is designed to provide additional explanations and exercises for grammar points that are not intrinsically communicative in nature, but are required to communicate properly. Students of varying abilities and needs can work through them on their own or the teacher can easily work through them with an entire class.

Un poco más de práctica

The *Un poco más de práctica* section is a series of subsections with exercises similar to some of those that appear on the Advanced Placement Examination. Even for students who are not enrolled in an AP course or who are not planning to take the examination, this section provides practice in different grammar points. The exercises in this section include multiple-choice questions, fill-in-the-blank sentences, and fill-in-the-blank paragraphs.

Appendixes

There are four appendixes in *Abriendo paso: Gramática*. Appendix A deals with the stress and accentuation rules. Appendix B deals with words and expressions that students should use to connect ideas. They have been divided by usage for easy access. Appendix C contains a list of prepositions and verbs that take a preposition. Appendix D contains verb conjugation charts.

Tests

Abriendo paso: Gramática also has a complete set of test masters for each *Unidad,* each *Etapa,* and each *Paso.*

Components

Abriendo paso: Lectura

A reader that incorporates all four skill areas.

Abriendo paso: Gramática

A complete grammar review.

Teacher Tape

Includes *Comprensión auditiva* activities from both *Abriendo paso: Lectura* and *Abriendo paso: Gramática.*

Teacher's Guide

Tests

Test masters for *Abriendo paso: Gramática.*

Tapescript/Answer Key

Includes script of *Comprensión auditiva* activities from both *Abriendo paso: Lectura* and *Abriendo paso: Gramática,* as well as answers to *Etapas* and *Pasos* activities in *Abriendo paso: Gramática.*

Acknowledgments

From the authors

We are indebted to Janet L. Dracksdorf, whose vision launched this project. Her guidance, friendship, and editorial skills have been invaluable.

We would also like to thank Mary McKeon for her diligence, patience, and words of encouragement. She became our anchor whenever we started to waver from our target. Pamela Warren deserves special recognition for juggling all the pieces, all the while remaining calm and professional.

Without the support of everyone at Heinle & Heinle, this project would never have gotten off the ground. We are most grateful to the entire staff. Our special thanks are extended to Charles Heinle and Stan Galek for their belief in this work and their trust in us.

Our colleagues, too, must be mentioned for their friendship and valuable advice. We are sincerely grateful to Nancy Monteros of Boston College High School and to María F. Nadel of Hunter College High School.

All of our many reviewers deserve a well-earned word of gratitude for their insight and suggestions. Their work is clearly evident throughout the text.

Finally, our appreciation and thanks go out to our students, who inspired us to create this textbook.

—J. M. D. and S. J. C.

Reviewers

The following individuals reviewed *Abriendo paso: Gramática* at various stages of development and offered many helpful insights and suggestions:

Jorge H. Cubillos
University of Delaware
Newark, DE

JoAnn Fowler
Davis Senior HS
Davis, CA

Mark Goldin
George Mason University
Fairfax, VA

María D. González
Tom C. Clark HS
San Antonio, TX

Marsha McFarland
J.J. Pearce HS
Richardson, TX

Beatriz Murray
Southwest High School
Fort Worth, TX

Katherine Olson-Studler
St. Paul Academy
St. Paul, MN

Joe Wieczorek
Centennial High School
Howard County, MD

Acknowledgments

La narración y la descripción en el pasado

In this unit, you will review and practice how to narrate in

the past. You will be able to describe the past and talk

about your life and events in the past.

El pretérito

In order to narrate in the past, you will need to review the preterite, the imperfect, the present perfect, and the pluperfect. There are other tenses that you will need, but those will be reviewed later.

Read the following selection from the short story *Dos caras* by Sabine R. Ulibarrí. The complete story appears in *Abriendo paso—Lectura*. In this selection, the author is comparing two friends, the main characters in the story. Pay close attention to the uses of the preterite and underline all the verbs in the preterite.

> Los dos fueron a Harvard. Uno fue con una beca ganada y merecida. El otro fue con la plata y la influencia de sus padres. En Harvard ocurrió lo mismo. Como siempre, Beltrán tuvo que sostener a su amigo, mantenerlo respetable, a pesar de sí mismo. La pasaron bien en esas tierras verdes de piedra y de frío. Siempre amigos, siempre hermanos.
>
> Un día se graduaron. Los padres de Ambrosio asistieron a la ceremonia. Los de Beltrán, no. Las cosas eran evidentes. No habían cambiado. Uno feliz. El otro triste, como siempre. El último año Ambrosio se casó con una bella doncella de Boston, Maribel Wentworth. Quién sabe por qué. Quizás le hacía falta. Beltrán no se casó.
>
> Los dos volvieron a Albuquerque. Ambrosio como presidente del banco de su padre. Beltrán como vice-presidente...

1

Now, read the following dialogue between Alberto and Susana about what they did last night. Underline all the verbs that you find in the preterite.

—Hola Alberto, ¿qué hiciste anoche? Te busqué en el auditorio y no te encontré.

—Claro, no fui a la función. Llegué tarde a mi casa. Carlos me llamó y decidí ir a comer a un restaurante con él.

—Qué pena. Te perdiste una obra sensacional. Elena hizo el papel principal y estuvo espectacular. En fin, fue un verdadero éxito.

—Lo siento. Yo también me divertí y pude pasar un rato con Carlos. Hace tres días que regresó de su viaje y no lo había visto desde el verano pasado.

—Bueno, pídele disculpas a Elena pues yo le he dicho que tú no pudiste ir porque estabas enfermo.

If you had any difficulty finding the verbs in the preterite, it may be a good idea to review the material on pp. 103–110 and practice the material further.

Uses of the preterite

The preterite is used to express the following:

▪ A single action or a series of actions in the past that are totally completed

| Felipe **limpió** su cuarto ayer. | *Felipe cleaned his room yesterday.* |

▪ An event that lasted for a specific period of time and that has been completed, of which we usually know the beginning and the end

| El año pasado **estudié** en Salamanca. | *Last year I studied in Salamanca.* |

▪ The beginning or the end of an action in the past

| **Empezó** a llover a las tres. | *It began to rain at three o'clock.* |
| **Terminé** el informe esta mañana. | *I finished the report this morning.* |

Some verbs have different English equivalents in the preterite:

▪ saber

| Yo no sé lo que pasó. | *I don't know what happened.* |
| Pedro **supo** lo que había pasado. | *Pedro found out / realized what had happened.* |

▪ conocer

| Elena, ¿conoces al primo de Carlos? | *Elena, do you know Carlos' cousin?* |
| Lo **conocí** anoche. | *I met him last night.* |

▪ poder

| Mis padres siempre pueden tomar el tren de las dos. | *My parents can always take the two o'clock train.* |
| Ayer **no pudieron** llegar a tiempo. | *Yesterday they did not manage to arrive on time.* |

2

querer

¿Quieres ir conmigo?	*Do you want to go with me?*
Eduardo **no quiso** ir conmigo.	*Eduardo refused to go with me.*
Pero Carolina sí **quiso** ir conmigo.	*But Carolina tried to go with me.*

Now read the dialogue again and try to explain why the preterite was used with the verbs you underlined. The explanation above will help you.

Common expressions with the preterite

The following expressions are often used with the preterite:

ayer	de repente
aquel día, mes, año	una noche, una vez, un día
anoche	por unos días
el lunes / el martes (etc.) pasado	el otro día
entonces	la semana pasada
anteayer	el mes/el año pasado
en febrero, marzo, etc.	en 1994
el veinticinco de julio	por fin

Ejercicios

If you are not sure that you understand this grammar point completely, you may want to go to pp. 103–110 to review some of the material before beginning these exercises.

A. Expresando cuándo hiciste algunas actividades.

Últimamente has estado muy ocupado(a). Usando la lista a continuación di cuándo hiciste las siguientes actividades. Puedes añadir otras actividades que no estén en la lista.

Ejemplo: La semana pasada visité a mis parientes en St. Louis.

poner la mesa / hacer la cama / lavar la ropa / decir una mentira / no traer dinero a la escuela / leer una novela interesante / correr en el parque / tocar un instrumento musical / practicar un deporte / entretener a tus amigos / pedir dinero a tus padres / ir de vacaciones

3

B. Hablando de lo que pasó en la clase.   Ayer uno de tus amigos no pudo venir a la escuela y te pregunta lo que hizo el profesor o la profesora en la clase. Usando los verbos a continuación u otros que necesites, explícale lo que pasó en la clase.

llegar / poner / hacer / salir / venir / traer / pedir / comenzar / leer / decir

C. De visita con la familia de Alicia.   Alicia acaba de llegar de viaje. Vino a visitar a su familia. Completa el siguiente párrafo con la forma correcta del verbo en el pretérito.

Alicia _____ (llegar) a la estación de trenes donde ella _____ (recibir) un

ramo de flores de su querido hermano. Los dos _____ (ir) a casa de la abuela Rosa a

quien Alicia no había visto por unos diez años. Una hora más tarde _____ (salir) de su

casa para visitar a la familia de su hermano. Allí _____ (encontrar) a sus padres y

demás familiares. Su mamá _____ (ser) la primera que _____ (venir) a

saludarla. Ella le _____ (decir) con una voz grave:

—Tú no me _____ (decir) que José te iba a recoger a la estación.

—Yo no quería preocuparte. Yo _____ (llamar) a José ayer y le _____

(pedir) que me fuera a buscar y... aquí estoy.

—¿Me _____ (traer) algo? dijo Luz, la más pequeña.

—Claro, yo te _____ (traer) lo que tú me _____ (pedir). Mi esposo y yo

_____ (estar) la semana pasada en la tienda de juguetes y _____

(comprar) esta muñeca para ti.

—¿Cómo _____ (tener–tú) tiempo para hacer todas esas cosas? le _____

(preguntar) la madre.

—Yo _____ (ir) primero a la oficina y como _____ (terminar) temprano

_____ (poder) recoger las cosas en la tienda.

—¿Sabes que María viene esta tarde?

—Sí, yo lo _____ (saber) hace unos minutos. Juan me lo _____ (decir).

D. Para hacer apuntes en tu diario.   Hoy te acuerdas que ayer te olvidaste de escribir en tu diario. Usando las siguientes frases trata de contar lo que hiciste, lo que te pasó ayer, etc.

1. Cuando salí de mi casa...
2. En la escuela...
3. Después de mis clases...
4. Antes de llegar a mi casa...
5. Por la noche...

E. Hablando del fin de semana de mis parientes.   ¿Cómo pasaron el fin de semana tus padres o familiares? ¿Qué tuvieron que hacer? Escribe un párrafo contando lo que

4

hicieron tus padres u otras personas en tu familia el fin de semana pasado. Usa las siguientes expresiones como guía:

Cuando me levanté ellos/mi padre, etc....	Luego...
Primero...	Después...
Por la mañana...	Entonces...
Por la tarde...	Más tarde...
Por la noche...	Por fin...

Luego compara tu párrafo con uno de tus compañeros. Mientras escuchas su descripción, hazle por lo menos cuatro preguntas para obtener más información sobre lo que dijo él/ella.

F. Esta última semana.
Escribe un párrafo explicando por lo menos diez de las actividades que hiciste esta última semana. Una vez que hayas terminado, trabaja con otros compañeros de clase y comparte la información. Presenta un breve informe a la clase explicando las actividades que las personas en tu grupo tienen en común.

El imperfecto

Read the following selection from *El arrepentido*, a short story by Spanish writer Ana María Matute. Pay special attention to the uses of the imperfect.

La sala era grande y oscura. Las ventanas daban a un hermoso jardín. Cerca de ellas se sentaba mi abuelo y miraba las flores, como decía él, el curso de la naturaleza. Él tenía ochenta años. Allí me esperaba todos los días desde muy temprano en la mañana hasta que yo regresaba cuando terminaba la escuela. Hoy era diferente. Ya eran las cuatro y yo no había regresado. El abuelo se preocupaba cuando yo no llegaba a tiempo. Además ése era un día especial. Era el veinticuatro de agosto y era mi cumpleaños.

De repente comenzó a llover y el abuelo se dio cuenta de que yo iba a estar solo por toda la noche.

Uses of the imperfect

The imperfect tense is used to express the following:

▪ Descriptions in the past

Ellos **eran** muy amables.	*They were/used to be very kind.*
Había mucha gente en la reunión.	*There were a lot of people at the meeting.*

▪ An action that went on in the past for a period of time that is not specific, and of a certain incomplete aspect because no reference is made to its completion

Él me **miraba** mientras yo **trataba** de recoger los papeles.	*He was looking at me while I was trying to pick up the papers.*

5

- A habitual action. In this case, the period of time is not specific. One of the best ways to recognize this use is to think of the English *I used to, I was,* or *I would*

    Cuando yo **vivía** en Uruguay **caminaba** por la playa a menudo.   *When I was living in Uruguay, I used to walk often on the beach.*

- An action that was in progress when another took place or interrupted it

    Elena **corría** por la acera y de momento se cayó.   *Elena was running on the sidewalk and all of a sudden she fell.*

- Time in the past

    Eran las tres de la tarde.   *It was three o'clock in the afternoon.*

- Age in the past

    El director **tenía** sesenta años.   *The director was sixty years old.*

- An emotion or state of being with non-action verbs such as *ser, saber, conocer, querer, estar, creer,* and *tener*

    Tú no **conocías** Lima muy bien.   *You didn't know Lima very well.*

    Estaba alegre mientras **tenía** con quién jugar.   *I was very happy when I had someone to play with.*

- The weather as the background of the action

    Hacía un viento tremendo.   *It was extremely windy.*

    Nevaba mientras **caminaba** por el parque.   *It was snowing while I was walking through the park.*

Read the selection again, underline all the verbs in the imperfect tense, and explain the use of the imperfect tense. Look at the last sentence. As you can see, some verbs are in the preterite. Do you know why the preterite is used in these cases? If you had any difficulties finding the verbs, you may want to go to pp. 110–112 and review the forms of the preterite and imperfect.

Common expressions with the imperfect

The following expressions are often used with the imperfect:

generalmente	por lo general
constantemente	a menudo
siempre	a veces
todos los días	con frecuencia
frecuentemente	

Uses of the verb "haber"

The verb *haber* is used impersonally to express *there was, there were*. Review the following examples:

Había mucha gente ayer en el partido de fútbol.

There were many people at the soccer game yesterday.

Había varios coches que me gustaban mucho.

There were several cars that I liked a lot.

Hubo un terremoto en México el año pasado.

There was an earthquake in Mexico last year.

Hubo muchas fiestas el mes pasado.

There were many parties last month.

Can you tell the difference between the uses of *había* and *hubo* in the box above?

Ejercicios

If you are not sure that you understand this grammar point completely, you may want to go to pp. 110–112 to review some of the material before beginning these exercises.

A. La descripción de una persona y de su casa.

Completa el siguiente párrafo de la novela *Las hojas muertas* de Bárbara Jacobs, una escritora mexicana. En esta selección la autora describe al tío Gustav, su casa y su trabajo.

Ésta es la historia de papá, papá de todos nosotros.

El hermano de papá _____ (llamarse) Gustav, sin o, y _____ (ser) mayor que él. Cuando nosotros _____ (ser) niños tío Gustav _____ (vivir) en Saginaw, Michigan, con una mujer mayor que él que _____ (beber) mucho y que _____ (tener) una hija con dos hijos de pelo lacio¹ y largo, medio café. La casa de tío Gustav _____ (ser) muy moderna y _____ (tener) muchas cosas de madera¹ y _____ (oler) a casa moderna americana llena de aparatos eléctricos que [nosotros] no _____ (saber) para qué _____ (servir) pero que _____ (servir) de maravilla. Tío Gustav _____ (trabajar) en una compañía que _____ (fabricar) parabrisas¹ para automóviles y que _____ (ser) suya y _____ (llamarse) Visors Incorporated y _____ (estar) en el número 200 de la calle Waterfall ahí en Saginaw. Tío Gustav _____ (manejar) un Lincoln Continental...

¹*pelo lacio:* straight hair   ¹*madera:* wood   ¹*parabrisas:* windshields

7

B. Comparando los hábitos de mis padres.   ¿Cómo han cambiado tus padres?
Usando los siguientes temas como guía describe cómo han cambiado tus padres.

> *Ejemplo:* las actividades sociales
> *Antes mis padres no me dejaban/permitían salir por la noche, pero ahora me dejan/
> permiten salir hasta las 11:00.*

la ropa	los amigos	las fiestas
las tareas	el teléfono	la televisión

C. Describiendo a una persona.   Piensa en tu maestro(a) favorito(a) en la escuela
primaria y descríbelo(la). Usa la siguiente guía para hacer una descripción detallada.

su nombre	edad
tamaño (alto[a]/bajo[a])	color de los ojos
apariencia (gordo[a]/delgado[a])	la manera de vestir
cosas que él (ella) hacía que te gustaban	

También incluye otros detalles importantes para que lo (la) conozcamos mejor.

D. Haciendo otras descripciones en el pasado.   Muchos dicen que el tiempo
pasado siempre es mejor que el tiempo actual. Escribe un corto párrafo describiendo lo que tú
hacías cuando eras más joven. No te olvides de describir las actividades que te gustaban y que
no te gustaban. Compara tu respuesta con otro(a) estudiante de la clase y hazle algunas
preguntas para obtener más información.

E. No se permitían mujeres.   Usando la lista de profesiones y ocupaciones a
continuación explica por qué podían o no podían participar las mujeres en ellas.

> *Ejemplo: Una mujer no podía ser carpintera porque es un trabajo demasiado duro y ella era
> considerada débil.*

policía	electricista	mujer de negocio
científica	doctora	presidenta del país
abogada	astronauta	

Ahora explica en qué momento cambió la situación. Recuerda que debes usar el pretérito para
expresar el comienzo de una acción.

> *Ejemplo: Las mujeres empezaron a ser carpinteras cuando se les permitió demostrar sus habilidades.*

F. Adán y Eva en el Paraíso.   La siguiente selección pertenece a un cuento corto del
autor español Miguel Mihura. El cuento se titula *El amigo de Él y Ella (Cuento persa de los
primeros padres)*, y en él podemos apreciar el humor que el autor usa en su modo de
presentarnos el mito de Adán y Eva en el Paraíso. Completa la selección con la forma correcta
de los verbos en el tiempo imperfecto.

Él y Ella _____ (estar) muy disgustados en el paraíso porque en vez de estar solos,

como _____ (deber) estar, _____ (estar) también otro señor, con bigotes,

que se había hecho allí un hotelito muy mono¹, precisamente enfrente del árbol del Bien y del Mal.

¹*mono:* lovely

Aquel señor, alto, fuerte, con espeso* bigote y con tipo de ingeniero de Caminos, _____ (llamarse) don Jerónimo, y como no _____ (tener) nada que hacer y el pobre _____ (aburrirse) allí en el Paraíso, _____ (estar) deseando hacerse amigo de Él y Ella para hablar de cualquier cosilla por las tardes.

Todos los días, muy temprano, _____ (asomarse)* a la tapia de su jardín* y les _____ (saludar) muy amable, mientras _____ (regar) los fresones* y unos arbolitos frutales que había plantado y que _____ (estar) muy majos*.

Ella y Él _____ (contestar) fríamente, pues _____ (saber) de muy buena tinta que el Paraíso sólo se había hecho para ellos y que aquel señor de los bigotes no _____ (tener) derecho a estar allí y mucho menos de estar con pijama.

Don Jerónimo, por lo visto, no _____ (saber) nada de lo mucho que _____ (tener) que suceder en el paraíso, e ingenuamente*, _____ (querer) hacer amistad con sus vecinos, pues la verdad es que en estos sitios de campo, si no hay un poco de unión, no se pasa bien.

Una tarde, después de dar un paseo él solo por todo aquel campo, se acercó al árbol en donde _____ (estar) Él y Ella bostezando de tedio*...

espeso: thick	*majos:* sweet, delightful
asomarse: to peek (over)	*ingenuamente:* innocently, naïvely
tapia de su jardín: wall of his garden	*tedio:* boredom
fresones: strawberries	

G. El final del cuento.
Lee la selección de nuevo con mucho cuidado. Una vez que la hayas leído escribe tu versión del final del mito integrando los tiempos del pasado que has repasado en esta unidad.

H. En busca del tesoro perdido.
Imagina que tú y tus amigos han hecho una expedición en busca de un tesoro perdido. Usa la siguiente guía para narrar la aventura. Usa el tiempo indicado entre paréntesis en la narración.

1. Describe los antecedentes (*background*): los alrededores, la hora, el tiempo, etc. [imperfecto]
2. Describe a las personas que fueron contigo: quiénes, cómo eran, etc. [imperfecto]
3. Di lo que hicieron, adónde fueron, lo que encontraron. [pretérito]
4. Di lo que hicieron con el tesoro. [pretérito]
5. Añade cualquier otra información que consideres importante.

El presente perfecto

Uses of the present perfect

The present perfect is generally used to talk about events that have occurred in a period of time that began in the past and continues to the present such as *today, this morning, this afternoon, this week, this year, always,* and *not yet.* It is used in Spanish the same way as it is used in English.

He trabajado por más de ocho horas.	*I have worked for more than eight hours.*
Ana y Consuelo **han estado** enfermas desde el jueves.	*Ana and Consuelo have been sick since Tuesday.*
Este año **has estado** muy ocupado.	*This year you have been very busy.*
En mi vida no **he visto** tan bello paisaje.	*I have never seen such a beautiful landscape in my life.*
Los inspectores **han estado** aquí desde esta mañana.	*The inspectors have been here since this morning.*
Todavía no **hemos leído** todo el cuento.	*We have not read the whole story yet.*

The present perfect is formed with the present of *haber* and the past participle.

Ejercicios

> If you are not sure that you understand this grammar point completely, you may want to go to pp. 112–113 to review some of the material before beginning these excercises.

A. Sucesos recientes. Escoge un período de tiempo específico (hoy, ayer, anteayer, etc.) y escribe cinco frases sobre eventos que han ocurrido recientemente.

Ejemplo: Esta mañana me he levantado a las seis.

B. Una reunión con mala asistencia. Muchos de los estudiantes que tenían que haber venido a la reunión del club no vinieron. El presidente te hace preguntas para saber si tú sabes dónde están. Responde a sus preguntas con el tiempo presente perfecto.

Ejemplo: —¿Estuvo Juan enfermo?
—No, ha estado en la cafetería esta mañana.

1. ¿Carmen y Sofía vinieron a la escuela hoy?
2. ¿Viste a Eduardo?
3. ¿Dónde viste a Samuel?
4. ¿Anunciaron Uds. la reunión?
5. ¿Ya salieron los estudiantes de la clase de español?

C. La limpieza de la casa de Julieta.

La familia de Julieta ha decidido limpiar la casa, pero desafortunadamente sus primos acaban de llegar y ahora están destruyendo todo el trabajo hecho por la familia. Usa las frases a continuación para escribir oraciones completas indicando lo que Julieta dice que ella y los miembros de su familia han hecho y lo que sus primos hacen ahora.

Ejemplo: yo / limpiar los escaparates / desarreglar
> *He limpiado los escaparates y ahora ellos los desarreglan.*

1. mi papá / barrer el piso / ensuciar
2. mi mamá / limpiar la bañadera / jugar con sus barquitos en ella
3. mi mamá y yo / recoger los juguetes / querer jugar con los juguetes
4. mi hermano / arreglar la bicicleta / querer montar en ella
5. yo / servir refrescos en el patio / beber en la sala
6. mi hermano / hacer las camas / acostarse en ellas

D. ¡Qué semana!

Ésta ha sido una de las peores semanas del año. Has estado muy ocupado(a) y no has podido hacer todas las cosas que tenías que hacer. Haz una lista de todas las cosas que no has hecho.

El pluscuamperfecto

Uses of the pluperfect

The pluperfect is used to indicate events that precede another in the past.

Cuando yo nací, mi abuelo ya **había muerto.**	*When I was born, my grandfather had already died.*
Teresa **había llegado** antes que Juan.	*Teresa had arrived before Juan.*

The pluperfect is formed with the imperfect of the verb *haber* and the past participle.

Ejercicios

If you are not sure that you understand this grammar point completely, you may want to go to pp. 113–115 to review some of the material before beginning these excercises.

A. ¿Qué había pasado? Usando las palabras a continuación expresa lo que ya había pasado cuando otra cosa sucedió.

Ejemplo: el profesor / entrar a la clase / yo / llegar
El profesor ya había entrado a la clase cuando yo llegué.

1. mis padres / salir para la oficina / yo / despertarse
2. mi mejor amigo(a) / comprar la cinta / su novio(a) / regalarle otra
3. mi amiga / conseguir los boletos / nosotros / llegar al cine
4. Uds. / ver a Guillermo / nosotros / llegar al restaurante
5. la clase de español / comenzar / ellos / llegar
6. yo / oír la noticia / mi primo / llamar
7. nosotros / leer el libro / nosotros / ver la película
8. ellos / abrir la puerta / la gente / salir
9. Esteban / hacer la tarea / nosotros / llamar
10. el avión / aterrizar / mis parientes / llegar al aeropuerto

B. Antes de tiempo. Muchas veces hacemos ciertas cosas antes de que otras actividades ocurran. Escribe cinco frases sobre las actividades que habías hecho antes de que tú hicieras otra actividad.

Ejemplo: *Yo había estudiado antes de ir al cine.*

C. Vale mucho prevenir. Usando las frases a continuación como guía, di tres cosas que tú o tus compañeros habían hecho antes de los siguientes incidentes.

1. Antes del examen ayer yo ya...
2. Antes de pedirles permiso a mis padres para salir con mis amigos yo ya...
3. Antes de acostarme anoche yo ya...
4. Antes de llegar a la escuela ayer yo ya...
5. Antes de ir a la fiesta mis amigos ya...
6. Antes de venir a visitarme tú ya...
7. Antes de invitarme a ir al cine mi novio(a) ya...
8. Antes de ir de vacaciones nosotros ya...

Ahora escribe tres situaciones y pregúntale a un compañero de clase lo que había hecho antes.

Other expressions to talk about the past

Remember that in Spanish, you may use other expressions for talking about events and actions in the past. If you want to talk about an event or action that was going on in the past for a period of time you can use the following expressions:

▪ *Hacía* + period of time + *que* + verb in the imperfect

Hacía dos días que **caminábamos** por la selva.
We had been walking through the jungle for two days.

▪ Verb in the imperfect + *desde hacía* + period of time

Caminábamos por la selva **desde hacía** dos días.
We had been walking through the jungle for two days.

▪ *Desde hacía* + period of time + verb in the imperfect

Desde hacía dos días **caminábamos** por la selva.
We were walking in the jungle for two days.

To talk about the time that has passed since an action ended, you can use the following:

▪ *Hace* + period of time + *que* + verb in the preterite

Hace un año que **fui** a Machu Picchu.   *I went to Machu Picchu a year ago.*

▪ Verb in the preterite + *hace* + period of time

Fui a Machu Picchu **hace** un año.   *I went to Machu Picchu a year ago.*

Ejercicios

A. ¿Cuánto tiempo hacía que...?   Contesta las siguientes preguntas diciendo cuánto tiempo hacía que habías hecho las siguientes actividades.

> *Ejemplo:*   ¿Viste a Pedro?
> *Sí, hacía dos días que no lo veía.*
> *Sí, no lo veía desde hacía dos días.*

1. ¿Visitaste al doctor?
2. ¿Hiciste la tarea?
3. ¿Pusiste el dinero en el banco?
4. ¿Estudiaste para el examen?
5. ¿Abriste las ventanas?

B. ¿Cuánto tiempo hace que...?   Contesta las siguientes preguntas según tu experiencia.

1. ¿Cuánto tiempo hace que fuiste a una fiesta?
2. ¿Cuánto tiempo hace que visitaste a tus parientes?
3. ¿Hace mucho tiempo que llegaste a la clase?
4. ¿Hace poco tiempo que asististe a la escuela primaria?
5. ¿Cuánto tiempo hace que viajaste a un país de habla hispana?
6. ¿Hace diez años que hablas español?

En conclusión...

A. La salud de los enfermos. La siguiente selección proviene de un cuento corto escrito por Julio Cortázar, uno de los escritores latinoamericanos más reconocidos a nivel internacional. En éste, el primer párrafo del cuento, narra lo que hacen ciertos miembros de una familia para ocultar a una madre ciertos incidentes que le pueden afectar. Completa el párrafo con la forma correcta de los verbos entre paréntesis. Los verbos que aparecen con un asterisco necesitan el pluscuamperfecto.

Cuando inesperadamente tía Clelia _____ (sentirse) mal, en la familia _____ (haber) un momento de pánico y por varias horas nadie _____ (ser) capaz de reaccionar y discutir un plan de acción, ni siquiera tío Roque que _____ (encontrar) siempre la salida más atinada. A Carlos lo _____ (llamar) por teléfono a la oficina, Rosa y Pepa _____ (despedir) a los alumnos de piano y solfeo, y hasta tía Clelia _____ (preocuparse) más por mamá que por ella misma. _____ (Estar–ella) segura de que lo que _____ (sentir) no _____ (ser) grave, pero a mamá no se le _____ (poder) dar noticias inquietantes con su presión y su azúcar¹, de sobra¹, _____ (saber) todos que el doctor Bonifaz _____ (ser)* el primero en comprender y aprobar que le ocultaran a mamá lo de Alejandro. Si tía Clelia _____ (tener) que guardar cama _____ (ser) necesario encontrar alguna manera de que mamá no sospechara que _____ (estar) enferma, pero ya lo de Alejandro _____ (volverse)* tan difícil y ahora _____ (agregarse) esto; la menor equivocación, y acabaría por saber la verdad. Aunque la casa _____ (ser) grande, _____ (haber) que tener en cuenta el oído tan afinado de mamá y su inquietante capacidad para adivinar dónde _____ (estar) cada uno. Pepa, que _____ (llamar)* al doctor Bonifaz desde el teléfono de arriba, _____ (avisar) a sus hermanos que el médico vendría lo antes posible y que dejaran entornada la puerta cancel¹, para que entrase sin llamar. Mientras Rosa y tío Roque _____ (atender) a tía Clelia que _____ (tener)* dos desmayos y _____ (quejarse) de un insoportable dolor de cabeza, Carlos _____ (quedarse) con mamá para contarle las novedades del conflicto diplomático con el Brasil y leerle las últimas noticias. Mamá _____ (estar) de buen humor esa tarde y no le _____ (doler) la cintura como casi siempre a la hora de la siesta. A todos les _____ (ir) preguntando qué les _____ (pasar) que _____ (parecer) tan nerviosos, y en la casa se habló de la baja presión y de los efectos nefastos de los mejoradores en el pan...

¹*su presion y su azúcar:* diabetes   ¹*puerta cancel:* wooden screen
¹*de sobra:* over and above

B. ¿Incidentes curiosos de la vida real? Usando las situaciones siguientes como guía, trata de terminar el cuento con todo el detalle posible.

1. La semana pasada yo andaba caminando por el parque cuando de momento vi algo detrás de un árbol. Cuando me acerqué me di cuenta de que era un oso grande y peludo...

2. Anoche tuve un sueño muy extraño. En el sueño mis amigos corrían por una calle solitaria. Ellos me habían dejado en una esquina. Era una ciudad que no reconocía. Me senté en la acera y comencé a llorar...

3. —Señor policía, yo estaba durmiendo cuando oí un ruido afuera de mi apartamento/ casa. Me levanté y miré por la ventana. Afuera había...

4. La semana pasada tuve una pesadilla. En la pesadilla mis padres habían invitado a mi profesor(a) de español a pasarse un mes con nosotros en una de las playas más hermosas del Caribe...

C. El caso del doctor Fernández. Imagina que eres un(a) detective famoso(a) y que ha ocurrido un crimen que tienes que investigar. Lee la descripción de lo que ocurrió y la información de las personas comprometidas en el asunto.

El pasado viernes la policía, después de recibir una llamada anónima, descubrió el cuerpo del doctor Fernández en su oficina. El doctor Fernández había sido víctima de un asesinato. El doctor Fernández acababa de descubrir la cura para la gripe. Había estado trabajando este año para el Laboratorio Tos. Antes trabajaba en el Laboratorio Destornudo con el doctor Camacho. Después de una disputa con él, el doctor Fernández continuó sus investigaciones en el moderno Laboratorio Tos.

Los sospechosos:

Doctor Camacho—acusó al doctor Fernández de haber robado el resultado de sus investigaciones.

Carmela—novia del doctor Fernández, mujer sospechosa que pensaba que el doctor pasaba demasiado tiempo en el laboratorio.

Germán—ayudante del doctor Fernández e hijo del Dr. Camacho.

Señor Carbajal—dueño del Laboratorio Tos, hombre muy avaricioso que creía que le correspondía todo el dinero que traería la invención.

Haz una lista de las preguntas que les vas a hacer a los sospechosos. Algunos de tus compañeros de clase harán los papeles de ellos. Una vez que hayas entrevistado a todos, escribe un informe explicando quién fue el asesino y por qué cometió el crimen.

En este ejercicio el profesor va a escoger a varios estudiantes para que hagan los diferentes papeles. La tarea va a consistir en que las personas que son detectives van a escribir el informe sobre la culpabilidad de la persona que ellos creen que es culpable. Los estudiantes que hacen los papeles de los sospechosos van a escribir una declaración explicando por qué son inocentes.

D. Una experiencia inolvidable. Escoge una experiencia que haya afectado tu vida de una manera positiva o negativa, por ejemplo, un profesor o profesora que te haya ayudado mucho, un incidente con un amigo o amiga, un viaje, un libro que hayas leído, etc. Escribe una composición usando la siguiente lista como guía.

1. Identifica el incidente, la persona, etc. y explica si ésta fue una experiencia positiva o negativa.
2. Da todos los detalles posible sobre el tema que escogiste en el primer párrafo.
3. Explica cómo y por qué te afectó la experiencia.
4. Escribe un breve resumen.

E. La mejor época de mi vida. En el ejercicio D en la página 8, escribiste un párrafo describiendo lo que te gustaba hacer en el pasado. Usando algunas de las ideas que usaste en ese ejercicio, escoge ahora un período de tiempo en el pasado cuando tu vida era muy memorable y feliz. En una composición de unas 200 palabras escribe sobre esa época y explica por qué eras tan feliz entonces.

Sin rodeos...

You will now listen to a series of questions about your life when you were younger and events in the past. You will hear each question twice. You will have 20 seconds to respond as fully as possible. Listen to the first question . . .

En escena

Los dibujos en la próxima página representan un cuento. En tus propias palabras, describe en detalle lo que sucede. Recuerda que debes usar tu imaginación y añadir cualquier información que creas necesaria.

1

2

3

4

5

6

La narración y la descripción en el pasado

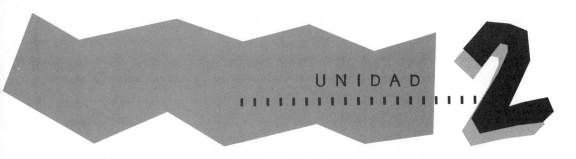

La descripción de nuestros alrededores: diferencias y semejanzas

In this unit, you will review and practice how to describe and compare things, people, ideas, and actions. You will be able to describe differences and similarities, distinguish what is near from what is farther away, and differentiate your relations, ideas, and possessions from those of others.

Los adjetivos

In Spanish, adjectives agree with the noun or pronoun that they modify or describe; that is, they agree in number (singular or plural) and gender (masculine or feminine). In this unit we will review descriptive, quantitative, demonstrative, and possessive adjectives and pronouns. We will also review equal and unequal comparisons.

To begin, read the following excerpts from *Platero y yo*. This work by distinguished Spanish poet Juan Ramón Jiménez (Nobel Prize in literature, 1956), published in 1914, is the tender description of an aging donkey whose name is Platero. Take a few minutes to think of what a donkey looks like. After you have read the selection, go back and underline all the adjectives the author uses.

Platero es pequeño, peludo, suave; tan blando[1] por fuera, que se diría todo de algodón, que no lleva huesos...

Es tierno y mimoso[2], igual que un niño...; pero fuerte y seco por dentro, como de piedra.

Platero juega con Diana, la bella perra blanca que se parece a la luna creciente[3]; con la vieja cabra[4] gris, con los niños...

Mira, Platero, qué de rosas caen por todas partes: rosas azules, rosas blancas, sin color... ¿Qué haré yo con tantas rosas?

Tus ojos, que tú no ves, Platero, y que alzas mansamente[5] al cielo, son dos bellas rosas.

¡Qué pura, Platero, y qué bella es esta flor del camino!

[1] *blando:* soft   [3] *luna creciente:* crescent moon   [5] *mansamente:* gently
[2] *mimoso:* delicate   [4] *cabra:* goat

If you are not sure about the function of adjectives, or if you had difficulty identifying all the adjectives, you can go to pp. 116–119 for more review and practice.

Uses of adjectives

Adjectives add information to nouns or pronouns. They generally follow the noun (los idiomas **extranjeros**). However, if the adjective describes an inherent characteristic, it can precede the noun (la **blanca** nieve).

Adjectives can limit or quantify a noun or pronoun—that is, they can indicate a number or amount. These adjectives generally precede the noun (**doscientos** invitados y **mucho** ruido).

Reminder: Adjectives do not always directly precede or follow the noun they modify.

¡Qué **frescos** están estos pepinos!	*How fresh these cucumbers are!*
¿La lechuga? No sé si está bien **fresca.**	*The lettuce? I don't know if it is very fresh.*

Some adjectives change in meaning according to their placement.

viejo	amigo **viejo** (*age*)	**viejo** amigo (*many years*)
pobre	mujer **pobre** (*little money*)	**pobre** mujer (*unfortunate*)
mismo	hombre **mismo** (*self-same*)	**mismo** hombre (*same person*)
grande	ciudad **grande** (*big*)	**gran** ciudad (*great*)
nuevo	coche **nuevo** (*brand new*)	**nuevo** coche (*another*)
cierto	hecho **cierto** (*beyond doubt*)	**cierto** hecho (*particular*)
rico	hombre **rico** (*wealthy*)	**rico** dulce (*delicious*)
antiguo	amigo **antiguo** (*ancient*)	**antiguo** amigo (*former*)
propio	cuaderno **propio** (*suitable*)	**propio** cuaderno (*own*)
único	mujer **única** (*unique*)	**única** mujer (*only*)
puro	verdad **pura** (*pure*)	**pura** verdad (*sheer*)
semejante	cosa **semejante** (*similar*)	**semejante** cosa (*such*)

The following adjectives generally precede the noun they modify:

otro	ambos	ninguno (ningún)
mero	mucho	pleno
poco		

20

Sometimes more than one adjective will modify the same noun. In such cases, one adjective can precede the noun and the other follow it.

un **famoso** artista **moderno**	*a famous modern artist*
la **vieja** fortaleza **alemana**	*the old German fortress*

In other instances, the adjectives can follow the noun. When just two adjectives follow a noun, *y* (*e*) is optional, but when three or more follow, *y* (*e*) is obligatory between the last two adjectives.

una fortaleza **alemana vieja**	*an old German fortress*
una obra **nueva e interesante**	*a new and interesting work*
unos animales **fuertes, rápidos y feroces**	*some strong, fast, and ferocious animals*

A noun can add information to another noun, just as adjectives do. In Spanish, this is accomplished by placing *de* before the two.

madera	*wood*	la barca **de madera**	*the wooden boat*
verano	*summer*	la casa **de verano**	*the summer house*
baloncesto	*basketball*	un partido **de baloncesto**	*a basketball game*
química	*chemistry*	un examen **de química**	*a chemistry exam*

The past participle (such as *abierto, cerrado,* etc.) can be used as an adjective. These are often used after *estar* or in apposition.

La puerta ya estaba media **abierta** pero las ventanas estaban **cerradas.**	*The door was halfway open but the windows were closed.*
La carta, **escrita** en el siglo XVI, valía mucho.	*The letter, written in the sixteeth century, was worth a lot.*

When the noun to which an adjective refers is so clear from the context that it can be left out, the adjective follows the article as a noun does. Both the article and the adjective still agree with the omitted noun.

Los jóvenes tienen muchas responsabilidades hoy en día.	*Young people have many responsibilities today.*
No pudieron salvar a **la anciana.**	*They were not able to save the old woman.*
Vivo en la casa azul, no en **la roja.**	*I live in the blue house, not in the red one.*

When the noun to which an adjective refers is so vague or abstract that it cannot be stated specifically, the neuter article *lo* introduces the adjective, which appears in its dictionary form (masculine singular) and does not agree with anything.

Lo interesante fue que él no recordó nada.	*The interesting thing was that he did not remember anything.*
Siempre hacen **lo fácil.**	*They always do what is easy.*

Here are some verbs that are often followed by an adjective:

ser	estar	sentirse
parecer	encontrarse	ponerse

Ejercicios

> If you are not sure that you understand this grammar point completely, you may want to go to pp. 116–119 to review some of the material before beginning these exercises.

A. Describiendo el mundo que te rodea.
Usando la lista a continuación, di cómo son las cosas y la gente alrededor de ti.

tu casa o apartamento / tu dormitorio / tu escuela / los deportes o las actividades en que participas / tu pueblo o ciudad / tus tíos / tu padre o madre / tu clase de español / tus profesores / tu clase más (menos) favorita / tu novio o novia / tus compañeros

B. Hablando de las asociaciones.
Escribe el primer adjetivo que se te ocurra al pensar en las siguientes palabras; luego escribe dos frases describiendo cada una.

la televisión / las serpientes / los bomberos / el amor / los monos / las madres / el arte / las ciencias / la educación / los parques / la policía / el agua / las tijeras / el mar / las estrellas / las hojas / la comida / el periódico / los atletas / los idiomas / la guerra / el verano / las montañas / la selva / el dinero

C. Los dos amigos.
Completa los siguientes párrafos del cuento *Los dos amigos* de Fernán Caballero con la forma correcta del adjetivo entre paréntesis. Luego subraya la palabra o palabras que los adjetivos describen.

Se veían sobre la llanura las muestras de un _____ (reciente) combate: caballeros _____ (muerto), armas _____ (roto) y plantas _____ (cubierto) de sangre. A lo lejos, desfilaba en _____ (bueno) orden un regimento _____ (inglés). A otro lado, el comandante de un regimiento _____ (español) se ocupaba en formar sus _____ (impaciente) soldados y sus caballos, para perseguir a los ingleses, que, _____ (inferior) en número, se retiraban con la calma de vencedores.

En el que había sido campo de batalla, un joven, _____ (sentado) en una piedra al pie de un árbol, apoyaba en el tronco su _____ (pálido) rostro; mientras que _____ (otro) joven, en cuya cara se manifestaba la más _____ (violento) desesperación, trataba de detener con un pañuelo la sangre que le corría del pecho por una _____ (ancho) herida.

—No te desesperes, Ramiro—le decía su amigo con voz casi _____ (imperceptible)—. Estoy _____ (débil) porque he perdido _____ (mucho) sangre; pero mi herida no es _____ (mortal). Entretanto, Ramiro, ¿tú no reparas que tu mano, que supo vengarme, está _____ (herido) también?

D. Reflexiones. Di cómo te sentiste en las siguientes ocasiones. Describe el lugar donde estabas, la gente y la acción con todos los detalles posibles.

Ejemplo: *Me acuerdo muy bien de mi **primer** día de colegio. Tenía **seis** años y estaba muy **nervioso**. Mi mamá, siempre **compasiva** y **paciente,** me llevó a la estación **de autobús**. Había **otros** estudiantes allí que parecían **preocupados** también...*

1. Un examen
2. Un accidente
3. Unas vacaciones
4. Una fiesta
5. Una entrevista

Los adjetivos demostrativos

Read the following conversation between a customer and the owner of a clothing store. Note the different demonstrative adjectives (*este, ese, aquel,* etc.) that you come across.

Cliente: ¿Me puede Ud. decir el precio de ese suéter allí en el estante detrás de Ud.?

Vendedor: [Se vuelve y lo toma.] Cómo no, señor. Este suéter está muy de moda; está hecho a mano. Es un poco caro, pero se lo doy a Ud. a un buen precio. Sólo seis mil pesos.

Cliente: ¡Uf! A ver. ¿Y cuánto por estos guantes aquí en el mostrador?

Vendedor: [Los saca y se los prueba.] Estos guantes son buenos... pero creo que no le gustarán. En cambio, esos guantes que Ud. ve al otro extremo del mostrador, esos guantes sí son de alta calidad. Un momento. [Los saca y se los muestra al cliente.] Mire. Con esta marca sabe que compra algo de calidad.

Cliente: Sí, sí, lo sé. Me gusta esta marca, pero no me gusta el precio.

Vendedor: Bueno, señor. ¿Qué más le puedo mostrar? Si Ud. busca precios más bajos, si no reconoce la calidad, tendrá que visitar aquella tienda al lado del café. ¿Ud. la ve? ...Sí, sí, aquella tienda... En el sótano siempre hay gangas fabulosas. Vaya y dígale a Jacobo que don Pedro se la recomendó.

Read the dialogue again and underline the demonstrative adjectives. Indicate whether each noun so modified is near or far from the customer, the owner, or both. If you are not sure about the function of demonstrative adjectives, or if you had difficulty identifying all the adjectives, you can go to pp. 119–120 for more review and practice.

Uses of demonstrative adjectives

The demonstrative adjective points out, demonstrates, or distinguishes one or more people, objects, or ideas from others by referring to their proximity, in terms of space or time, to the speaker.

Ese, esa/esos, esas means *that/those,* referring to something far from the speaker but close to the person spoken to. *Aquel, aquella/aquellos, aquellas* also means *that/those,* but it refers to something far from both the speaker and the person spoken to.

Esa blusa allí, me gusta mucho.	*I like that blouse there very much.*
Aquellos zapatos allá me gustan también.	*I like those shoes over there also.*

Ejercicios

> If you are not sure that you understand this grammar point completely, you may want to go to pp. 119–120 to review some of the material before beginning these exercises.

A. Aquí, allí, allá.
Comenta sobre las cosas que te rodean. Contrasta las cosas que están cerca de ti con las que están más lejos. Utiliza adjetivos demostrativos para mostrar las diferencias o las semejanzas que notas.

Ejemplo: *Este libro de texto que llevo es para mi curso de biología. Ese libro que tiene Pablo es para el mismo curso. ¿Pero ves a aquella muchacha allí? Sí, ella, la alta con un montón de libros. Ninguno de aquellos libros es tan pesado como este libro.*

Algunas posibilidades: la ropa, la gente, los muebles, las joyas.

B. ¿Qué diferencias se notan?
Los dibujos en la próxima página son muy parecidos, pero si los miras con cuidado vas a ver algunas diferencias. Describe esas diferencias usando adjetivos demostrativos en la descripción.

Ejemplo: *Esta escena es más grande que esa escena. Y esa escena es más pequeña que las otras.*

Estas palabras te ayudarán con la descripción pero también puedes usar otras que ya conoces.

el reloj	la corbata	los cubiertos
los vasos	las servilletas	el calendario
el refrigerador	el fregadero	la batidora
el horno	el escaparate	el delantal
lavar los platos	barrer el piso	poner la mesa
alimentar		

24

1

2

3

La descripción de nuestros alrededores: diferencias y semejanzas

Los pronombres demostrativos

Uses of demonstrative pronouns

The demonstrative pronouns function like the demonstrative adjectives in that they point out, demonstrate, or distinguish one or more people, objects, or ideas from others by referring to their proximity, in terms of space or time, to the speaker (*this one, that one, these, those*). They are formed just like demonstrative adjectives; the only difference is that an accent is written on the first "e" of the pronoun. As a pronoun, it refers directly to the noun it is replacing, and so agrees in number and gender with that noun.

¿Te gusta más este modelo o **ése**?	*Do you like better this model or that one?*
Los alpinistas piensan subir esa montaña y **aquélla** en la distancia.	*The mountain climbers are thinking of climbing that mountain and that one in the distance.*
¿Me permites leer esos informes? ¿Y **éstos** también, por favor?	*Would you allow me to read those reports? And these also, please?*

They are also used to express *the former* and *the latter*. In Spanish, *the latter* is expressed first.

The latter = *éste, ésta, éstos, éstas* and it refers to the preceding antecedent.

The former = *aquél, aquélla, aquéllos, aquéllas* and it refers to the more remote antecedent.

Aquí están *la Sra. Blanca* y *el Sr. Menéndez;* **éste** es banquero y **aquélla** es abogada.	*Here are Mrs. Blanca and Mr. Menéndez; the latter is a banker and the former is a lawyer.*

Ése means *that one,* referring to something far from the speaker but close to the person spoken to. *Aquél* also means *that one,* but it refers to something far from both the speaker and the person spoken to.

Yo trabajo en este edificio, mi madre en *ése* enfrente de nosotros, y mi padre en *aquél* que se puede ver al otro extremo de la avenida.	*I work in this building, my mother in that one in front of us, and my father in that one (over there) that you can see at the other end of the avenue.*

When the noun to which an adjective refers is so vague or abstract that it can not be stated specifically, the neuter forms (*esto, eso, aquello*) are used. They do not refer to a specific noun and so they do not agree in number and gender with anything. No accents are used with these forms.

Los espectadores se portaron de manera muy negativa e infantil. ***Eso*** fue lo que nos molestó más que nada.	*The spectators behaved in a very negative and infantile fashion. That was what bothered us more than anything.*

At times the following construction is used in place of demonstrative pronouns:
el, la, los, las + de or *que.*

Leí esta composición y **la de** Pedro.	*I read this composition and Peter's.*
Vi esos cuadros y **los de** Anita.	*I saw those paintings and Anita's.*
Los que salieron temprano perdieron un final emocionante.	*Those who (The ones who) left early missed an exciting finish.*
La que habló primero fue la mejor.	*The one (The woman) who spoke first was the best.*

When the noun to which an adjective refers indicates general notions such as an idea, a situation, or a concept, the neuter forms *(esto, eso, aquello)* are used. They do not occur before a noun and they do not agree with anything.

¿Por qué haces **eso**?	*Why are you doing that?*
Es importante recordar **esto.**	*It is important to remember this.*

If you are not sure about the function of demonstrative pronouns, see pp. 121–123 for more review and practice.

```
■  ■  ■  ■  ■  ■  ■  ■  ■
```

Ejercicios

If you are not sure that you understand this grammar point completely, you may want to go to pp. 121–123 to review some of the material before beginning these exercises.

A. En la galería de arte.
Completa el siguiente párrafo sobre un equipo de televisión que está grabando un programa en una galería de arte. Da la forma apropiada de los pronombres demostrativos.

Hay varias galerías de arte en la ciudad pero escogimos _____ para mostrarles esta

exposición de arte moderno. Entre todas las exposiciones _____ aquí en la Sala Robles

es la más popular desde hace años. Fíjense en estos cuadros aquí a mi derecha y también en

_____ que se pueden ver al lado de esa escultura grande. He escogido esta obra

porque podemos contrastar _____ con _____ allí y ver la diferencia de

estilos. Estas dos artistas, dos mujeres latinoamericanas, (_____ aquí de Venezuela y

_____ allí de Chile) representan el nuevo movimiento que trata de interpretar la

realidad actual. Estas interpretaciones, igual que _____ que dominaban el siglo

anterior, reflejan el papel de las mujeres en la sociedad.

27

B. Los niños quieren de todo.

Lee lo que les piden tres niños a sus padres en el parque de diversiones. Completa los diálogos con un pronombre demostrativo apropiado.

1. —Quiero ese globo de muchos colores.

   —Yo quiero _____ también.

   —Y yo quiero _____ aquí en este puesto.

   —Pues, ¿por qué no compramos _____ aquí? Son más pequeños.

2. —¿Me compras uno de esos helados que vende el hombre?

   —Sí. _____ son ricos.

   —No, no. _____ que venden en la entrada son aún mejores.

   —Bueno. _____ aquí son ricos y son menos caros que _____ en la entrada.

3. —Mami, papi, ¿puedo dar una vuelta en la montaña rusa?

   —Yo también. _____ es la más emocionante de todas.

   —_____ me da miedo. Quiero dar una vuelta en _____ aquí.

   —_____ allí es demasiado peligrosa. ¿Por qué no damos una vuelta todos nosotros en _____ aquí.

4. —¡Qué bueno! ¡Este helado es riquísimo!

   —No me gusta el que pedí. _____ Susana será mejor.

   —Tampoco me gusta _____.

   —¡Quieren de todo y después se quejan! Nada les satisface.

C. Mirando unas diapositivas.

Un matrimonio muestra algunas diapositivas de un viaje que hicieron recientemente. Completa las frases con un adjetivo o pronombre demostrativo apropiado.

1. _____ caja de diapositivas que tenemos aquí es de Puerto Rico. _____ allí es de la República Dominicana y _____ al otro extremo de la mesa es de Cuba.

2. Aquí en primer plano (*foreground*) se ve nuestro avión. _____ es el piloto y _____ es la tripulación (*crew*) detrás de él.

3. Nos gustó mucho más _____ viaje que _____ año pasado cuando hicimos una excursión en barco.

4. Allí en el fondo (*background*) vemos nuestro primer hotel. _____ hotel fue mucho más cómodo que _____ que vemos en esta próxima foto.

5. Mira esta foto. _____ es nuestro guía en Cuba. ¡Qué hombre más amable!

28

D. En el estadio de fútbol.

D. En el estadio de fútbol. Una familia asiste a un partido de fútbol. Los muchachos, que son muy aficionados al deporte, les muestran a sus padres lo que observan.

1. Allí están la presidenta y el vice-presidente de la liga; _____ se llama Flora Méndez y _____ Jorge Campos.

2. Primero nuestro equipo va a jugar contra el equipo que lleva las camisetas rojas y después contra el equipo azul; _____ es muy formidable, mientras _____ no debe ser una amenaza. Los jugadores deben conservar su fuerza en el primer partido.

3. Esas muchachas y aquellos muchachos asisten a todos los partidos; _____ son de Cali y _____ de Cartagena. Son campeones de la liga.

4. El entrenador y el médico del equipo están al lado de la bandera; _____ lleva una camisa blanca con el nombre de su hospital y _____ lleva un chandal (*warm-up suit*).

5. Delante de esta portería (*goal*) puedes ver a nuestro portero, Ángel Corral, y delante de la otra practica Paco Latorre, el del equipo rival. _____ siempre juega bien contra nosotros mientras que _____ acaba de volver al equipo después de una lesión (*injury*) bastante grave.

E. Haciendo contrastes.

E. Haciendo contrastes. Compara y contrasta las cosas y personas en tu alrededor. Utiliza adjetivos y pronombres demostrativos.

Ejemplo: *Este cuarto es más cómodo que ése.*

Algunas posibilidades: el cuarto donde estás / una joya o una prenda de vestir que llevas / la actividad que haces ahora / otras personas en el cuarto / la casa o el edificio donde estás / cosas que puedes ver afuera

▪ ▪

Los adjectivos posesivos

Read the following conversation between two friends. Note the different possessive adjectives (*mi, tu, su, nuestro, mío, tuyo, suyo, nuestro* etc.) that you come across.

Javier: ¡Hola, Pablo! ¿Cómo estás? ¿Qué tal fueron tus vacaciones? ¿Las pasaste bien?

Pablo: Hasta cierto punto sí, pero perdimos nuestro vuelo a San Juan y no llegamos hasta el martes. Al llegar al hotel no encontraron nuestra reservación y tuvimos que buscar otro hospedaje. Voy a tener que hablar con ese agente de viajes nuestro. Un pariente mío me lo recomendó.

Javier: ¡Cómo te quemaste la piel! ¿Te dormiste en la playa?

Pablo: Sí, los brazos me arden y la espalda está peor. Pienso visitar a mi médico esta tarde. Su clínica queda muy cerca de aquí. Oye, muchas gracias por cuidar a mis perros. ¿No tuviste ningún problema con ellos?

Javier: Ningún problema. Les encanta la comida de mi mamá. ¡Saben comer! Pero te extrañaron mucho. Aquí tienes tu llave.

Read the dialogue again and underline the possessive adjectives. If you are not sure about the function of possessive adjectives, or if you had difficulty identifying them, see pp. 123–125 for more review and practice.

Uses of possessive adjectives

The possessive adjective indicates ownership or possession.

It agrees in number and gender with what is owned or possessed, **not** with the possessor.

The short possessive adjectives (*mi, tu, su, nuestro, vuestro, su*) and their plural forms always precede the noun and must also agree with the noun.

The long possessive adjectives (*mío, tuyo, suyo, nuestro, vuestro, suyo*) and their plural forms always come after the noun and they must agree with the noun.

The long form indicates a subset of a larger set.

mi amiga	*my friend*	una amiga **mía**	*a friend of mine*
nuestro profesor	*our teacher*	un profesor **nuestro**	*a teacher of ours*

When the noun to which a possessive adjective refers is so clear from the context that it can be left out, only the long form can be used.

Ya tengo mi cheque; ¿has recibido **el tuyo**?   *I have my check; have you received yours?*

If the possessive adjective is linked to the noun by *ser*, only the long form can be used.

Este cheque es **mío.**   *This check is mine.*

It is not used when referring to parts of the body or clothing.

Me duele **la** cabeza.	***My*** *head hurts.*
No se lavó **las** manos.	*He didn't wash **his** hands.*
Levanté **la** mano.	*I raised **my** hand.*
Bajaron **la** cabeza.	*They lowered **their** heads.*
Me sacará **el** diente mañana.	*He'll pull out **my** tooth tomorrow.*
Le agarré **el** brazo.	*I grabbed **his** arm.*
Pedro salió sin **los** guantes.	*Pedro went out without **his** gloves.*

But it is used in the following instances:

- To clarify:
  *Él llevaba **mi** suéter.*

- If the part of the body is modified:
  *Yo admiraba **su** pelo largo y negro.*

- If the part of the body or article of clothing is the subject of the sentence:
  ***Tu** chaqueta está en el ropero.*

30

Ejercicios

> If you are not sure that you understand this grammar point completely, you may want to go to pp. 123–125 to review some of the material before beginning these exercises.

A. Describiendo a tu familia.
Usando los sujetos a continuación, comenta brevemente sobre los pasatiempos, amigos, casa o apartamento, preferencias, animales domésticos, gustos, trabajo y barrio de cada persona o personas. Usa los adjetivos posesivos cuando sea posible.

Ejemplo: Mi amiga Carmen

Mi amiga Carmen tiene muchos pasatiempos. Su pasatiempo favorito es la natación. Ella va a la piscina después de sus clases. Siempre va con una amiga suya.

1. yo
2. mis tíos
3. mi padre o mi madre
4. mi familia (nosotros)

B. ¡Ese apodo (nickname) tuyo!
Completa la descripción a continuación con el adjetivo posesivo apropiado.

Me llamo Isabela pero _____ amigas suelen llamarme Bela, menos una compañera _____, Inés. Ella insiste en usar _____ nombre cristiano. Tampoco a _____ padres les gusta ese apodo. Siempre me dicen "_____ verdadero nombre es muy bonito pero ese apodo _____, ¡qué feo! No nos gusta que llamen a _____ hija así. ¿Por qué dejas que _____ amigos te llamen así? Son amigas _____, ¿no?" La gente de _____ generación no comprende que cambiamos _____ nombres para describir mejor a _____ amigos. "Bela" puede sugerir "vela"—algo que resplandece—o "bella"—muy bonita. ¿Y tú? ¿Cuál es _____ nombre? ¿Y cómo te llaman _____ amigos?

C. Las pertenencias (belongings).
Comenta sobre las cualidades de algunas de tus pertenencias y contrástalas con las de un(a) compañero(a).

Ejemplo: *Mi pulsera es bonita pero ese collar tuyo es bello. Mira a Elena. Su anillo es hermoso. Me encanta.*

D. Después del accidente. Completa el resumen a continuación con el adjetivo posesivo o artículo definido más apropiado.

Mi hermano montaba en bicicleta cuando se resbaló¹ y se cayó. Se cortó _____ pierna y le dolía mucho _____ brazo pero no se rompió _____ muñeca como pensábamos originalmente. Afortunadamente _____ casco² le protegió _____ cabeza. _____ pantalones estaban rotos y cubiertos de sangre. La médica le examinó _____ cuerpo y después de lavarle _____ lesiones le vendó³ _____ pierna.

¹ *se resbaló:* slipped   ² *casco:* helmet   ³ *vendó:* bandaged

Los pronombres posesivos

Uses of possessive pronouns

The possessive pronoun indicates ownership or possession by replacing nouns that are modified by a possessive adjective.

Éste es mi cuarto. **El tuyo** está en el segundo piso.	*This is my room. Yours is on the second floor.*

It is formed by using the definite article and long form of the possessive adjective (*el mío, la mía, los míos, las mías*).

It agrees in number and gender with what is owned or possessed, **not** with the possessor.

Tengo dos entradas: **la mía** y **la tuya.**	*I have two tickets; mine and yours.*

The forms of *el suyo* can be clarified by replacing them with *de* + **prepositional pronouns.**

Van a leer tu carta y **la de ella.**	*They are going to read your letter and hers.*

If the posessive pronoun is linked to the noun by *ser*, only the long form can be used.

Este cheque es **mío.**	*This check is mine.*

Like the long possessive adjectives, *el mío* (mine), *el tuyo* (yours), *el nuestro* (ours), and *el vuestro* (yours) have only one equivalent in English.

El suyo (his, hers, yours, theirs) can have different equivalents. If it is not clear what *el suyo* means, we use an alternate pattern as with the long possessive adjective. The forms of *el suyo* can be clarified by replacing them with *de* + **prepositional pronouns** (*él, ella, Ud. ellos, ellas, Uds.*).

el suyo	el de **él** (*his*)	el de **ella** (*hers*)
	el de **Ud.** (*yours–singular*)	el de **Uds.** (*yours–plural*)
	el de **ellos** (*theirs*)	el de **ellas** (*theirs*)

Ejercicios

If you are not sure that you understand this grammar point completely, you may want to go to pp. 125–126 to review some of the material before beginning these exercises.

A. Contrastes.
Completa las selecciones a continuación con el pronombre posesivo apropiado.

1. Mi almuerzo consiste en un sándwich de queso y media botella de agua. Carlos trajo dos sándwiches de pavo y uno de jamón, frutas, galletas y dos limonadas. Parece que _____ es mejor que _____.
2. Nuestra casa tiene seis cuartos. La de nuestros tíos tiene ocho. _____ es más grande que _____.
3. La hermana de Pedro tiene dieciséis años y mi hermana tiene ocho. _____ está en la secundaria y _____ está en la primaria.
4. Nos gustan tus ideas. Son nuevas e interesantes. Las de Isabela no son tan originales, así que hemos adaptado _____ y no _____.
5. Uds. son siete y nosotros sólo cinco, entonces ¿por qué no toman Uds. esta mesa y nosotros tomamos ésa? _____ es más grande que _____.

B. Para aclarar la situación.
Completa las selecciones con el pronombre posesivo apropiado.

1. Éstas no son las llaves de Pedro, son de Uds. _____ están en un llavero rojo.
2. ¿Son éstas nuestras maletas? Sí. Son _____. Veo nuestros nombres en las etiquetas.
3. Señores, por aquí, por favor. Ésa no es su mesa. _____ está en el rincón.
4. Éstos no son mis calcetines. _____ tienen una franja roja.
5. ¿Es tu cuaderno? Ah, sí, es _____. Mira, tiene tu nombre en la portada.
6. Ésta no es la escuela de los niños. _____ se llama Colegio Robles y ésta se llama Colegio San Martín.
7. ¿Dónde están los documentos de José? Éstos no son _____.
8. No son los padres de María. _____ son mayores de edad.
9. No es nuestra bandera. _____ tiene más colores.
10. Tus amigos ya han llegado pero mis amigos no. _____ siempre llegan tarde.

C. ¿De quién es...? Alguien está tratando de averiguar de quién son algunos objetos. Completa cada situación con la forma correcta de la forma larga de los adjetivos posesivos.

1. ¿Es la chaqueta de Ana? No. _____ es de algodón, no de nilón.
2. ¿Es tu bufanda? No. _____ lleva el nombre de la escuela.
3. ¿Son las camisas de Uds.? No. _____ son las de manga corta.
4. ¿Son tus zapatos? No. _____ no son de cuero.
5. ¿Es el cinturón de tu hermano? No. _____ es de color café.
6. ¿Es el sombrero de Ud.? No. _____ es mucho más viejo.
7. ¿Son mis guantes? No. _____ no están rotos.
8. ¿Es nuestro paraguas? No. _____ no es de esta marca.
9. ¿Son los suéteres de Mariluz? No. _____ ya están en cajas.
10. ¿Es el abrigo de Susana? No. _____ es rojo y amarillo.

D. Para distinguir. Lee las siguientes oraciones y luego complétalas con la forma correcta del pronombre posesivo. Asegúrate de que esté claro a qué o a quiénes se refieren.

1. El barrio de Uds. tiene más árboles que el de mis tíos. _____ es bastante nuevo y los árboles todavía son muy pequeños. _____ me parece tener más ambiente.
2. Veo las sandalias de Gerardo, pero no las de Marta. _____ están aquí mismo. ¿Dónde estarán _____?
3. Me gustó el resumen de Marta más que el de Pablo. _____ fue muy detallado y me interesó mucho. _____ no fue escrito bien.
4. Los parientes del novio se sientan en este lado, a la izquierda y los de la novia en el otro, a la derecha. _____ están sentados detrás de él y _____ detrás de ella.
5. Asistimos al concierto de nuestro nieto, pero no pudimos ir al de nuestra nieta. Estuvimos ocupados para _____, pero regresamos a tiempo para _____.
6. Leyeron las composiciones de Evita y de Rosalía pero no la de Eduardo. Les impresionaron _____, y esperan que _____ les gusten también.

La comparación de adjetivos

Read the following conversations among children as they engage in a bragging battle. Note the comparison of adjectives that you come across.

—Mi papá es más fuerte que tu papá.
—No lo creo. Mi papá es el más fuerte de todos. Es levantador de pesas y puede levantar 200 kilos. Lo he visto levantar un camión con una mano.

∎ ∎ ∎

—Yo soy más bonita que tú.

—Al contrario. Yo soy la más bella de todas las muchachas. Mi mamá y mi abuela me lo han dicho en varias ocasiones.

▪ ▪ ▪

—Mi hermano y yo somos los más rápidos del colegio.

—¿Quién dice eso? Pablo y yo somos tan rápidos como Uds. Vamos a ver. ¡Aquí mismo! ¡Vamos! A ver si no somos más rápidos. A ver si no somos los más rápidos del colegio.

▪ ▪ ▪

—Mi hermano ha tocado la mejor selección del concierto. Fue la más difícil y fue mucho más complicada que las de los otros músicos. Estoy seguro de que los jueces lo escogerán como el ganador del festival.

—¿Y qué sabes tú acerca de la música? Tu hermano ni toca tan bien como mi hermana, ni sabe tanto acerca de la música.

Read the conversations again and underline adjectives in the comparative or superlative degree. If you are not sure about the function of comparative or superlative degree, or if you had difficulty identifying them, see pp. 126–128 for more review and practice.

Uses of the comparative

The comparative degree is used to compare or contrast two people, things, or ideas.

Comparisons of equality are expressed with:

▪ *tan* + **adjective (adverb)** + *como*

Ella es **tan** lista **como** su hermana.	*She is as clever as her sister.*
No escribe **tan** bien **como** su hermana.	*She does not write as well as her sister.*

▪ *tanto(a, os, as)* + **noun** + *como*

Ella tiene **tantas** cualidades **como** su hermana.	*She has as many qualities as her sister.*

Comparisons of inequality are expressed with:

▪ *más (menos)* + **adjective (noun, adverb)** + *que*

Ellos tienen **más** fuerza **que** tú.	*They have more strength than you.*

To express *than* before numerals in affirmative sentences, *de* is used.

Han trabajado **más de** ocho horas.	*They have worked more than eight hours.*

If the sentence is negative, *que* is used.

No han trabajado **más que** diez horas.	*They have not worked more than ten hours.*

To express *than* before clauses that are compared with the whole idea of the first clause, *de lo que* is used.

Esa tarea fue más fácil **de lo que** habíamos pensado.

That homework was easier than we had thought.

Valió mucho más **de lo que** queríamos gastar.

It was worth more than we wanted to spend.

Uses of the superlative

The superlative degree is used to distinguish one as the most notable among many. It is formed exactly like the comparative form for inequalities, but with the addition of the definite article. *De* is used rather than *que*.

el (la, los, las) + más (menos) + adjective (noun, adverb) + de

Ellas son **las más** trabajadoras **de** la clase.

They are the most hard-working of the class.

The absolute superlative stresses the adjective to its maximum degree. It does not compare the person, thing or group to others. Some English equivalents are *extremely, very, awfully,* and *incredibly.* It is formed by adding the suffix **-ísimo, –ísima,** etc.

An equivalent expression is often formed with the use of *muy, sumamente,* or *extraordinariamente.*

Ella está **nerviosísima.**   Ella está **muy nerviosa.**

She is very / extremely nervous.

Es **riquísimo.**   Es **sumamente rico.**

It is very / extremely tasty.

Parecen **cansadísimos.**   Parecen **extraordinariamente cansados.**

They seem very / extremely tired.

Reminder: Adjectives in comparative and superlative degree still must agree with the noun or pronouns they modify.

Ejercicios

If you are not sure that you understand this grammar point completely, you may want to go to pp. 126–128 to review some of the material before beginning the exercises.

A. Contrastes.
Contrasta a las siguientes personas. Usa por lo menos dos frases en cada categoría. Trata de incluir toda clase de comparación (de igualdad, de desigualdad, superlativa).

Ejemplo: *Raquel es inteligentísima.*
Las notas de Raquel son las mejores de todas.

		Susana	David	Raquel
1.	fecha de nacimiento	23/08/81	13/10/81	02/12/82
2.	medida	1.6 m.	1.9 m.	1.4 m.
3.	peso	60 kilos	74.3 kilos	50.3 kilos
4.	número de zapatos	39	43	35
5.	grado en la escuela	10	10	9
6.	notas en los cursos	notable	bien	sobresaliente
7.	hermanos	2	2	1
8.	domicilio	ciudad	campo	campo
9.	destrezas (*skills*)	la música	la informática	las ciencias
10.	pasatiempos	conciertos	lucha libre	los deportes
11.	planes para el futuro	componer música	competir en las	ser pedíatra
		Olimpiadas		

B. Haciendo comparaciones.
Escoge una característica que se destaca entre los grupos a continuación y expresa la diferencia que notas entre ellos. Evita la repetición.

Ejemplo: Mi abuelo y mi padre.
Mi abuelo tiene más paciencia que mi padre.

mi mejor amigo y yo / dos vecinos / mi padre (o madre) y mi abuelo / dos tíos / dos equipos profesionales / dos músicos / dos universidades / dos libros / los gatos y los perros / el verano y el invierno / dos ciudades / dos profesores / dos cursos / la mañana y la noche / dos refrescos / el este y el oeste / dos libros

C. Haciendo más comparaciones con superlativos.
Escoge la característica más destacada de los siguientes temas, lugares o personas.

Ejemplo: *Nueva York es grandísima.*
Nueva York es la ciudad más interesante de todas las ciudades en los Estados Unidos.

el presidente de los Estados Unidos / Los Ángeles / los Juegos Olímpicos / el fumar / el Gran Tiburón Blanco / la Madre Teresa / Beethoven / Pablo Picasso / la televisión / una película / el maratón / el cáncer / las Cataratas de Niágara

En conclusión...

[Some of these exercises can be done orally after students have had time to prepare and write notes for presentation to the rest of the class.]

A. Diferencias y similaridades. Describe en detalle las diferencias y similaridades entre la escuela primaria y la escuela secundaria. Describe a los maestros, los edificios, las actividades, etc. Recuerda que cuando describas la escuela primaria tienes que usar los tiempos del pasado.

B. En el museo. Usando el principio de las descripciones siguientes como guía, trata de continuarlas. Usa tu imaginación.

1. ¿Cómo? ¿De veras? ¡No lo creo! ¡Tú nunca has visitado el Museo de Bellas Artes! Tienes que ir... y pronto. Pero hasta entonces, escucha esta descripción. Yo conozco muy bien el museo. Es *enorme,* con obras *magníficas* de diferentes épocas...

2. ¡Por fin! Aquí estamos en el Museo de Bellas Artes. Te lo dije, ¿no? Es grandísimo. Hoy seré tu guía. Escucha bien. *Esta* sala contiene artefactos romanos y *estos* jarrones son del siglo II a.c. *Estas* columnas son ruinas de...

3. Ser guía de museo no es siempre fácil. Este trabajo *mío*... no sé. ¡Uf! Esos jóvenes no querían escuchar *mi* presentación. La próxima vez los dejo explorar solos, con *sus* profesores como guía...

4. ¿Trabajar en un museo o pintar? ¿Cuál prefiero? Las obras que me rodean aquí en el museo son *las más bellas e importantes del mundo,* pero para mí las esculturas *son menos emocionantes que* las pinturas...

C. Los gobiernos. Imagina que te han invitado a una conferencia internacional donde jóvenes de diferentes países discuten los diferentes tipos de gobiernos. Escoge un país, cuyo gobierno conozcas bien y compáralo con el gobierno de los Estados Unidos. Si decides no escoger otro país, puedes comparar el gobierno actual de los Estados Unidos con el gobierno de años atrás.

D. Mi escuela. Un estudiante de intercambio te pide que le cuentes algo de tu escuela para así saber lo que le espera cuando venga a visitarte. Escríbele una carta describiendo la vida en tu escuela. Debes darle todos los detalles posibles.

E. Un documental. Una estación de televisión decide hacer un documental sobre la vida de diferentes familias en tu comunidad. Escríbele una carta al Gerente General explicándole por qué debe escoger tu familia para incluirla en el programa.

F. Entre amigos. Escoge a un amigo y a una amiga que te gusten mucho. Describe cómo son ellos y compáralos, exaltando los aspectos de ellos que más te gustan.

G. La publicidad. Escoge dos anuncios de una revista o periódico y tráelos a la clase. Descríbelos detalladamente y explica por qué son o no son efectivos para mostrar al público la idea o producto.

H. Una foto de mi niñez. Escoge una foto o fotos de tu niñez y prepara un informe para la clase comparando cómo eras antes y cómo eres ahora. Trae la foto o fotos a la clase y descríbesela(s) a tus compañeros. Recuerda que cuando describas las fotos de tu niñez tienes que usar los tiempos del pasado.

Sin rodeos...

You will now listen to a series of questions in which you are asked to describe certain people or things with which you have some experience. You will hear each question twice. You will have 20 seconds to respond as fully as possible. Listen to the first question . . .

En escena

Los dibujos en la próxima página representan un cuento. En tus propias palabras, describe en detalle lo que sucede. Recuerda que debes usar tu imaginación y añadir cualquier información que creas necesaria.

La narración y la descripción en el presente

In this unit, you will review and practice the structures that

will allow you to talk about yourself, others, and the

activities in which you participate.

El presente

Descripciones

Read the following announcements of people who want to meet or correspond with others. Pay attention to the descriptions and underline all the verbs that you can find in the present tense.

Soy un chico de 27 años. De físico corriente. Creo ser sincero, idealista y sensible. Tengo buen sentido de humor. Me gusta leer, la playa, hablar y escuchar, conocer a la gente. Quiero tener correspondencia con chicas sinceras para amistad y compartir inquietudes. Soy de Barcelona, pero espero cartas de cualquier lugar de España.

Hola, tengo 33 años, me llamo Javier y vivo en Huesca. Soy una persona sencilla, romántica y cariñosa. Mido 1'70m, llevo barba y tengo ojos de color pardo. Mi carácter es algo complicado como un buen Géminis que soy; me gusta el campo, pasear, la lectura, el cine, viajar y la música. Busco chicos y chicas, no importan la edad ni dónde vivan. Deseo divertirme en los buenos momentos que la vida ofrece. Tienen que ser sinceros y respetuosos. Si creen que vale la pena conocernos, escríbanme, no tenemos nada que perder y puede que sí mucho que ganar. ¿No creen?

41

Soy trigueña con ojos claros, mido casi dos metros, tengo 30 años y soy soltera. Soy escritora. Me gusta el deporte. Peso 180 libras. Soy atlética.

Siempre espero lo mejor de la vida. Si te sientes así y tienes entre 20 y 30 años, escríbeme. Espero recibir tu carta.

In Unit 2, you reviewed and practiced using adjectives and making comparisons. You remember that for most of these descriptions you used the verb *ser*. Let's review the different uses of the verb *ser*.

Uses of the verb "ser"

The verb *ser* is used to express:

▪ The origin of someone or something

Los estudiantes de intercambio **son** de Colombia.	*The exchange students are from Colombia.*
Esa alfombra **es** de Ecuador.	*That rug is from Ecuador.*

▪ Identity

¿Quién **es** ese señor?	*Who is that man?*
Es el tío de Ricardo.	*He is Ricardo's uncle.*

▪ Moral or mental characteristics, usually with the following adjectives: *culpable, consciente, desgraciado, feliz, inocente, pobre*

Esa pareja **es** muy feliz.	*That couple is very happy.*

▪ Professions

La Sra. Menéndez **es** periodista.	*Mrs. Menéndez is a journalist.*

▪ Dates

¿Qué día **es** hoy?	*What day is today?*
Hoy **es** martes.	*Today is Tuesday.*

▪ Time

Es la una y media.	*It is one thirty.*

▪ The material from which something is made

Ese anillo **es** de oro.	*That ring is (made of) gold.*

▪ Possession

Los bolígrafos **son** de la profesora.	*The ballpoint pens belong to the professor. The ballpoint pens are the professor's.*

▪ The idea of *to be held, to happen, to take place*

La reunión **es** en la cafetería.	*The meeting is (being held) in the cafeteria.*
Las clases **son** en el edificio nuevo.	*The classes are (being held) in the new building.*

▪ The passive voice

Los coches **son** recuperados por la policía.	*The cars are recovered by the police.*

Ejercicios

> If you are not sure that you understand this grammar point completely, you may want to go to pp. 129–130 to review some of the material before beginning these exercises.

A. Listas.
¿Cómo describes las características físicas de una persona? En cada una de las categorías, haz una lista de todos los adjetivos que describen a una persona.

cara	cuerpo	piel	tamaño	pelo	otras características

B. Describiendo a diferentes personas.
Mira los dos dibujos a continuación y describe en detalle todo lo que ves. Describe a las personas sus características físicas, lo que tienen o no tienen y la ropa que llevan. También mientras las describes, compáralas.

1

La narración y la descripción en el presente

2

C. La fiesta de fin de año. Mira la escena a continuación y descríbela en todo detalle. Habla de la fecha, la hora, las personas que están allí, cómo son, etc.

D. ¿Quién lo hizo? Usando la información a continuación expresa por quién y cuándo las ideas u objectos a continuación fueron descubiertos, inventados o construídos.

> *Ejemplo:* el fonógrafo / Edison / 1877
> *El fonógrafo fue inventado por Edison en mil ochocientos setenta y siete.*

1. la teoría cuántica / Planck / 1900
2. el teléfono / Bell / 1876
3. el primer paracaídas / Garnerin / 1796
4. el primer puente suspendido / Seguin / 1824
5. el ascensor / Otis / 1853
6. la teoría de la relatividad / Einstein / 1915
7. el primer vuelo en aeroplano / Ader / 1890
8. la ley de la caída de los cuerpos / Galileo / 1590

Condiciones y acciones en progreso.

Lee la siguiente tarjeta que Javier, un chico dominicano, le escribe a su amiga Rosaura. Javier está de vacaciones en México.

Querida Rosaura,
Te escribo desde Cancún.
Aquí estoy sentado en una maravillosa playa disfrutando el sol y un buen descanso.
Ayer estaba cenando en un restaurante y adivina quién estaba allí también... Claudio.
Estuvimos hablando por varias horas y mañana vamos a Uxmal juntos. Voy a estar aquí por una semana más... ya te estoy echando de menos.
Un abrazo,
Javier

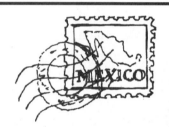

Rosaura Montiel
71 E. 94th St.
New York, N.Y.
10028

Vamos ahora a repasar el uso del verbo *estar*. Como puedes ver Javier lo ha usado varias veces en la tarjeta que le escribió a Rosaura.

Uses of the verb "estar"

The verb *estar* is used to express:

■ A state such as mood, physical condition, or non-characteristic features in general

Estoy deprimido desde que se fue Antonio.	*I am depressed since Antonio left.*
La hija de Pedro **está** enferma.	*Pedro's daughter is ill.*
Camilo **está** sentado en el pasillo.	*Camilo is seated in the hall.*

■ Mood, temporary employment, or situation, with the expression **estar de + adjective or noun**

José siempre **está** de buen humor.	*José is always in a good mood.*
Carlos **está** de profesor en Chile.	*Carlos is working as a professor in Chile.*
La familia Camacho **está** de viaje.	*The Camacho family is on a trip.*
Esos colores **están** de moda.	*Those colors are in fashion.*

■ Location

Adela **está** en Uruguay.	*Adela is in Uruguay.*
La caja **está** debajo de la mesa.	*The box is under the table.*

■ With the present participle to express an action that is in progress

Ellos **están hablando** con el policía.	*They are talking to the policeman.*
Yo **estoy escribiendo** en mi cuaderno.	*I am writing in my notebook.*

Some expressions that can be used to emphasize that the action is in progress are *ahora, ahora mismo, en estos momentos,* etc.

Note that the progressive can be used with any tense.

Estabámos comiendo cuando Librada entró.	*We were eating when Librada entered.*
Cuando tú llegues, te **estaremos esperando.**	*When you arrive, we will be waiting for you.*

Remember that the progressive can also be formed with the following verbs: *seguir, continuar, venir, salir, ir, andar, llegar,* and *entrar.*

Also remember that *estar* cannot be followed by a noun phrase, but *ser* can.

Esa mesa **es** de plástico.	*That table is (made of) plastic.*

The past participle as an adjective

In Spanish, the past participle can be used as an adjective. Do you remember how to form the past participle? If you are not sure, go to pp. 112–113 and review it.
For example:

Esos chicos en el parque están **perdidos.**	*Those boys in the park are lost.*
Las ventanas están **abiertas** porque hace calor.	*The windows are open because it is hot.*
Mi padre me dijo que la tienda estaba **cerrada.**	*My father told me that the store was closed.*

Note that because the past participle is used as an adjective, it must agree with the noun it qualifies. Read the three sentences again, paying close attention to the ending of the adjectives and the noun they modify.

Ejercicios

> If you are not sure that you understand this grammar point completely, you may want to go to pp. 129–130 to review some of the material before beginning these excersies.

A. ¡Qué pena! Enrique no vino a la escuela hoy. Usando la siguiente lista como guía, describe la condición en que él se encuentra, pero no te limites a esta lista. Cuando aparece el símbolo (>) usa la información para decir por qué.

acostar / enfermo / toser / preocupar > tener un examen importante / enojar > no poder ir al partido / tomar aspirinas > tener dolor de cabeza / decaído > no comer desde ayer / contento > madre hacer todo por él

B. El mundo desde mi ventana. Alfonso está un poco aburrido y decide sentarse en la ventana y ver lo que están haciendo los vecinos. Describe en todo detalle lo que los vecinos de Alfonso están haciendo en esos momentos.

Adjectives with "ser" and "estar"

Some adjectives that change meaning depending on the use of *ser* or *estar*:

Ser		Estar	
ser aburrido	*boring*	estar aburrido	*bored*
ser atento	*courteous*	estar atento	*attentive*
ser bueno	*good*	estar bueno	*tasty / tastes good*
ser fresco	*fresh, impudent*	estar fresco	*fresh, just made, finished, or gathered*
ser listo	*clever*	estar listo	*ready*
ser loco	*scatterbrained*	estar loco	*insane*
ser malo	*bad*	estar malo	*ill*
ser orgulloso	*proud (pejorative)*	estar orgulloso	*proud*
ser rico	*rich*	estar rico	*delicious*
ser seguro	*safe*	estar seguro	*certain*
ser verde	*green*	estar verde	*unripe*

Note: The adjectives *vivo* and *muerto* are viewed as changeable conditions and are always accompanied by the verb *estar*.

Ejercicios

If you are not sure that you understand this grammar point completely, you may want to go to pp. 129–130 to review some of the material before beginning these exercises.

A. Los problemas de Tomás y Guadalupe. Completa el siguiente diálogo con la forma correcta del verbo *ser* o *estar.*

—¿Quién _____?—dijo la chica cuando oyó que alguien tocaba a la puerta.

—_____ Tomás. _____ aquí porque quiero hablar contigo. ¿Qué _____ [tú] haciendo?

—[Yo] _____ tratando de estudiar. Tengo que _____ lista para el examen de mañana.

—Adela, _____ hora de que hablemos. Sé que tú _____ muy enojada conmigo, pero no _____ mi intención causarte problemas.

—Tú _____ el culpable de mi enojo. Hoy _____ jueves y desde el domingo he tratado de comunicarme contigo y no me has llamado.

—Lo siento. Mi tío _____ aquí desde el sábado porque busca un apartamento. Su esposa _____ de reportera para un periódico y _____ [preterite] enviada aquí por su editor. Él _____ abogado y necesita encontrar un puesto también.

—Entonces has _____ muy ocupado.

—¿Qué puedo hacer para ponerte de buen humor? ¿Por qué no vamos a la fiesta de Rosario? _____ el sábado.

—¿A qué hora _____?

—_____ a las seis.

—[Yo] _____ [imperfect] deprimida pero ahora me siento mejor.

—Bueno, [nosotros] _____ de acuerdo que vamos a poner todo esto en el pasado.

—De acuerdo. Mi tío me _____ esperando en la calle, tiene una entrevista esta tarde.

—Hasta pronto.

B. ¿Ser o estar? Lee las siguientes situaciones y describe a la persona u objeto usando la información entre paréntesis.

1. Celeste siempre saca las mejores notas de la clase. (listo)
2. Si te comes el aguacate ahora, te vas a enfermar. (verde)
3. Ayer le di mis libros a Sebastián y no sabe dónde los puso. (loco)
4. Hace dos horas que miramos ese programa y no pasa nada. (aburrido)
5. Me encanta como preparan el pollo en este restaurante. (rico)

49

6. Carlota piensa que esos chicos no son de su clase social. (orgulloso)
7. El profesor de geografía habla demasiado y no dice nada interesante. (aburrido)
8. Juan siempre me ayuda. (atento)
9. Elena se ganó la lotería hace dos años. (rico)
10. Yo lo vi con mis propios ojos. Sé lo que pasó. (seguro)

C. ¿Qué estabas haciendo cuando...?
Escoge cinco acontecimientos importantes que han ocurrido en el último año y pregúntale a un(a) compañero(a) de clase dónde estaba y lo que estaba haciendo cuando ocurrieron esos incidentes.

> *Ejemplo:* el último Superbowl
> *¿Dónde estabas durante el último Superbowl? ¿Qué estabas haciendo?*

Actividades en que participo

Now that you have reviewed how to describe and express conditions, it is time to review how to talk about the activities you do in a normal day.

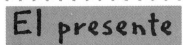

El presente

> In this part of the unit, you will review and practice how to narrate in the present. You will also be able to talk about your aspirations and your plans.

Read the following selection from the story *Al colegio* by Carmen Laforet, a Spanish writer. As you read, underline all the verbs you find in the present tense. The complete story appears in *Abriendo paso—Lectura.*

> Viene un aire vivo y empieza a romper la niebla. A todos los árboles de la calle se les caen las hojas, y durante unos segundos corremos debajo de una lenta lluvia de color tabaco.
>
> —Es muy tarde; vamos.
> —Vamos, vamos.
>
> Pasamos corriendo delante de una fila¹ de taxis parados, huyendo² de la tentación. La niña y yo sabemos que las pocas veces que salimos juntas casi nunca dejo de coger un taxi. A ella le gusta; pero, a decir verdad, no es por alegrarla por lo que lo hago; es, sencillamente, que cuando salgo de casa con la niña tengo la sensación de que emprendo³ un viaje muy largo. Cuando medito una de estas escapadas, uno de estos paseos, me parece divertido ver la chispa⁴ alegre que se le enciende a ella en los ojos, y pienso que me gusta infinitamente salir con mi hijita mayor y oírla charlar...

¹*fila:* row   ³*emprendo:* I begin
²*huyendo:* running away   ⁴*chispa:* spark

Uses of the present

The present tense is used to:

- Express a timeless or habitual present

La mayoría de los ciudadanos no **votan** en las elecciones.	*The majority of the citizens do not vote in the elections.*
Los gatos **son** animales muy independientes.	*Cats are very independent animals.*

- Describe events taking place in the present

Esteban **corre** en el parque.	*Esteban runs in the park.*
Nieva.	*It is snowing.*
¿Qué **haces**?	*What are you doing?*

- Describe planned events and actions in the future

Mañana **visito** a Teresa.	*Tomorrow I'll visit Teresa.*
Esta noche **comemos** en casa de Manuel.	*Tonight we'll eat at Manuel's home.*

Ejercicios

If you are not sure that you understand this grammar point completely, you may want to go to pp. 129–137 to review some of the material before beginning these exercises.

A. Las actividades físicas.
Usando los verbos a continuación expresa con qué frecuencia tú y tus amigos hacen las siguientes actividades.

correr	jugar	participar en un maratón
bailar	saltar	asistir a clases de ejercicios aeróbicos
caminar		

B. Una semana típica.
Explica las actividades que haces en una semana típica. Usa las siguientes expresiones para indicar la frecuencia con que las haces.

generalmente	siempre	a menudo
por lo general	con frecuencia	a veces
de vez en cuando	cada día	

C. Actividades.   Indica lo que tú haces en las siguientes situaciones.

1. Cuando estoy de vacaciones miro la televisión todo el día y...
2. Cuando estoy aburrido(a) yo...
3. Cuando estoy enfermo(a) yo...
4. Cuando tenemos exámenes nosotros...
5. Cuando mis padres trabajan mucho ellos...

Ahora pregúntale a uno de tus amigos lo que él o ella hace en las situaciones anteriores.

D. Desde donde estoy.   Piensa en un lugar favorito donde puedes sentarte y observar tus alrededores. Describe el tiempo, cómo te sientes, lo que haces, lo que ves, lo que otras personas hacen, etc.

Los verbos reflexivos

Lee la siguiente conversación por teléfono entre Mateo y su amiga Bárbara. Hay un nuevo estudiante en la escuela y Bárbara quiere saber si Mateo ya se encontró con él. Presta atención al uso de los verbos reflexivos.

—¿Ya te acostaste?
—No, pero mañana tengo que levantarme a las cinco. Tengo que ir a la escuela con mi mamá y ella se va muy temprano.
—¿Conociste al nuevo estudiante?
—Sí, se llama Pablo. Hoy se sentó a mi lado en la clase de inglés. Luego se quedó hablando conmigo por unos minutos después de la clase.
—¿Sabes que se parece a Jorge? Por eso creo que nos vamos a llevar muy bien.
—Lo sé.
—Bueno, si te acuestas ahora, vas a dormir lo suficiente.
—No te preocupes, todavía tengo que bañarme.
—Bueno, tengo que despedirme porque papá se enfada cuando hablo demasiado por teléfono.
—Hasta mañana, Bárbara. Nos vemos en la cafetería a eso de las siete.
—De acuerdo. Hasta mañana, Mateo.

If you had any difficulty recognizing the reflexive verbs, you may want to go to pp. 129–137 and do some exercises.

Uses of reflexive verbs

In Spanish, the reflexive pronouns (*me, te, se, nos, os,* and *se*) are object pronouns that correspond to the subject of the verb. In most cases the subject is performing the action for or to himself or herself. For example:

Nosotros **nos levantamos** temprano.   *We get up (ourselves) early.*

Yo **me pongo** la camisa.   *I put on (myself) the shirt.*

The reflexive construction is also used to express the following:

▪ Reciprocity. Generally this use takes place in the plural to indicate that the subjects are performing the action to or for one another.

Nosotros **nos encontramos** en el parque todos los días.	*We meet in the park everyday.*
Se abrazan cuando se ven.	*They hug when they see each other.*
Hace tres días que no **nos vemos**.	*We have not seen each other for three days.*

Sometimes you may add *el uno al otro* or *los unos a los otros* to clarify the intended meaning.

Ellos **se saludan** el uno al otro.	*They greet each other.*

▪ Accidental or unplanned actions

Se me cayeron los libros.	*I dropped the books.*
La semana pasada **se inundó** el pueblo.	*Last week the town was flooded.*
Cuando encendí la computadora, **se apagaron** las luces.	*When I turned on the computer, the lights went out.*
Se paró el reloj.	*The watch stopped.*

▪ Impersonal statements. The pronoun *se* is used to express impersonal statements in which a definite person is not specified.

Aquí **se habla** español.	*Spanish is spoken here.*
Desde aquí **se ve** toda la ciudad.	*From here one can see the whole city.*

When there is doubt about the subject, *uno* is used to differentiate between *he, she, you, it,* and *one*.

Uno siempre debe pagar las cuentas a tiempo.	*One should always pay bills on time.*

Some verbs change meaning when they are used with a reflexive pronoun.

acercar	*to bring near*	acercarse	*to approach*
acordar	*to agree*	acordarse	*to remember*
ir	*to go*	irse	*to go away, leave*
negar	*to deny*	negarse (a)	*to refuse*
parecer	*to seem*	parecerse	*to look like*
probar	*to taste*	probarse	*to try on*
volver	*to return*	volverse	*to turn around*

The reflexive construction is also used to express *to become* with the following verbs: *hacerse, ponerse, volverse*. Pay attention to the following examples:

Julio **se hizo** médico.	*Julio became a doctor.*
Juan **se puso** muy nervioso cuando yo entré.	*Juan became very nervous when I entered.*
Carolina **se volvió** loca cuando lo supo.	*Carolina became crazy when she found out.*

The idea in the last two examples is to express a temporary and sudden change in appearance, condition, or emotional state.

Ejercicios

If you are not sure that you understand this grammar point completely, you may want to go to pp. 129–137 to review some of the material before beginning these exercises.

A. Las primeras horas del día. Describe las primeras horas del día, desde que te despiertas hasta que sales de tu casa. Los verbos a continuación te pueden ayudar. Puedes añadir otros verbos que no están en la lista.

despertarse	afeitarse	lavarse
levantarse	peinarse	vestirse
bañarse	desayunarse	despedirse

B. Las últimas horas del día. Ahora describe las últimas horas del día hasta que te acuestas. Los verbos a continuación te ayudarán con la descripción. Puedes añadir otros verbos que no se encuentran en la lista.

quitarse	secarse	acostarse
bañarse	ponerse	dormirse

C. Una relación ideal. Para que una pareja se lleve bien es necesario que se ayuden mutuamente. ¿Qué piensas tú que deben hacer para tener una buena relación?

Ejemplo: *Para tener una buena relación las personas tienen que ayudarse el uno al otro. También...*

D. Situaciones inesperadas. Es lunes. Llegas a la escuela y te enteras que tenías que hacer varias cosas pero desafortunadamente, no las hiciste. En cada situación da por lo menos tres explicaciones para estas situaciones inesperadas. Luego comparte las explicaciones con un compañero(a) de clase y dile al resto de la clase las explicaciones de él o ella.

1. Tenías que haber terminado el informe para la clase de química.
2. Tenías que haber terminado el libro para la clase de inglés.
3. Tenías que haberle traído los discos compactos a tu mejor amigo(a).

Ejemplo: *Se me olvidó el libro de química en la escuela.*

Unidad 3

En conclusión...

[Some of these exercises can be completed orally after students have had time to prepare and write notes for presentation to the rest of the class.]

A. Reuniones familiares.
Escribe un párrafo explicando por qué te gustan o no te gustan las reuniones familiares. Di lo que generalmente hacen tú y tus parientes. Habla también de tu pariente favorito.

B. Los exámenes.
Cada persona tiene una manera diferente de prepararse para un examen. ¿Cómo te preparas tú para un examen importante? Explica lo que haces desde la noche anterior hasta la hora del examen.

La noche antes de un examen importante yo...

Una vez que hayas terminado, pregúntale a uno(a) de tus compañeros(as) cómo se prepara él o ella.

C. Mi amigo(a) ideal.
Escoge a un amigo o amiga que piensas es el (la) amigo(a) ideal y descríbelo(la) detalladamente incluyendo sus características, las cosas que él o ella hace que te gustan y las actividades que Uds. hacen juntos(as).

D. Preocupaciones.
Imagina que tienes que escribir un artículo para el periódico de tu escuela acerca de los problemas que afectan tu comunidad. Explica detalladamente tu comunidad, cómo es, quiénes viven allí, cuáles son algunos de los problemas que afectan la vida tuya y la de otras personas y cómo se pueden resolver esos problemas.

E. Adivinanzas.
Escoge un animal, un objeto y una persona famosa. Describe cada uno en detalle para presentárselo a tus compañeros de clase. Recuerda que debes darles suficiente información pero no mucha para ver si ellos pueden adivinar qué o quién es.

F. Encuestas.
Trata de investigar las costumbres de tus compañeros de clase para ver si puedes hacer alguna generalización. Pregúntales en qué actividades participan, cómo es un día típico para ellos, etc. Luego prepara un corto informe para presentárselo al resto de la clase.

G. El vendedor ambulante.
Imagina que eres un vendedor ambulante y que quieres vender un producto o un aparato a uno de tus compañeros de clase. Describe el producto o el aparato y explica todo lo que se puede hacer con él. Trata de escoger un producto o aparato increíble que va a revolucionar la vida diaria.

Ejemplo de productos y aparatos:
Una aspiradora que puedes programar para que limpie cuando no estás en casa
Una crema que hace crecer el pelo

H. ¿Cómo se hace?   Explícale a un(a) amigo(a) cómo se hacen las siguientes cosas. Si no sabes hacerlas, pregúntale a un(a) compañero(a) de clase. Recuerda que debes usar la forma impersonal con el pronombre reflexivo *se*.

1. una limonada
2. freír un huevo
3. una ensalada
4. arroz
5. una hamburguesa
6. un taco

I. Planes para el futuro.   Usando los verbos *querer, preferir, pensar* y *soñar con*, expresa cuáles son tus planes para el futuro. Una vez que hayas hecho tu lista, pregúntale a uno de tus compañeros de clase y toma apuntes para que puedas darle la información al resto de la clase.

Sin rodeos...

You will now listen to a series of questions about your life and some of the activities in which you participate. You will hear each question twice. You will have 20 seconds to respond as fully as possible. Listen to the first question . . .

En escena

Los dibujos en la próxima página representan un cuento. En tus propias palabras, describe en detalle lo que sucede. Recuerda que debes usar tu imaginación y añadir cualquier información necesaria.

La narración y la descripción en el presente

Cómo expresar deseos y obligaciones

In this unit, you will review and practice how to tell someone to do something and to persuade and influence others to take a different course of action. You will also review how to express obligations as well as the obligations of others.

El imperativo

The imperative is one of three moods (indicative, imperative, and subjunctive). The imperative is used to tell someone to do something. Read the following passage and underline all the verbs that appear in the imperative (or, as it is commonly known, the command form).

El baño a calor es recomendado por muchos médicos como una efectiva hidroterapia indicada para combatir estados depresivos, prevenir resfríos, además de otras aplicaciones. Para aquellas personas a quienes les gusta el calor húmedo, es preciso tomar ciertas precauciones además de consultar con su doctor.

Las siete reglas para tomar el baño de calor

1. Sáquese todas sus alhajas porque el metal al calentarse puede quemarlo.

2. Tome una ducha tibia, enjabónese y enjuáguese. Recuerde que la piel debe estar perfectamente limpia y seca para favorecer la eliminación de toxinas.

3. Durante la primera entrada siéntese lo más cerca posible del suelo, donde el calor es menos intenso.

4. Si hace sauna, salga después de transcurrido cinco minutos, dúchese con agua tibia y séquese. Puede volver a entrar hasta dos veces, pero tenga en cuenta que no debe permanecer más de 10 minutos por vez.

59

5. Si piensa volver a entrar, deje que los últimos cinco o diez segundos de su ducha sean con agua fría. De ese modo podrá permanecer en el sauna más tiempo sin sentir un calor excesivo.

6. Cuando haya finalizado, vuelva a tomar una ducha fría, comenzando por los pies y ascendiendo hasta la cabeza.

7. Séquese, aplique una crema humectante, tome un gran vaso de líquido, preferentemente agua o jugo de frutas y acuéstese durante 20 a 30 minutos.

If you were not able to find all the verbs in the command form, you may want to review the material on pp. 138–142 and do some of the exercises.

. . . .

Uses of the imperative (command)

As stated before, the command is used to tell someone to do something. In Spanish there are several ways to express this idea.

Direct commands

By using the imperative:

Doble Ud. a la izquierda. (*formal*)	*Turn to the left.*
Llega a tiempo. (*familiar*)	*Arrive on time.*
Vayamos (vamos) juntos. (*exhortative*)	*Let's go together.*

Remember that the object pronouns are attached to the end of the verb if the command is affirmative; if it is negative, they appear in front of the verb.

Devuélveselo.	*Return it to him/her.*
No se lo devuelvas.	*Do not return it to him/her.*

Infinitive

By using the infinitive, usually in instructions such as recipes, signs, or instructions for filling out forms:

Hervir el agua.	*Boil the water.*
Cortar las cebollas en pedazos pequeños.	*Cut the onion in small pieces.*
Escribir su nombre y apellidos.	*Write your name and last names.*
Firmar en el espacio indicado.	*Sign in the indicated space.*

Indirect commands

By using the subjunctive with a verb of wish, want, or order:

Quiero que **vayas** con él.	*I want you to go with him.*
Me **manda** a que **busque** los libros.	*He orders me to look for the books.*

Circumlocution

By using circumlocution, a roundabout or lengthy way to express an idea:

Haga el favor de darme el cambio.	*Do me a favor and give me the change.*
Tenga la bondad de sentarse allí.	*Be good enough to sit down there.*

60

Imperfect subjunctive

By using the imperfect subjunctive of the verbs *querer, deber,* or *poder.* This is the most polite way to request something in Spanish.

¿**Quisiera** prestarme los apuntes?	*Would you lend me the notes?*
Debiera hablar con el director.	*You should speak with the director.*
¿**Pudiera** darme los exámenes?	*Could you give me the exams?*

Ejercicios

If you are not sure that you understand this grammar point completely, you may want to go to pp. 138–142 to review some of the material before beginning these exercises.

A. ¡Estoy perdido!   Mientras caminas por la calle, un señor que parece ser turista te pregunta cómo se llega a diferentes lugares. Usando el mapa a continuación dile al señor cómo llegar de la Plazoleta del Puerto a correos, al Fuerte San Felipe del Morro, al Museo Pablo Casals, a la Catedral de San Juan y a la Fortaleza. Recuerda que como no lo conoces bien, debes tratarlo de Ud.

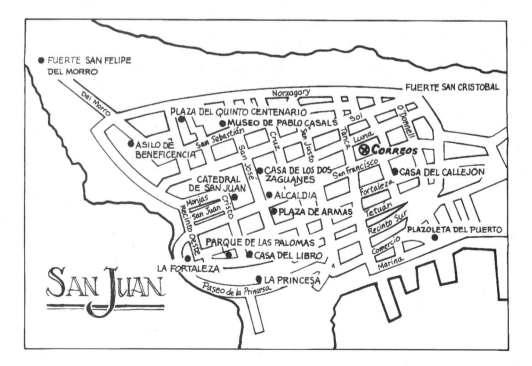

Cómo expresar deseos y obligaciones

B. Recomendaciones.   Imagina que tienes la oportunidad de hablar personalmente con el Presidente de los Estados Unidos a través de un programa que les permite a los jóvenes hacer recomendaciones al gobierno. ¿Qué le dirías? Antes de presentar tus ideas identifica algunos de los problemas que existen hoy día y luego haz tus recomendaciones.

Ejemplo: Hay muchos desempleados. Aumente el número de trabajos.

C. Requisitos para formar parte del equipo.   A algunos de tus compañeros no los dejan formar parte de un equipo deportivo en tu escuela. Para participar hay ciertos requisitos como tener buenas notas, llegar a tiempo, etc. Diles cómo ellos pueden cambiar la situación. Puedes expresarte en forma negativa o afirmativa.

Ejemplo: Saquen mejores notas.

D. Lecciones de conducir.   Uno de tus amigos(as) te pide que le ayudes a aprender a conducir. Imagina que estás en el coche con él o ella. Usando las frases a continuación como guía, dale algunas instrucciones.

doblar a la derecha/izquierda / parar en la esquina / sacar la mano e indicar que vas a doblar / (no) ir más rápido (despacio) / no tener miedo / continuar por esta calle / dejar pasar a ese hombre / no doblar / seguir derecho / ser más agresivo(a)

Ahora dale tres sugerencias generales que debe tener en cuenta cuando conduzca.

E. Ayudando a un vecino.   En la comunidad donde vives han empezado un programa para reciclar los periódicos, objetos de plástico y de vidrio. Tú decides hablar con uno de tus vecinos y decirle lo que debe o no hacer. Explícale lo que debe separar, si debe limpiar los envases, dónde los debe poner, qué día los recogen, etc. Recuerda que algunas sugerencias van a necesitar un mandato negativo.

F. Sugerencias.   Uno de tus compañeros va a hacer el papel de un estudiante que tiene problemas en la escuela y te va a explicar lo que le pasa. Dale algunas recomendaciones para ayudarlo(la). Recuerda que algunas sugerencias van a necesitar un mandato negativo.

G. Consejos.   Uno de tus compañeros te pide consejos porque no se lleva bien con sus padres. ¿Qué consejos le vas a dar? Escribe por lo menos seis consejos que te parezcan apropiados.

Ejemplo: Háblales de tus problemas.

H. El fin de semana.
Tus amigos parecen estar desanimados después de una semana muy dura en la escuela. Tú quieres distraerlos y pasarlo bien este fin de semana. Sugiere por lo menos seis actividades en que Uds. pueden participar este fin de semana. Si a ellos no les gusta una de las actividades que sugieres, explícales por qué te parece buena idea.

> *Ejemplo:*   *¡Vamos al cine!*
> *¡Visitemos un museo!*

▪ ▪

Expressions to indicate obligation

These are some of the constructions you may use to express obligation in Spanish:

▪ *Tener que* **+ infinitive**

Tengo que llegar a las ocho mañana.	*I have to arrive at eight tomorrow.*
Tienen que terminar el trabajo este fin de semana.	*They have to finish the job this weekend.*

▪ *Deber* **+ infinitive**

Debo llamar a mi abuela esta noche.	*I should call my grandmother tonight.*

▪ *Haber de* **+ infinitive**

He de visitar a Tomás mañana por la tarde.	*I must visit Tomás tomorrow afternoon.*
Hemos de llegar antes que Jorge.	*We must arrive before Jorge.*

▪ *Hay que* **+ infinitive**

Hay que llegar a tiempo.	*One must arrive on time.*
Hay que tener dieciocho años para poder ver esa película.	*One must be eighteen years old to be able to see that movie.*

▪ **Impersonal expressions + the infinitive.**

Es necesario pedir permiso para salir temprano de la clase.	*It is necessary to ask permission to leave the class early.*
Es importante tener los documentos disponibles.	*It is important to have the documents available.*

Note that the last two ways are used when the statement is intended for no one in particular or when no subject is implied and it is thus a general statement of obligation. This contrasts with the other statements that require a subject and a conjugated verb.

Ejercicios

If you are not sure that you understand this grammar point completely, you may want to go to page 143 to review some of the material before beginning these exercises.

A. Obligaciones.
Usa las expresiones siguientes para explicar las obligaciones que todos tenemos. Trata de usar expresiones variadas.

tener que + infinitive / *deber* + infinitive / *haber de* + infinitive / *hay que* + infinitive / otras expresiones impersonales como *es necesario* + infinitive, *es preciso* + infinitive, *más vale* + infinitive, *es mejor* + infinitive

1. llegar temprano a la escuela
2. estudiar regularmente
3. tratar a los adultos con respeto
4. no tomar drogas
5. no usar violencia cuando tenemos problemas
6. ayudar a los necesitados
7. no mirar demasiado la televisión
8. leer libros regularmente
9. ahorrar dinero para el futuro
10. cumplir con las responsabilidades

B. ¿Por qué...?
Ahora pregúntale a algunos de tus compañeros de clase por qué es necesario cumplir con las obligaciones que expresaste en el ejercicio anterior.

El subjuntivo

One way to influence the actions of others is by the use of the subjunctive. The subjunctive helps you to express your desire or request for others to take a particular course of action.

Read the following selection from a brochure of the Children's Hospital in Boston, Massachusetts and underline all the verbs that appear in the subjunctive.

Cuando en la Sala de Emergencia se decida que es necesario internar a su hijo(a), lo transferirán a la unidad de atención médica correspondiente tan pronto como sea posible. También le pedirán que se quede con su hijo(a) hasta que los médicos y enfermeras hayan obtenido la información necesaria para atenderlo(la) y para preparar su cuarto.

Si su niño es admitido al hospital, es importante que usted hable con el personal de la Oficina de Admisiones. Allí le pedirán que firme los formularios necesarios para permitirle al hospital realizar pruebas y ofrecer tratamiento.

Debido a lo extenso del territorio abarcado por el hospital, es imposible que el personal de seguridad vigile continuamente todo el hospital.

Los niños visitantes recibirán una etiqueta engomada que deben llevar puesta en todo momento mientras estén en el hospital.

Si desea que le instalen el servicio de subtítulos al televisor del cuarto de su hijo(a), llame a *Media Services*.

If you had any difficulty finding all the verbs and sentences where the subjunctive appears, you may want to go to pp. 143–147 and review the formation of the present subjunctive.

Uses of the subjunctive

The subjunctive is one of three moods. You have already reviewed some tenses in the indicative mood and, in this unit, the imperative. The subjunctive mood generally expresses ideas that are dependent on other expressions for their meaning, so they are used primarily in dependent clauses.

independent clause + *que* + dependent clause
(subject A / indicative verb) + *que* + (subject B / verb in the subjunctive)

The subjunctive is used in the subordinate clause if the verb in the main clause implies "influencing" the outcome of the subordinate clause or "persuading" the outcome of the subordinate clause. Verbs usually associated with influencing or persuading are verbs of wanting, desire, and order.

The subjunctive is used after expressions of volition (wish or desire), emotion, and doubt or denial **if** the subject of the dependent clause is different from the subject of the independent clause. In this unit, you will review the subjunctive after expressions of volition. The other expressions will be reviewed in Unit 5.

Yo quiero que **ellos traigan** los planes.	*I want them to bring the plans.*
Mis padres esperan que **yo conduzca** con cuidado.	*My parents hope that I drive carefully.*

As you may recall from the explanation of the imperative, you may use the subjunctive to express an indirect command because the idea of wanting someone to do something is implied.

The following verbs and expressions of wish or desire require the use of the subjunctive:

aconsejar	exigir	obligar	querer
decir	hacer	ojalá	recomendar
dejar	impedir	pedir	rogar
desear	insistir en	permitir	sugerir
escribir	mandar	preferir	suplicar
esperar	negar	prohibir	

Cómo expresar deseos y obligaciones

Yo *quiero* que Marcela **venga** a visitarnos el año próximo.

I want Marcela to come visit us next year.

Te *recomiendo* que **pagues** el dinero que le debes a José.

I recommend that you pay the money that you owe José.

Decir and *escribir* require the subjunctive when used to express a command.

Me *dice* que lo **haga.**

He tells me to do it.

Le *escribo* que le **hable** a su madre.

I write to him/her to talk to his/her mother.

Ojalá is always followed by the subjunctive.

The verbs *aconsejar, dejar, hacer, mandar, obligar, permitir,* and *prohibir* can be followed by either an infinitive or *que* and the subjunctive.

Nos *manda* **buscar** el paquete.

He sends us to look for the package.

Nos *manda* que **busquemos** el paquete.

Note: The following impersonal expressions also require the use of the subjunctive (if there is an expressed subject in the dependent clause). These expressions reflect wish, desire, emotion, doubt, negation, or probability.

basta	es (una) lástima	es menester	importa
conviene	es imposible	es necesario	más vale
es importante	es mejor	es preciso	

Es necesario que **regreses** antes de las dos.

It is necessary that you return before two o'clock.

Es mejor que no **vayas** a esa reunión.

It is better for you not to go to that meeting.

Again, if there is no subordinate clause, the infinitive is used. It is also an alternative to the use of the impersonal *se* when no specific subject is mentioned.

Es una lástima **echar** toda esa comida a la basura.

It is a pity to throw all that food in the garbage.

Es una lástima que **se eche** toda esa comida a la basura.

The indicative is used in subordinate clauses with the following verbs (with or without change of subject):

creer	estar seguro
no dudar	no negar

No creo que Elena **vaya** a venir a la fiesta.

I don't think Elena is going to come to the party.

Estoy seguro que Juan sí **va** a ir.

I am sure that Juan is going.

(*Creer,* when used in a negative sentence or in a question, does require the use of the subjunctive.) The following expressions indicate certainty, so they require the indicative:

es cierto	es evidente	es seguro
es claro	es obvio	es verdad

> Es cierto que **lloverá** mañana.
>
> Es obvio que él no **sabe** lo que dice.
>
> Era evidente que ellos **habían** descubierto su secreto.

> It is certain that it will rain tomorrow.
>
> It is obvious that he doesn't know what he is saying.
>
> It was evident that they had discovered her secret.

Ejercicios

> If you are not sure that you understand this grammar point completely, you may want to go to pp. 143–147 to review some of the material before beginning these exercises.

A. ¿Qué hacer?
Lee las siguientes situaciones, luego usa los verbos y expresiones que aparecen en las páginas 65–67 para indicar lo que tú u otros quieren, desean, ordenan, etc.

Ejemplo: Clara está mirando demasiado la televisión.
La madre...   ella...
La madre le ordena que ella estudie más.

1. Los estudiantes están comiendo en el pasillo.
El director...   ellos...
2. Nuestro club necesita recaudar (*raise*) fondos para los necesitados.
Nosotros...   ellos...
3. Yo quiero salir pero mi madre dice que nieva mucho.
Ella...   yo...
4. El próximo partido es el más importante para nuestro equipo.
El entrenador...   nosotros...
5. Tú no puedes ir a la última clase del día porque tienes una cita con el doctor.
Tú...   yo...
6. Hace tres semanas que te presté un libro y ahora lo necesito.
Yo...   tú...
7. Tus padres gritan mucho cuando no haces la tarea.
Yo...   tú...
8. El profesor necesita una tiza para escribir en la pizarra.
Él...   un estudiante...
9. El año próximo voy a necesitar mucho dinero para asistir a la universidad.
Mi consejera...   yo...
10. Uno de mis amigos se ha roto un brazo jugando al voliból.
Yo...   él...

B. Los consejos de los adultos.
Muchos adultos a tu alrededor siempre tratan de hacer recomendaciones y dar consejos para que estés preparado(a) para la vida. Escribe por lo menos seis oraciones explicando lo que esta persona te recomienda. Usa los verbos a continuación. Luego compara tus respuestas con otros estudiantes de la clase.

insistir en / aconsejar / recomendar / esperar / decir / sugerir

Ejemplo: *Mi abuela insiste en que yo termine mis estudios.*

C. Más recomendaciones.
Imagina que le quieres hacer recomendaciones al director o a la directora para que mejore las clases, las actividades estudiantiles, etc. ¿Qué le vas a recomendar? Usa los verbos a continuación u otros que necesites para expresar tus ideas. Trata de darle por lo menos ocho recomendaciones.

pedir / recomendar / sugerir / desear

D. ¡Tienes que cambiar!
Has tenido problemas con uno de tus amigos(as) porque hace ciertas cosas que a ti no te gustan. Lee la lista de cosas que hace y escribe una respuesta que le darías para que cambiara lo que hace.

Ejemplo: Le dice tus secretos a otras personas.
Te prohibo que les digas mis secretos a otros.

1. Siempre se le olvida devolverte el dinero que le prestas.
2. Siempre llega tarde cuando Uds. tienen una cita.
3. Te critica mucho.
4. No te presta los apuntes cuando no vas a la clase.
5. No te espera al salir de la clase.
6. Pasa demasiado tiempo con otros amigos.
7. No te ayuda cuando tienes problemas con tu tarea.
8. Nunca contesta a tiempo tus llamadas telefónicas.

Ahora pregúntale a uno de tus compañeros de clase lo que ellos le dirían a un amigo o amiga si estuvieran en la misma situación.

E. Cosas de adultos.
Muchas veces los jóvenes no pueden participar en ciertas actividades en las que los adultos participan. ¿Qué se necesita para que los jóvenes puedan participar en ellas? Usa expresiones impersonales para expresar tus ideas.

Ejemplo: llegar a tu casa después de las once de la noche
Para poder llegar a tu casa después de las once de la noche
es necesario que tú tengas por lo menos dieciocho años.

1. conducir un coche
2. beber bebidas alcohólicas
3. ir a películas clasificadas R
4. tener un teléfono en su cuarto
5. quedarse en casa de un(a) amigo(a) durante el fin de semana
6. tener una tarjeta de crédito
7. tener un trabajo después de las clases
8. tener su propio apartamento
9. votar en las elecciones
10. tener un novio o una novia

F. Obligaciones.
¿Cuáles son algunas de las obligaciones que tienes en tu casa? Escribe un párrafo explicando tus obligaciones. Una vez que hayas terminado pregúntale a dos compañeros de clase y toma apuntes para que así puedas darle un informe a la clase sobre tus obligaciones y las de ellos. Usa expresiones impersonales para expresar tus ideas.

G. Situaciones.
Lee las siguientes declaraciones de uno de tus compañeros. Dale una recomendación para que cambie la situación.

1. Siempre llegamos tarde a la escuela.
2. No nos gusta la comida de la escuela.
3. Tenemos que irnos temprano.
4. Queremos ir al baile de esta noche.
5. Necesitamos terminar el informe para la clase de ciencias.
6. Empezó a llover cuando estábamos jugando en el parque y nos mojamos de pies a cabeza.

En conclusión...

A. Para entrar en una universidad.
A estas alturas ya habrás pensado en lo que necesitas hacer para asistir a una universidad. Usa expresiones impersonales para explicarle a un(a) compañero(a) de escuela un poco más joven que tú lo que él o ella necesita hacer.

B. Para llevar una vida sana.
Explica lo que una persona debe hacer para llevar una vida sana. Recuerda que como vas a expresar ideas generales, no dirigidas a una persona en particular, necesitas usar expresiones impersonales.

C. Una carta.
Imagina que le quieres escribir una carta a una persona que da consejos en el periódico sobre los problemas o las presiones que tienes en la escuela o en tu casa. Explica cuáles son algunas de las "demandas" que te hacen. Luego pide consejos. Sigue el siguiente esquema para escribir la composición.

1. Identifica dos o tres problemas.
2. Explica lo que otros te/le exigen a ti o a los estudiantes en general.
3. Lo que te parece que ellos necesitan hacer.
4. Pídeles consejos.

Una vez que hayas escrito tu carta, tu profesor(a) las va a intercambiar con otros estudiantes para que ellos te respondan.

D. En la unión está la fuerza: Las obligaciones en la comunidad.
Todos tenemos responsabilidades en nuestra comunidad; explica cómo todos unidos podemos hacer cambios positivos para el bien de todos.

E. Un(a) amigo(a) exigente.
¿Has tenido alguna vez un amigo o amiga que es muy exigente? ¿Cuáles son algunas de las cosas que te exige? Pregúntales a tus compañeros de clase cómo ellos resuelven esta situación.

F. Para evitar la situación. Mira los siguientes dibujos y explica lo que tiene que suceder para que las personas cambien lo que están haciendo o lo que está sucediendo.

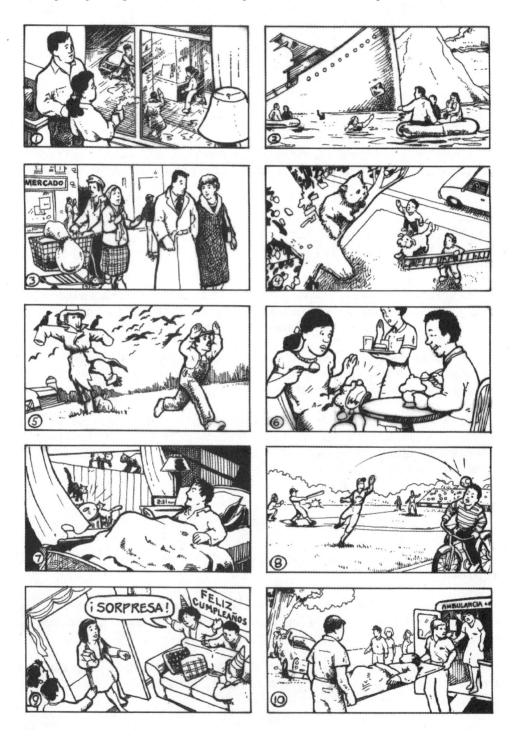

G. Sugerencias para los turistas.
Imagina que trabajas para la Oficina de Turismo en tu comunidad y que un grupo de turistas te pide información y sugerencias sobre las actividades en que pueden participar en la ciudad. Usa expresiones de obligación, mandatos, etc. para expresar tus ideas.

Sin rodeos...

You will listen to a series of questions in which you are asked to give advice or express what you want others to do. You will hear each question twice. You will have 20 seconds to respond as fully as possible. Listen to the first question . . .

En escena

Los dibujos en la próxima página representan un cuento. En tus propias palabras, trata de reconstruir lo que sucede. Recuerda que debes usar tu imaginación y añadir cualquier información que creas necesaria.

Cómo expresar deseos y obligaciones

Unidad 4

La narración y la descripción en el futuro Cómo expresar emociones, dudas y negación

In this unit, you will review how to express ideas in the future.

You will be able to talk about your wishes, desires, and

thoughts as well as your plans for the future.

El futuro

There are different ways to express the future in Spanish. Read the following excerpts of conversations to review the different ways of talking about the future.

Dos amigos hablan sobre sus planes.
—¿A qué universidad vas a asistir el año próximo?
—Todavía no sé. La semana próxima voy a ir con mis padres a visitar dos y entonces vamos a decidir. ¿Y tú?
—La verdad es que estoy un poco confundido. Me voy a reunir con mi consejera y después veré.

⬛ ⬛ ⬛

Armando habla con Carolina por teléfono. Carolina piensa pasar dos semanas en Chile con la familia de Armando.

—¿Cuándo vas a llegar?

—Llego a Miami a las tres el lunes y luego tomo el vuelo de LanChile a las cinco.

—Entonces llegas a eso de las dos de la mañana. Mi familia y yo te esperamos en el aeropuerto.

—Gracias. Lo pasaremos muy bien.

. . .

Juan y Esperanza limpian el cuarto de Juan antes de que él se mude para un dormitorio en la universidad.

—¿Qué harás con todos esos libros, Juan?

—Se los regalaré a mis amigos. En el dormitorio no tendré tanto espacio como aquí.

—¿Me enviarás la información que te pedí?

—Por supuesto, el hecho que voy a la universidad no quiere decir que me olvidaré de ti y de mis amigos.

—Así espero.

Now read the following excerpts from newspaper accounts.

Setenta y cuatro relojes fechados entre los siglos XVII y XVIII se expondrán en Madrid desde hoy hasta el 27 de mayo.

El arquitecto español Santiago Calatrava diseñará la estación de Oriente de Lisboa.

El ex presidente de la URSS, Mijaíl Gorbachov, realizará una visita privada a Barcelona el próximo lunes.

Los precios máximos de las gasolinas subirán diez céntimos, mientras que bajarán veinte céntimos los gasóleos.

Durante la mañana habrá ambiente soleado en todas las regiones, aunque se formarán nubes por la tarde.

Read the selections again and underline all the verbs that are used to express future action. What are the different ways you can express the future in Spanish? Can you tell the difference among the different selections? If you had any difficulties, go to pp. 151–152 to review some of this material.

Uses of the future

To indicate an event that is going to happen in the immediate future, we use the present tense or the construction *ir + a + infinitive.*

Llegamos a Mérida el lunes próximo.

Uds. **van a tener** problemas si no hacen la tarea.

We arrive in Mérida next Monday.

You are going to have problems if you do not do the homework.

You can use the present to express a future action by using expressions such as *esta tarde, mañana, la semana que viene, el lunes / martes* (etc.) *próximo.*

74

To indicate an event that will take place in the future:

El año próximo **iremos** a los Andes.	*Next year we will go to the Andes.*
Saldremos de viaje en dos meses.	*We will leave on a trip in two months.*

In Spanish these forms are less common in everyday communication than the use of *will* in English:

- To indicate a promise

Te **daré** el dinero cuando reciba el cheque.	*I will give you the money when I receive the check.*
Si llegas a tiempo te **invitaré** a comer.	*If you arrive on time, I will invite you to eat.*

- To express speculation, assumption, or probability

¿Cuántos chicos **habrá** en el patio?	*I wonder how many boys are on the patio.*
Serán las tres de la tarde.	*It is probably three o'clock in the afternoon.*

In this construction, the future tense is being used to talk about the present time in order to express speculation or a guess. It is interesting to note that just as the present tense is used to talk about the future, the future tense is used to talk about the present.

Now go back to the selections and try to explain the different uses of the future.

▪▪

Other ways to express future

There are other ways in which you may express ideas about the future:

- *Pensar* + **infinitive**

Pienso ir a la tienda de discos este fin de semana.	*I am thinking about going to the record store this weekend.*

- *Esperar* + **infinitive**

Espero llegar antes de las dos.	*I hope to arrive before two.*

- *Tener ganas de* + **infinitive**

Tenemos ganas de salir temprano hoy.	*We feel like leaving early today.*

- *Querer* + **infinitive**

Quieren venir con nosotros la semana próxima.	*They want to come with us next week.*

- *Quisiera* + **infinitive**

Quisiéramos vender los libros a la librería.	*We would like to sell the books to the bookstore.*

La narración y la descripción en el futuro

Ejercicios

If you are not sure that you understand this grammar point completely, you may want to go to pp. 151–152 to review some of the material before beginning these exercises.

A. Guía para paciente y padres. La siguiente selección es de la "Guía para pacientes y padres" de Children's Hospital en Boston, Massachusetts. Completa el texto con la forma apropiada del futuro de los verbos entre paréntesis.

Cuando usted y su hijo(a) lleguen a la unidad de atención médica los _____ (recibir) un miembro del personal de enfermería que les _____ (mostrar) su cuarto.

Su hijo(a) _____ (tener) una enfermera primaria que _____ (ser) la responsable de coordinar y planificar su atención médica. La enfermera primaria de su hijo(a) los _____ (hacer) paticipar y los _____ (mantener) informados sobre los planes de tratamiento y el progreso de la hospitalización. La enfermera primaria _____ (discutir) con usted los preparativos de atención médica para después de la hospitalización.

Además de la enfermera primaria hay otras enfermeras que _____ (paticipar) en la atención de su hijo(a). Cada unidad de pacientes es dirigida por una enfermera administradora que con mucho gusto _____ (reunirse) con usted para discutir las necesidades especiales de su hijo(a).

Durante su hospitalización, su hijo(a) _____ (ser) visitado diariamente por un equipo de doctores. El equipo, que por lo general está integrado por un médico supervisor, médicos residentes y estudiantes de medicina, _____ (estar) a cargo de la atención de su hijo(a) y _____ (poder) responder a cualquiera de sus preguntas.

Durante su estadía en el hospital le _____ (ayudar) muchas enfermeras y doctores. Sin embargo, solamente una enfermera y un doctor _____ (ser) los responsables de coordinar su atención médica.

Su enfermera _____ (hablar) con él o ella y con Ud. acerca de cualquier preocupación que tengan y los _____ (ayudar) a prepararse cuando llegue el día de volver a la casa.

El personal de actividades para pacientes le _____ (dar) la oportunidad de conocer a otros pacientes de su edad y _____ (organizar) actividades como por ejemplo: torneos de juegos de mesa, juegos con computadoras, películas, etc.

76

B. ¡De vacaciones!   Mañana tu familia sale de vacaciones y todos tienen varios quehaceres que cumplir para prepararse. Para que no haya problemas, ahora escribes todo lo que tienen que hacer las diferentes personas de tu familia. Haz una lista de todas las cosas que *van a hacer* tú y los miembros de tu familia antes de salir.

C. Preparativos.   Mañana es un día muy importante para el club de español. Varios estudiantes de Uruguay llegan para pasar unas semanas en tu escuela en un programa de intercambio. Al despedirte de los miembros del club, recuerdas varias cosas que vas a hacer. Diles a tus compañeros algunas cosas que vas a hacer esta noche para los preparativos.

   Ejemplo: Mañana traeré / traigo / voy a traer / un cartel dándoles la bienvenida.

D. ¡Última noticia!   Mientras lees el periódico te enteras de lo que ha sucedido recientemente, y te preguntas cómo va a reaccionar la gente. Usando el futuro de probabilidad, sugiere varias reacciones posibles a los siguientes acontecimientos.

   Ejemplo:

   | Eligen a Ernesto Martínez Presidente |

   Estará muy contento.
   Habrá muchos que están celebrando la victoria.

1.
   | **Vientos fuertes obligan cierre del aeropuerto** |

2.
   | Varios barrios se quedan sin electricidad por veinticuatro horas |

3.
   | Bolsa de valores' baja precipitosamente |

4.
   | **Familia en Burgos gana el premio gordo de la lotería** |

5.
   | Estudiantes protestan contra aumento de matrícula |

6.
   | **Nuevas computadoras revolucionan el mundo de la informática** |

'*Bolsa de valores:* Stock market

E. Al final del año escolar.   Tú y tus amigos empiezan a hacer planes para celebrar el final del año escolar. ¿Qué harán? Escribe un párrafo corto incluyendo la siguiente información:

1. Cuándo terminará el curso
2. Adónde irán para celebrar
3. Quiénes participarán en la celebración
4. Qué harán allí
5. Cualquier otra actividad que hayan planeado

El subjuntivo

Read the following excerpts from "Guía para pacientes y padres" to review some of the different ways in which the subjunctive is used.

Cuando usted y su hijo(a) lleguen a la unidad de atención médica los recibirá un miembro del personal que les mostrará su cuarto.

* * *

Es posible sin embargo que ocurran demoras* inesperadas.

* * *

Tal vez sea necesario hacer otra cita para más adelante.

* * *

Si su niño tiene programada una operación, después de que se haya instalado en la habitación vendrá un médico o un cirujano a explicarles lo que piensan hacer.

* * *

Como éste es un hospital dedicado al entrenamiento de médicos para el futuro, es posible que los pacientes sean visitados por doctores, enfermeras y otros profesionales durante su estancia. Nosotros creemos que la presencia de este equipo, que trabaja bajo la supervisión de un plantel profesional más calificado, mejora la calidad de la atención ofrecida.

* * *

Mientras estés en el hospital tal vez te guste tener a uno de tus padres cerca de ti. Los padres pueden quedarse con los pacientes 24 horas al día en el hospital. Junto a tu cama hay espacio para que uno de tus padres pase la noche junto a ti.

demoras: delays

Uses of the subjunctive

In the previous unit, you reviewed the uses of the subjunctive after verbs and expressions of volition. The following verbs and expressions also require the use of the subjunctive:

emotion, feeling, judgment		doubt, negation
alegrarse de	es imposible	¿Creer...?
esperar	es increíble	dudar
estar contento	puede ser	negar
temer	es triste	no creer
tener miedo	es absurdo	no pensar
sentir	es curioso	es dudoso
sorprenderse	es sorprendente	no estar seguro (de)
es (una) lástima	es indispensable	
parece mentira	es ridículo	
es posible	es escandaloso	
es probable	vale la pena	
es preferible	es justo	

Nos alegramos de que tu abuelo ya no **esté** enfermo.	*We are happy that your grandfather is no longer sick.*
¿Dudan Uds. que el equipo **pierda** el campeonato?	*Do you doubt that the team will lose the championship?*

Remember that if the subject of both verbs is identical or the subject of both verbs is understood but not expressed (impersonal), the infinitive is used.

Espero **dormir** bien.	*I hope to sleep well.*
Es absurdo **enviar** una carta cuando hay máquinas de fax.	*It is absurd to send a letter when there are fax machines.*

The following conjunctions *always* require the subjunctive:

a condición de que	a no ser que	en caso de que
a fin de que	antes de que	para que
a menos que	con tal (de) que	sin que

Te lo prestaré *con tal que* me lo **devuelvas** en buena condición.	*I will lend it to you as long as you return it in good condition.*
Santiago va con Celia *a no ser que* ella no **quiera** ir con él.	*Santiago is going with Celia unless she doesn't want to go with him.*

The following conjunctions require the subjunctive if the subsequent action has not yet occurred:

así que	después (de) que	siempre que
cada vez que	en cuanto	tan pronto como
cuando	hasta que	una vez que
de manera que	luego que	
de modo que	mientras que	

Iremos *tan pronto como* **lleguen** los otros invitados.	*We will go as soon as the other guests arrive.*
Fuimos *en cuanto* **llegaron** los otros invitados	*We went as soon as the other guests arrived.*
Cuando **vengas,** te daré el dinero.	*When you arrive, I will give you the money.*
Cuando **viene,** le doy el dinero.	*When he comes, I give him the money.*

Aunque requires the subjunctive when the subsequent clause refers to a hypothetical event, unknown or unclear to the speaker. (In this case, *aunque* can be translated as *even if* or the subjunctive verb can be expressed with *may* or *might*). It requires the indicative when it refers to a known fact.

Aunque **sea** caro, me gusta. (no sé si es caro o no)	*Although it may be expensive, I like it. (I don't know if it is expensive or not.)*
Aunque **es** caro, me gusta. (sé que es caro)	*Although it is expensive, I like it. (I know it is expensive.)*

Donde, como, cuando, cuanto(a, os, as), and *lo que* are treated the same way.

Le daré un beso *donde* la **vea.**	*I will kiss her wherever I see her.*
Vístete *como* **quieras.**	*Dress as you wish.*

Cómo expresar emociones, dudas y negación

> Puedes traer *cuántos* **quieras.**   *You can bring as many as you want.*
> Les consigo *lo que* les **guste.**   *I'll get them whatever they like.*
>
> *Tal vez, quizás, a lo mejor,* and *posiblemente* can take either the indicative or the subjunctive depending on the degree of certainty of the statement.
> *Tal vez* **llueva** hoy.   *Perhaps it will rain today.*
> *Tal vez* **llueve** hoy.

Read the selections again and underline all the verbs that are used in the subjunctive. Also note the expression that dictates its usage.

Ejercicios

> If you are not sure that you understand this grammar point completely, you may want to go to pp. 154–156 to review some of the material before beginning these exercises.

A. Recomendaciones.
Te han elegido presidente del consejo estudiantil. Di lo que quieres que pase mientras seas presidente. Comienza tus recomendaciones con las siguientes expresiones.

me sorprende / no creo / es importante / es probable / más vale / me alegro de / temo / es cierto / dudo / no creo / es obvio / no creo / no pienso

B. En clase.
Un profesor de Chile ha venido a visitar tu escuela y quieres explicarle lo que ustedes observan mientras hacen un recorrido por el edificio. Completa las siguientes frases con una conclusión lógica.

1. El Sr. Bejerano explica despacio la lección de modo que...
2. Los estudiantes siempre hablan entre sí antes de que...
3. Esos estudiantes allí están repasando sus apuntes en caso de que...
4. Siempre hay tarea a menos que...
5. Los consejeros permiten algunos cambios en el programa de estudios con tal que...
6. Yo siempre traigo mi calculadora para que...

C. El próximo capítulo.
Acabas de ver un capítulo de una telenovela en la televisión. Como esta novela continúa todas las semanas siempre dejan al televidente en suspenso. He aquí lo que sucede:

El señor Mirabal acaba de enterarse de que su esposa está encinta. Él ha estado un poco enojado con ella porque su suegra siempre está metida en sus asuntos. La suegra piensa que él no es un hombre digno del amor de su hija. El señor Mirabal y su esposa pensaban mudarse a otra ciudad lejos de su suegra. El señor Mirabal ya tenía un trabajo en una nueva compañía pero su socio de negocios lo ha acusado de haber robado dinero de la compañía.

¿Qué sucederá? Usa los verbos a continuación para expresar tus emociones, dudas, y opiniones sobre lo que sucede o va a suceder.

dudar / no creer / no pensar / negar / puede ser / es (una) lástima / es triste

D. Condiciones y más condiciones.
Usa las expresiones a continuación para expresar las condiciones que hay que cumplir para llevar a cabo las ideas expresadas en las frases incompletas.

cuando / después de que / en cuanto / luego que / tan pronto como / a condición de que / a menos que

1. Mis padres me regalarán un coche...
2. Saldré mejor en mis clases...
3. Trataré de conseguir mi licencia para conducir...
4. Actuaré en la obra de teatro de la escuela...
5. Comeré en la cafetería de la escuela...
6. Devolveré los libros a la biblioteca a tiempo...
7. Mantendré mi cuarto limpio...
8. Ayudaré con los quehaceres de la casa...

E. Contratiempos.
La vida está llena de contratiempos. Para enfrentarse a ellos debemos actuar con madurez. ¿Qué harías en las siguientes situaciones? Usa las siguientes expresiones para expresar tus ideas. Sigue el ejemplo ya que debes usar por lo menos tres frases para cada situación.

a no ser que / antes de que / mientras / hasta que / de manera que / de modo que / tal vez / aunque / como / quizás / donde

Ejemplo: Tus padres temen que no vayas a poder terminar el libro para la clase del lunes. No te permiten salir este fin de semana.

No podré salir a no ser que termine el libro. No me dejan usar el teléfono para que no pueda hablar con mis amigos. Me quedaré en mi cuarto hasta que termine el libro.

1. Acabas de enterarte que tu novio(a) no quiere salir más contigo.
2. El (La) profesor(a) acaba de anunciar otro examen que no esperabas.
3. El doctor te acaba de aconsejar que debes hacer ejercicio y que debes bajar de peso.
4. Uno de tus primos(as) va a pasar unos meses en tu casa y tú vas a tener que compartir el cuarto con él (ella).
5. El viaje que habías planeado por mucho tiempo ha sido cancelado por la agencia de viajes.

F. En mi opinión. Expresa tu opinión sobre los siguientes temas. Da por los menos dos razones por las cuales opinas así.

1. No habrá paz en el mundo hasta que...
2. Tal vez encuentren una cura para el SIDA cuando...
3. Habrá personas sin casa a no ser que...
4. Necesitamos más cárceles a menos que...
5. Se acabará el racismo si tal vez...
6. No se acabará el tráfico de drogas sin que...
7. Tendremos servicio militar obligatorio para que...
8. Seguirá la corrupción en el gobierno mientras...

G. Inseguridades. Vas a participar en una competencia académica. Te sientes un poco nervioso(a) y estás preocupado(a). Usa los verbos a continuación para hacerle preguntas a uno de tus compañeros. Él o ella te responderá con algunos consejos.

¿creer...? / dudar / no creer / no pensar / negar

Ejemplo: ¿Crees que yo pueda ganar?
Claro, estás muy bien preparado. Dudo que pierdas.

H. Lejos de mi familia. ¿Cómo te sientes después de haber pasado algún tiempo lejos de tu familia? Usa los verbos y expresiones a continuación para expresar tus sentimientos.

alegrarse de / esperar / tener miedo / estar contento(a) / sorprenderse

Other uses of the subjunctive

When in the independent clause a negative antecedent such as *nadie, nada,* or *ninguno* indicates that there is a possibility that the person or thing wished for may not exist or may not be found, the subordinate clause is always in the subjunctive.

No conozco *a nadie* que **sepa** hablar esperanto.	*I don't know anyone who knows how to speak Esperanto.*
No hay *ningún* estudiante que **pueda** resolver el problema.	*There is no student who can solve the problem.*

When the independent clause expresses an idea that is unknown, uncertain, or indefinite but wished for, the subjunctive is used.

Busco una chica que **conozca** este programa para la computadora.	*I am looking for a girl who knows this computer program.*

(Note that the personal *a* in these cases is omitted.)

Alejandro *busca* una computadora que no **cueste** mucho.	*Alejandro is looking for a computer that doesn't cost much.*
Elena *tiene* una computadora que **costó** poco.	*Elena has a computer that didn't cost much.*

¿Hay alguien que **tenga** un bolígrafo?   *Is there someone who has a ballpoint pen.*

Sí, hay alguien que **tiene** un bolígrafo.   *Yes, there is someone who has a ballpoint pen.*

Note that in the first sentence of each pair, the independent clause is unkown and the subjunctive is used. In the second sentence of each pair, the speaker affirms that there is such an object or person, so the indicative is used.

The subjunctive is used after certain indefinite expressions or *-quiera* compounds.

dondequiera	*wherever*
adondequiera	*to wherever*
quienquiera, quienesquiera	*whoever*
cuandoquiera	*whenever*
cualquier, cualquiera, cualesquiera	*whatever, whichever*
Iré con *cualquier* persona que me **invite.**	*I will go with whichever person invites me.*
Te encontratré *dondequiera* que **estés.**	*I will find you wherever you may be.*

The subjunctive is used after the construction *por* + **adjective or adverb** + *que* + **subjunctive.**

Por difícil que **sea** el examen, saldré bien.   *No matter how difficult the exam may be, I will do well.*

Por rápido que él **corra,** no ganará el maratón.   *No matter how fast he runs, he will not win the marathon.*

The subjunctive is also used in the following constructions:

Venga quien venga le daré la bienvenida.   *No matter who comes, I will welcome him.*

Diga lo que diga, no le haré caso.   *No matter what he says, I will not pay attention to him.*

A. Cosas que desconozco.
Piensa en algunas cosas o ciertas personas que no conozcas y expresa en cinco frases tus ideas.

Ejemplo: *No conozco a nadie que cante como los Beatles.*
              Busco alguien que sepa cantar como los Beatles.

B. No hay nadie.
Combina las siguientes frases para expresar ideas completas.

1. No haber nadie / bailar el tango
2. No encontrar a nadie / saber traducir al francés
3. No conocer a nadie / beber tanta leche como tú
4. No haber nadie / cocinar como mi padre
5. No conocer a nadie / poder ayudar con la fiesta

C. ¿Qué buscan?   Imagina que trabajas para una agencia de empleos y que necesitas escribir anuncios para los puestos que aparecen a continuación. Describe detalladamente el tipo de persona que buscas y los requisitos que tienen que tener para el puesto.

> *Ejemplo:*   doctor(a)
> *Busco un doctor o doctora que haya estudiado pediatría.*
> *Es necesario que le gusten los niños.*

1. secretario(a)
2. profesor(a)
3. biólogo(a)
4. consejero(a)
5. arquitecto(a)
6. policía
7. taxista
8. periodista

Ahora escoge dos otras ocupaciones o profesiones de tu gusto.

▪ ▪

En conclusión...

A. Mis planes para la universidad.   Ya pronto asistirás a la universidad. Escribe un párrafo explicando lo que harás cuando estés allí. Recuerda que puedes usar el subjuntivo para expresar las emociones o dudas que tengas.

B. El futuro del mundo.   Muchas personas se sienten un poco pesimistas acerca del futuro del mundo. ¿Qué opinas tú? ¿Cómo será el mundo del siglo XXI? ¿Qué cambios habrá? Escribe una composición corta expresando tus opiniones sobre este tema. Sigue el siguiente esquema para organizar tus ideas.

1. Expresa tu tesis. (Usa el futuro.)
2. Explica lo que dudas que suceda. (Usa el subjuntivo.)
3. Explica tus sentimientos acerca de las ideas en el párrafo anterior. (Usa el subjuntivo.)
4. Resume tus ideas.

C. Los cambios en mi comunidad.   Muchas comunidades en los Estados Unidos están pasando por un sinnúmero de cambios. ¿Cómo piensas que cambiará tu comunidad en los próximos diez años? Escribe dos o tres párrafos explicando tus opiniones. Recuerda que puedes usar el subjuntivo para expresar las emociones o dudas que tengas.

D. Mis expectativas.   ¿Qué esperas de ti mismo(a)? ¿Has pensado en lo que quieres ser o en lo que quieres estar haciendo en veinte años? Escribe un párrafo explicando lo que esperas estar haciendo. Recuerda que puedes usar el subjuntivo para expresar las emociones, dudas, etc. que tengas.

E. La juventud del futuro. Escribe un párrafo explicando cómo piensas que serán los jóvenes en el futuro.

> *Ejemplo:* *Los jóvenes se preocuparán más por la ecología.*
> *Dudo que los problemas con la ecología se resuelvan.*

Aquí tienes algunas palabras que te ayudarán con tu composición:

las metas (*the goals*)	superar (*to overcome*)
el porvenir (*the future*)	estar dispuesto (*to be ready*)
alcanzar (*to achieve*)	desarrollar (*to develop*)
obtener (*to obtain*)	

F. Lo que he aprendido de mi familia. Muchas veces decimos que nuestros hijos van a ser diferentes que nosotros. Escribe un párrafo explicando cómo piensas que van a ser tus hijos.

> *Ejemplo:* *Serán más respetuosos porque...*

G. ¿Qué habremos hecho para entonces? Escribe un párrafo explicando cómo el mundo habrá cambiado en cien años. Puedes usar algunas de las ideas del ejercicio B.

Sin rodeos...

You will now listen to a series of questions in which you are asked about your plans for the future and your opinions about the future. You will hear each question twice. You will have 20 seconds to respond as fully as possible. Listen to the first question . . .

En escena

Mira los dibujos en la próxima página. Una vez que hayas pensado en la situación escribe tres mandatos que le darías a la persona o personas en la escena.

Cómo expresar emociones, dudas y negación

Los dibujos en la próxima página representan un cuento. En tus propias palabras, describe en detalle lo que sucede. Recuerda que debes usar tu imaginación y añadir cualquier información que creas necesaria.

Unidad 5

UNIDAD
6

La narración y la descripción más detallada en el pasado

In this unit, you will review how to express ideas in the past and you will learn how to express those ideas in relation to statements that affect their meaning. You will also be able to talk about what you would do or would have done in various situations.

El pasado

There are several ways to express the past in Spanish. Read the following article to review how we talk about the past.

Un Aventurero de Cuatro Años

Juan Antonio Bufí Gutiérrez es, posiblemente, el polizón' más joven de la historia de la aviación comercial. Tiene sólo cuatro años y medio, pero eso no impidió que durante el segundo fin de semana de mayo, protagonizara la gran escapada de su vida. Juan Antonio voló solo desde Fuenteventura, en las islas Canarias, a Düsseldorf (Alemania) sin equipaje, sin billete y sin que su familia

'*polizón:* stowaway

tuviera la menor idea de dónde estaba hasta que el comandante de un avión de la compañía LTU informó al aeropuerto canario que tenía un pasajero a bordo que no era suyo. El padre de la criatura, Juan Antonio Bufí Tur, dice que su hijo tiene "afición a subirse a las guaguas' de los turistas" y que le gusta mucho ir al aeropuerto. Juan Antonio padre trabaja en el hotel Aldiana, en Morro Jable, y el pequeño está acostumbrado a las idas y venidas de los clientes.

Hacia el mediodía del sábado 14 se echó en falta a Juan Antonio. Era un día de enorme ajetreo' y era normal que estuviera jugando con otros chicos en las instalaciones hoteleras. Lo primero que hizo el padre fue llamar al aeropuerto, pues conoce el carácter aventurero de su chaval'. Le dijeron que allí no podía estar. Así que continuó buscándolo por el complejo turístico en el que trabaja y dio aviso a la Cruz Roja y a Protección Civil para que trataran de encontrarlo.

Según el *Diario de Las Palmas,* la Interpol participó en la búsqueda de Juan Antonio, quien el domingo 15 regresó tan campante a su casa. Su padre contaba que, cuando conoció el paradero' de su hijo, tomó un avión a recogerlo.

Juan Antonio padre no cree que se tratara de un intento de secuestro ni nada parecido. Conoce a su hijo y no le ha sorprendido su hazaña'.

El pequeño ha contado poco de su aventura. Según su padre, "sólo dice que le ha gustado mucho. Para él es como si hubiera ido a una excursión".

'guaguas: buses	'chaval: young boy	'hazaña: heroic feat
'ajetreo: activity	'paradero: whereabouts	

Read the selection again and underline all the verbs that are used to express past action. What different tenses can you use to express the past in Spanish? Can you tell why the imperfect subjunctive is used?

The following review of past tenses will help you in this study.

■ ■

Uses of the preterite

The preterite is used to express the following:

■ A single action or a series of actions in the past that are totally completed

■ An event that lasted for a specific period of time that has been completed and of which we usually know the beginning and the end

■ The beginning or the end of an action in the past

Uses of the imperfect

The imperfect is used to express the following:

- Descriptions in the past

- An action that went on in the past for a period of time that is not specific, and is incomplete (or no reference is made to its completion)

- A habitual action. In this case, the period of time is not specific. One of the best ways to recognize this use is to think of the English *I used to, I was,* or *I would.*

- An action that was in progress when another took place or interrupted it

- Time in the past

- Age in the past

- An emotion or state of being with nonaction verbs such as *ser, saber, conocer, querer, estar, creer,* and *tener*

- The weather as the background of the action

Uses of the present perfect

The present perfect is used in Spanish the same way as it is used in English. It is used to express what has happened.

Uses of the pluperfect

The pluperfect is used to indicate events that precede another in the past. It is used to express what had happened.

Uses of the imperfect and pluperfect subjunctive

The rules regarding the use of the present subjunctive apply also for the imperfect subjunctive. In general, the tense of the main verb determines the tense of the subjunctive verb.

Main clause	Dependent clause
present future present perfect command	present subjunctive or present perfect subjunctive

Él *quiere* que yo **vaya**.	*He wants me to go.*
Será importante que todos **asistan.**	*It will be very important for everyone to attend.*
Nos *han pedido* que **traigamos** comestibles.	*They have asked us to bring food.*
Dile a Paco que **llame** mañana.	*Tell Paco to call tomorrow.*
Espero que **hayan dicho** la verdad.	*I hope they have told the truth.*

imperfect preterite pluperfect conditional	imperfect subjunctive or pluperfect subjunctive

Él *quería* que yo **fuera (fuese).**	*He wanted me to go.*
Fue importante que todos **asistieran (asistiesen).**	*It was important that everyone attend.*
Nos *habían pedido* que **trajéramos (trajésemos)** comestibles.	*They had asked us to bring food.*
Le *diría* a Paco que **llamara (llamase)** mañana.	*I would tell Paco to call tomorrow.*
Esperaba que **hubieran (hubiesen)** dicho la verdad.	*I hoped that they would have told the truth.*

It is possible to see the imperfect subjunctive or the pluperfect subjunctive used when the main verb is in the present. In such cases, the action of the dependent clause is in the past.

Dudo que él te **hubiera dado** el dinero.	*I doubt that he had given you the money.*
Es posible que ellos lo **hubieran encontrado.**	*It is possible that they had found it.*

The imperfect subjunctive or the pluperfect subjunctive is also used to express a hypothetical, contrary-to-fact statement in an "if" clause.

Si **quisiera** la cámara, la compraría. (No la quiero.)	*If I wanted the camera, I would buy it. (I don't want it.)*
Si **hubiera querido** la cámara, la habría comprado. (No la quería.)	*If I had wanted the camera, I would have bought it. (I didn't want it.)*

The imperfect subjunctive or the pluperfect subjunctive is used after *como si*.

Le preguntaron a José *como si* **supiera** todas las respuestas.

They asked José as if he knew all the answers.

Me habló *como si* yo **hubiera hecho** algo inapropiado.

He spoke to me as if I had done something inappropriate.

Note the following pattern of tenses and moods in *if* clauses:

present—future

Si **es** caro no lo **compraré.**

If it's expensive I won't buy it.

imperfect subjunctive—conditional

Si **fuera** caro no lo **compraría.**

If it were expensive I wouldn't buy it.

pluperfect subjunctive—conditional perfect

Si **hubiera sido** caro no lo **habría comprado.**

If it had been expensive I wouldn't have bought it.

Now go back to the selections and try to explain the different uses of the past, whether in the indicative or the subjunctive. If you are having trouble with this exercise, refer to pp. 1–9 and 103–112 (past tense) or pp. 64–72, 78–87, 143–150, and 154–156 (subjunctive) for a review. If you need additional help with the imperfect or pluperfect subjunctive, refer to pp. 91–92 and 157–159 for a more detailed explanation with additional practice drills.

Ejercicios

If you are not sure that you understand this grammar point completely, you may want to go to page 157 to review some of the material before beginning these exercises.

A. Cómo me trataban. ¿Cómo te trataban tus parientes o compañeros cuando eras joven? Describe tus recuerdos usando la expresión *como si*. Escribe por lo menos ocho frases según el ejemplo.

Ejemplo: Mis parientes me hablaban como si fuera tonto y por eso yo me enfurecía.

B. Personajes importantes. Describe a la gente que te hubiera gustado conocer y lo que les hubieras dicho. Pueden ser personajes históricos o de la literatura, vivos o muertos, personas que existieron de verdad o personajes ficticios.

C. Un aventurero de cuatro años.   Completa las frases a continuación. Se refieren al artículo que leíste en las páginas 89–90.

1. Es seguro que Juan Antonio hijo no _____ (estar) nervioso durante su excursión.
2. El niño subió al avión sin que nadie _____ (darse cuenta) de que viajaba solo.
3. Cuando el padre _____ (saber) que su hijo no estaba en casa, llamó a las autoridades.
4. En el futuro los padres de Juan Antonio hijo querrán que su niño _____ (quedarse) cerca de ellos.
5. No había nadie que _____ (saber) dónde estaba el niño.
6. Todo el mundo se alegraba de que el niño _____ (volver) sano y salvo.
7. Para que tal suceso no _____ (pasar) otra vez, el aeropuerto ha implementado nuevas reglas.
8. El niño no había querido _____ (asustar) a nadie.
9. No hay duda de que el niño _____ (ser) aventurero.
10. El niño reaccionó como si no _____ (haber) hecho nada insólito.

D. El crimen perfecto.   Completa el siguiente cuento por E. Anderson Imbert. Tienes que escoger entre varios tiempos del pasado. A veces se necesita el subjuntivo. ¡Ojo! Este cuento se encuentra en la página 288 de *Abriendo Paso—Lectura*.

—Creí haber cometido el crimen perfecto. Perfecto el plan, perfecta su ejecución. Y para que nunca _____ (encontrarse) el cadáver lo _____ (esconder) donde a nadie se le ocurriría buscarlo: en un cementerio. Yo _____ (saber) que el convento de Santa Eulalia _____ (estar) desierto desde hacía años y que ya no _____ (haber) monjitas que _____ (enterrar) a monjitas en su cementerio. Cementerio blanco, bonito, hasta alegre con sus cipreses y paraísos a orillas del río. Las lápidas, todas iguales y ordenadas como canteros de jardín alrededor de una hermosa imagen de Jesucristo, _____ (lucir) como si las mismas muertas _____ (encargarse) de mantenerlas limpias. Mi error: _____ (olvidar) que mi víctima _____ (haber) sido un furibundo ateo. Horrorizadas por el compañero de sepulcro que [yo] les _____ (acostar) al lado, esa noche las muertas _____ (decidir) mudarse: cruzaron a nado el río llevándose consigo las lápidas y _____ (arreglar–ellas) el cementerio en la otra orilla, con Jesucristo y todo. Al día siguiente los viajeros que _____ (ir) por lancha al pueblo de Fray Bizco _____ (ver) a su derecha el cementerio que siempre _____ (haber) visto a su izquierda. Por un instante se les _____ (confundir) las manos y _____ (creer) que _____ (estar) navegando en dirección contraria, como si _____ (volver) de Fray Bizco, pero en seguida _____ (advertir) que se trataba de una mudanza y _____ (dar) parte a las autoridades. Unos policías _____ (ir) a inspeccionar el sitio que antes _____ (ocupar) el cementerio y, cavando donde la tierra _____ (parecer) recién removida, _____ (sacar–ellos) el cadáver (por eso, a la noche, las almas en pena de las monjitas _____ (volver) muy aliviadas, con el cementerio a cuestas) y de investigación en investigación... ¡bueno!... el resto ya lo sabe usted, señor Juez.

El condicional

To express what *would happen,* we use the conditional tense. Read the following excerpt from *Nosotros, no* by José Bernardo Adolph and note the many uses of the conditional. The entire reading can be found on page 34 in *Abriendo paso—Lectura.*

Una sola inyección, de cien centímetros cúbicos, era todo lo que hacía falta para no morir jamás. Una sola inyección, aplicada cada cien años, garantizaba que ningún cuerpo humano se descompondría nunca. Desde ese día, sólo un accidente podría acabar con la vida humana. Adiós a la enfermedad, a la senectud, a la muerte por desfallecimiento orgánico.

Una sola inyección, cada cien años.

Hasta que vino la segunda noticia, complementaria de la primera. La inyección sólo surtiría efecto entre los menores de veinte años. Ningún ser humano que hubiera traspasado la edad de crecimiento podría detener su descomposición interna a tiempo. Sólo los jóvenes serían inmortales. El gobierno federal mundial se aprestaba ya a organizar el envío, reparto y aplicación de las dosis a todos los niños y adolescentes de la tierra. Los compartimentos de medicina de los cohetes llevarían las ampolletas a las más lejanas colonias terrestres del espacio.

Todos serían inmortales.

Menos nosotros, los mayores, los adultos, los formados, en cuyo organismo la semilla de la muerte estaba ya definitivamente implantada.

Todos los muchachos sobrevivirían para siempre. Serían inmortales y de hecho animales de otra especie. Ya no seres humanos; su sicología, su visión, su perspectiva, eran radicalmente diferentes a las nuestras. Todos serían inmortales. Dueños del universo para siempre. Libres. Fecundos. Dioses.

* * *

Nosotros sólo esperábamos. Los veríamos crecer, hacerse hermosos, continuar jóvenes y prepararse para la segunda inyección, una ceremonia—que nosotros ya no veríamos— cuyo carácter religioso se haría evidente. Ellos no se encontrarían jamás con Dios. El último cargamento de almas rumbo al más allá era el nuestro.

¡Ahora cuánto nos costaría dejar la tierra! ¡Cómo nos iría carcomiendo una dolorosa envidia! ¡Cuántas ganas de asesinar nos llenaría el alma, desde hoy y hasta el día de nuestra muerte!

Now go back to the selections and underline the different uses of the conditional. If you need more help with the conditional, refer to pp. 160–162 for a more detailed explanation with additional practice drills.

Uses of the conditional

The conditional tense is used to express:

- What would happen

Les dije que yo **volvería** la semana próxima.   *I told them that I would return next week.*

¿Qué **harías** tú en una situación parecida?   *What would you do in a similar situation?*

- The idea of wonder, supposition or probability in the past

¿Cuántos **habría** en la fiesta?   *I wonder how many there were at the party?*

Serían las tres de la tarde.   *It was probably (It must have been) three o'clock.*

It is often used in a past context to talk about an event that, at the time, was anticipated for the future:

¿No dijiste que me **ayudarías** con este trabajo?   *Didn't you say that you would help me with this work?*

Yo pensaba que tú **irías** con ellos.   *I thought you would go with them.*

Ana María había prometido que **llamaría** ayer.   *Ana María had promised that she would call yesterday.*

It is used in the result clause in hypothetical, contrary-to-fact sentences.

Si yo tuviera el dinero, te lo **daría.**   *If I had the money, I would give it to you.*

When *would* is used in the sense of *used to,* in Spanish the imperfect is used.

Cuando la **veía** yo la **saludaba** con cortesía.   *When I would see her I would greet her with courtesy.*

Would not, in the sense of refusal, is expressed with the preterite of *querer.*

El profesor **no quiso** cambiar la nota del estudiante.   *The professor refused to change the student's grade.*

The conditional perfect is used to express what would have happened.

Yo no los **habría invitado.** ¿Qué habrías hecho tú?   *I would not have invited them. What would you have done?*

Ejercicios

> If you are not sure if you understand this grammar point completely, you may want to go to pp. 160–162 to review some of the material before beginning these exercise.

A. Nosotros, no.   Completa las frases a continuación acerca del cuento *Nosotros, no.* Di lo que pasaría.

1. Anunciaron que una inyección _____ (poder) detener el envejecimiento.
2. Si de verdad se encontrara tal inyección, mucha gente _____ (querer) conseguirla.
3. Estas inyecciones no _____ (impedir) las muertes causadas por los accidentes.
4. Este descubrimiento no _____ (ayudar) a los mayores de veinte años.
5. La gente que vivía en colonias terrestres del espacio _____ (recibir) esta medicina en ampolletas llevadas por los cohetes.
6. Después de recibir esta medicina, nadie _____ (enfermarse).
7. El narrador _____ (morir) porque tenía más de veinte años.
8. El carácter de los inmortales _____ (cambiar) mucho.
9. A los inmortales les _____ (hacer) falta otra inyección en cien años.
10. El narrador cree que este descubrimiento _____ (crear) problemas nuevos.

B. Reflexiones.   Todo el mundo es diferente y reacciona de distinta manera según la situación. ¿Qué harían las personas indicadas en las siguientes situaciones?

1. Se oyen truenos en la distancia y se acerca una tempestad.
   yo / mi padre / mi madre / los niños

2. No hay suficientes refrescos para todos.
   yo / mi hermano(a) / mi madre / los niños / los mayores

3. Ya es tarde y todavía queda un capítulo por leer en la novela.
   yo / mi padre / mi madre / mi hermano(a)

4. No se pueden encontrar entradas para el campeonato de fútbol.
   mi hermano(a) y yo / mi padre / mi madre / mi tío

5. Nos enteramos de que un vecino sufre de una enfermedad grave.
   mi hermano(a) / yo / mis padres / mi abuelo(a)

C. Mi reacción.   Muchas veces pensamos que habríamos reaccionado de una manera diferente si hubiéramos tenido tiempo de pensar en la situación. Imagina las siguientes situaciones, ¿cómo habrías reaccionado?

1. Al llegar a tu casa viste a un ladrón saliendo de la casa.
2. Tu mejor amigo te dijo que se mudaba a otra ciudad.
3. Te suspendieron en una prueba de literatura.
4. Te enteraste de que un amigo estaba bebiendo demasiado alcohol.
5. Perdiste tu pasaporte el día que salías de un viaje a Sudamérica.

D. Consejos.   Mira los dibujos en la próxima página y di por lo menos cinco cosas que harías si te encontraras en estas situaciones.

La narración y la descripción más detallada en el pasado

1

2

3

4

5

En conclusión...

A. Una defensa legal. Escribe un párrafo describiendo lo que harías si fueras abogado(a) y tuvieras que defender a una persona acusada de haberse robado cien dólares de una cartera que encontró en la calle. Esta persona dice que su familia es pobre y que tomó el dinero para poder dar de comer a sus cuatro niños.

B. ¡Qué comportamiento! Imagina que has estado ayudando a un(a) profesor(a) en la escuela primaria de tu vecindario. Aunque los estudiantes por lo general son muy energéticos, es evidente que hoy están mucho más animados que de costumbre. Identifica a cuatro o cinco niños de la clase y explícale a un(a) compañero(a) que está visitando tu clase por qué se comportan así. Explica este comportamiento usando la expresión "como si."

C. Esperanzas, temores y deseos. Piensa en cuando eras más joven y describe lo que deseabas, esperabas y temías que pasara o no pasara en aquel entonces.

D. Un paso gigantesco. ¿Qué habrías hecho o dicho si hubieras sido la primera persona que pisó la luna? ¿Qué no habrías hecho o dicho? Crea cuatro o cinco respuestas y díselas a un(a) compañero(a) de clase. La clase debe escoger las mejores respuestas y luego votar por la mejor de todas.

E. Pero, ¿por qué harías tal cosa? Imagínate que un amigo o una amiga acaba de hacer una tontería. Después de pensarlo bien, todavía no puedes creer lo que ha hecho. Un(a) compañero(a) de clase hará el papel de tu amigo(a). Házle algunas preguntas expresando tu incredulidad y frustración sobre lo que sucedió. Él o ella tratará de explicar el comportamiento de tu amigo(a).

> *Ejemplo:* *Mi amigo acaba de romper la ventana de esa casa. ¿Por qué la rompería?*

Algunas situaciones pueden ser: no haber respetado a una persona mayor de edad, no haber asistido a clases, no estudiar para un examen importante, etc. No te limites a estas situaciones, usa por lo menos ocho para presentárselas a tu compañero(a).

F. Era importante que lo termináramos... Imagínate que tú y un(a) amigo(a) trabajaron toda la noche para acabar un proyecto. Explícales a otros amigos por qué tuvieron que terminarlo para ese día. Usa las siguientes expresiones: era importante, era necesario, era posible y era probable.

La narración y la descripción más detallada en el pasado

Sin rodeos...

You will now listen to a series of questions in which you are asked to discuss different topics. You will hear each question twice. You will have 20 seconds to respond as fully as possible. Listen to the first question . . .

: : : : : : : : : : :

En escena

Los dibujos en la próxima página representan un cuento. En tus propias palabras, describe en detalle lo que sucede. Recuerda que debes usar tu imaginación y añadir cualquier información que creas necesaria.

La narración y la descripción más detallada en el pasado

(Unidad 1)

La narración y la descripción en el pasado

El pretérito

La conjugación de los verbos en el pretérito

Regular verbs			
-ar		**-er / -ir**	
-é	-amos	-í	-imos
-aste	-asteis	-iste	-isteis
-ó	-aron	-ió	-ieron

Ejercicios

A. Cambios. Escribe el pretérito de los siguientes verbos según el sujeto entre paréntesis.

escribir (yo / vosotros / ellos / tú / nosotros / Uds. / ella)
cantar (Elena / tú / Juan y Pedro / ella y yo / yo)
correr (ellas / yo / nosotras / tú / vosotros / Carmen)

B. Hablando de otros. Escribe frases completas expresando cuándo estas personas hicieron las siguientes actividades.

1. Ellos / asistir a una conferencia
2. Nosotros / repasar las lecciones
3. Tú / recibir las notas
4. Yo / echar agua a las plantas
5. El profesor y Ud. / reunir los libros
6. Carola / perder su dinero

Puedes usar las siguientes expresiones para expresar tus ideas:

anoche	la semana pasada	el semestre pasado
anteayer	el año pasado	

C. ¡Qué noche! Anoche tú y tus padres estuvieron ocupadísimos. Usando los verbos a continuación escribe las actividades que hicieron. Puedes añadir otras que no están en la lista.

correr	terminar	cocinar	barrer	preparar
arreglar	abrir	limpiar	subir	aprender

Irregular verbs

ir / ser		dar	
fui	fuimos	di	dimos
fuiste	fuisteis	diste	disteis
fue	fueron	dio	dieron

Note that *ir* and *ser* are conjugated the same way in the preterite, but their meaning is different according to the context.

Ejercicios

A. Cambios. Cambia las siguientes frases según los sujetos entre paréntesis.

1. Anoche *nosotros* fuimos a un concierto de música folklórica. (ellos / tú / yo / Carmen y Abelardo / Uds.)
2. El año pasado *Alberto* fue el representante de nuestra escuela en la competencia. (nosotros / tú / Pablo y yo / tú y Hector / yo)
3. El fin de semana pasado *Juan y yo* dimos un paseo por el parque. (yo / ellas / él / Ud. / tú)

B. Es mejor dar que recibir. Escribe frases completas usando la información a continuación y el verbo *dar*.

1. Tu mejor amigo(a)   dinero a los pobres
2. Yo   un paseo por el centro
3. Mi novio(a) y yo   una fiesta
4. Mis compañeros de clase   un abrazo al (a la) profesor(a)
5. Mis amigas   un regalo a un amigo
6. Tú   las gracias a alguien

C. Una encuesta. Quieres averiguar lo que hicieron tus amigos en los últimos días. Pregúntales a tus compañeros de clase si fueron a los siguientes eventos o lugares. Si responden que sí, pregúntales cuándo y con quién fueron. Si responden que no, trata de averiguar la razón por la que no fueron. Luego escribe un párrafo explicando los resultados de tu encuesta.

	¿Cuándo?	¿Con quién?	¿Razón?
1. un concierto de música clásica			
2. un partido deportivo			
3. un museo			
4. una manifestación			
5. de compras			
6. de viaje			
7. un restaurante exclusivo			
8. una iglesia			
9. un templo			
10. un viaje			
11. un restaurante elegante			
12. una tienda de departamentos			
13. una discoteca			

La narración y la descripción en el pasado

Other irregular verbs

The following verbs are also irregular in the preterite:

poder:	pude, pudiste, pudo, pudimos, pudisteis, pudieron
poner:	puse, pusiste, puso, pusimos, pusisteis, pusieron
saber:	supe, supiste, supo, supimos, supisteis, supieron
andar:	anduve, anduviste, anduvo, anduvimos, anduvisteis, anduvieron
estar:	estuve, estuviste, estuvo, estuvimos, estuvisteis, estuvieron
caber:	cupe, cupiste, cupo, cupimos, cupisteis, cupieron
hacer:	hice, hiciste, hizo, hicimos, hicisteis, hicieron
querer:	quise, quisiste, quiso, quisimos, quisisteis, quisieron
tener:	tuve, tuviste, tuvo, tuvimos, tuvisteis, tuvieron
venir:	vine, viniste, vino, vinimos, vinisteis, vinieron
satisfacer:	satisfice, satisficiste, satisfizo, satisficimos, satisficisteis, satisficieron
decir:	dije, dijiste, dijo, dijimos, dijisteis, dijeron
traer:	traje, trajiste, trajo, trajimos, trajisteis, trajeron

Note the change in the third person singular of the verb *hacer (hizo)*. Also note that the verb *satisfacer* is conjugated like *hacer*.

Compound verbs are conjugated as their roots. For example *obtener* (to obtain) is conjugated like *tener: obtuve, obtuviste,* etc.

Ejercicios

A. Cambios. Cambia las frases según el sujeto entre paréntesis.

1. La semana pasada *mis tíos* vinieron a visitarnos. (tú / él / Uds.)
2. *Federico* no quiso ir con su tío. (yo / nosotros / ellas)
3. *Nosotros* pusimos la ropa en la lavadora. (ellos / tú / yo)
4. *Graciela* estuvo muy enferma el año pasado. (Carlos / ella / tú)
5. *Tomás y Pablo* trajeron los refrescos para la fiesta. (yo / ella / nosotros)
6. *Yo* no cupe en ese coche tan pequeño. (nosotros / ellas / tú)

B. Incidentes y sucesos. Usa las preguntas a continuación como guía para escribir un párrafo sobre los incidentes y sucesos que te han ocurrido en el pasado.

1. ¿Qué tuviste que hacer ayer? ¿Dónde estuviste? ¿Por dónde anduviste? ¿Qué hiciste allí?
2. ¿Qué no pudiste hacer la semana pasada? ¿Por qué? ¿Qué te dijeron tus padres o amigos? ¿Qué les respondiste?
3. ¿Qué le pasó a tu mejor amigo(a) el año pasado? ¿Cómo lo supiste? ¿Qué le dijiste?
4. ¿Cuándo fue la última vez que fuiste a una buena fiesta? ¿Con quién fuiste? ¿Qué hiciste? ¿Hasta qué hora te pudiste quedar? ¿Qué te dijeron tus padres cuando llegaste a tu casa?

C. Las costumbres de mis compañeros.
Usa las expresiones a continuación para hacerles preguntas a tus compañeros de clase. Luego prepara un corto informe escrito sobre sus costumbres.

Ejemplo: ir a un concierto

> *¿Fuiste a un concierto la semana pasada?*
> *¿Le tuviste que pedir permiso a tus padres?*
> *¿Qué hiciste antes de salir?*
> *¿Quién fue contigo?*

1. andar a la escuela
2. tener exámenes
3. traer a la escuela
4. estar triste
5. venir a clase
6. decir mentiras
7. poder ir de vacaciones

D. Raíces.
Teniendo presente que los verbos compuestos se conjugan como la raíz, escribe la primera persona singular de los siguientes verbos en el pretérito.

1. contener, detener, entretener, mantener
2. deshacer
3. proponer, posponer, componer
4. atraer, contraer, distraer
5. convenir, intervenir
6. bendecir, maldecir

Additional irregular verbs

Verbs that end in . . .		change as follows . . .	
-gar	g → gu	lle**gué,** llegaste, etc.	
-car	c → qu	sa**qué,** sacaste, etc.	
-zar	z → c	almor**cé,** almorzaste, etc.	
-guar	u → ü	averi**güé,** averiguaste, etc.	

Note that this change only takes place in the first person singular.

Verbs that end in "-ducir"

producir: produje, produjiste, produjo, produjimos, produjisteis, produjeron

Other verbs conjugated like *producir* are *conducir* (to drive), *traducir* (to translate), *reducir* (to reduce).

Verbs that end in "-uir"

concluir: concluí, concluiste, conclu**y**ó, concluimos, concluisteis, conclu**y**eron

Note that the third person singular and plural change to *-yó* and *-yeron*.

Other verbs conjugated like *concluir* include *atribuir, contribuir, distribuir, huir, incluir, construir.*

Other verbs that belong in this group are *caer, creer, leer, oír, poseer.*

Note that the stem of these verbs ends in a vowel. The use of *y*, rather than *i,* for the (y) sound between two vowels is general throughout the language, as in *la playa, ayuda,* and *oye.*

Stem-changing verbs that end in "-ir"

dormir: dormí, dormiste, d**u**rmió, dormimos, dormisteis, d**u**rmieron

Another verb in this group is *morir.*

servir: serví, serviste, s**i**rvió, servimos, servisteis, s**i**rvieron

Other verbs in this group are *sentir, pedir, convertir, mentir.* As you can see, only the third person singular and plural change.

reír: reí, reíste, r**i**ó, reímos, reísteis, r**i**eron

Other verbs in this group are *sonreír, freír.* Note the accent mark in this last group of verbs.

Ejercicios

A. Cambios.
Cambia las frases siguientes según el sujeto entre paréntesis.

1. *Tú* serviste la cena anoche. (yo / mi padre / mis amigos / ella)
2. *Yo* le pedí la tarea a mi amiga. (mi amigo / tú / Antonio)
3. *Nosotros* dormimos mucho ayer. (él / tú / la profesora de inglés)
4. *Yo* no sentí cuando me puso la inyección. (ella / ellos / nosotros / él)

B. ¿Qué hiciste cuando llegaste a tu casa ayer? Usa la siguiente lista para explicar si hiciste o no las siguientes actividades cuando llegaste a tu casa ayer.

1. sacar la basura
2. tocar el piano
3. oír las noticias
4. traducir la lección de español
5. comenzar a estudiar en seguida
6. abrazar a tus padres
7. conducir al centro
8. almorzar/cenar solo(a)
9. castigar a tu hermano(a)
10. explicar por qué llegaste tarde

C. Lo que hizo mi mejor amigo(a). Ahora escribe un párrafo sobre lo que hizo tu mejor amigo o amiga. Usa algunas de las actividades en la lista del ejercicio anterior y las siguientes.

leer el periódico
oír cuando tú lo (la) llamaste
creer el cuento que le contaste

D. Escenas. Lee las siguientes situaciones y luego complétalas con la forma correcta del verbo entre paréntesis.

1. Consuelo y Lidia hablan en el café sobre lo que Miguel hizo esa tarde.

—¿_____ (Dormir–tú) una buena siesta?

—Sí, _____ (dormir) a pierna suelta. _____ (Estar) trabajando hasta las dos. Cuando _____ (llegar) a casa _____ (almorzar), _____ (desconectar) el teléfono y _____ (acostarse).

—Estarás muy descansada ahora.

—Por supuesto, aunque no _____ (hacer) todo lo que tenía que hacer.

2. Julia ha venido a visitar a Leoncio y hablan sobre lo que pasó esa tarde.

—¿_____ (Ir–tú) a la reunión del club?

—No, _____ (tener) que salir de la escuela temprano y regresar a casa.

—Y... ¿por qué?

—Mi papá _____ (venir) temprano y quería que yo lo ayudara a limpiar el garage.

—¿_____ (Terminar–Uds.) de limpiarlo?

—Bueno, _____ (hacer–nosotros) lo que _____ (poder). Por lo menos _____ (poner–nosotros) un poco de orden.

—Yo _____ (andar) buscándote por toda la escuela. Te _____ (echar) de menos esta tarde.

3. Elvira y Carlos están en un hotel. Han ido a esa ciudad a participar en una competencia de tenis. Es de noche y hablan por teléfono desde sus cuartos.

—Yo ya _____ (desempacar) mi ropa y la _____ (colgar) en el armario.

—Yo no he tenido tiempo para hacer nada. _____ (Estar) arreglando una de las raquetas que _____ (traer) y hace unos minutos Celeste _____ (venir) a pedirme el programa de eventos.

—Bueno, yo me voy a acostar pues esta mañana _____ (madrugar–yo) y estoy agotadísima. Ya _____ (apagar) las luces, así que estoy lista para un buen descanso.

—¡Qué duermas bien! Vamos a salir para el estadio a las nueve.

—Sí, lo sé. _____ (Poner) el despertador para las ocho.

El imperfecto

Regular verbs

-ar		-er / -ir	
-aba	-ábamos	-ía	-íamos
-abas	-abais	-ías	-íais
-aba	-aban	-ía	-ían

Irregular verbs

ser		ir		dar	
era	éramos	iba	íbamos	daba	dábamos
eras	erais	ibas	ibais	dabas	dabais
era	eran	iba	iban	daba	daban

Ejercicios

A. Cambios. Cambia las siguientes frases según el sujeto entre paréntesis.

1. Cuando *mi hermana* era joven, ella era muy obediente. (yo / nosotros / mis sobrinos)
2. El día de su cumpleaños, *los padres de Ana* siempre le daban una fiesta. (tú / nosotros / el tío)
3. De vez en cuando *mis abuelos* iban de compras con nosotros. (tú / Uds. / mi padre)
4. Cuando *nosotros* jugábamos en la casa, siempre rompíamos algo. (yo / tú / Elena / mis primos)

110

B. Unos días con mis primos.

Ana está recordando los días cuando era más joven. Completa el párrafo siguiente con la forma apropiada de los verbos entre paréntesis para averiguar cómo eran sus días.

Cuando yo _____ (ser) más joven, mis padres _____ (trabajar) muy lejos de mi casa. Ellos _____ (tener) que salir muy temprano y no _____ (regresar) hasta muy tarde. Cuando yo _____ (llegar) de la escuela, _____ (ir) a casa de mis primos. Allí ellos y yo _____ (jugar) con los juegos electrónicos, _____ (mirar) la televisión y de vez en cuando _____ (ir) a comer helado. El tiempo _____ (pasar) muy rápido, pero a veces yo _____ (estar) muy aburrida.

C. Mis vacaciones.

Consuelo está hablando con sus amigos sobre sus vacaciones cuando era más joven. Completa el párrafo con la forma correcta del verbo entre paréntesis.

Mis padres y yo siempre _____ (ir) a una playa solitaria en Cancún. Allí nosotros _____ (poder) jugar y correr sin ningún problema. Cuando yo _____ (tener) cinco años, nosotros _____ (ir) a un campamento. Allí siempre _____ (haber) problemas. _____ (Haber) niños que _____ (gritar), _____ (correr) por todas partes y _____ (molestar) a las otras personas que _____ (buscar) tranquilidad. Un día, el dueño del campamento le dijo a mi padre que nosotros no _____ (poder) regresar. Los pobres turistas _____ (estar) cansados de nuestros gritos y de los otros niños que los padres _____ (traer) al campamento. Desde ese día sólo dejan veranear allí a parejas sin niños pequeños.

D. A ese lugar donde me llaman.

La siguiente selección proviene de un cuento corto titulado "A ese lugar donde me llaman". Fue escrito por el escritor cubano Lino Novás Calvo. Esta selección es el comienzo del cuento. El narrador relata el comienzo de la enfermedad de su madre quien por mucho tiempo ha estado esperando el regreso de su esposo. Lee la selección y luego complétala con la forma correcta de los verbos entre paréntesis en el pretérito o el imperfecto.

Todo _____ (empezar)—así lo recuerdo—a fines de septiembre. _____ (Ser) mi santo y cumpleaños, y mi madre me _____ (hacer) una nueva camisa. Mientras la _____ (hacer) _____ (empezar–ella) a toser y a ponerse pálida. Se le agrandaron los ojos, _____ (ponerse) de pie y _____ (marchar), con las manos abiertas sobre el pecho, hacia la otra pieza.

No _____ (venir) el médico. Cuando _____ (parecer) más grave con las fiebres altas (y grandes variaciones) _____ (venir) a vernos mi tía Sol. _____ (Traer–ella) alguna noticia. _____ (Mirar–ella), con expresión secreta, a mi madre desde la puerta. Mi madre _____ (incorporarse) en la cama, la _____ (observar), y su rostro _____ (empezar) a animarse. Luego _____ (empezar) a llorar en silencio.

Tía Sol _____ (salir) en seguida y, en su ausencia, mi madre _____ (levantarse), _____ (ponerse) el mejor vestido, _____ (componerse) el pelo, _____ (aplicarse) los afeites'. Pero al atardecer _____ (regresar) tía Sol y yo _____ (ver) cómo aquel resplandor súbito del rostro de mi madre se apagaba. _____ (Hablar–ellas) un momento en voz baja. Tía Sol _____ (venir) abatida: _____ (bajar) los párpados y _____ (irse) diciendo:

—Quizá se hayan equivocado en la fecha. Pudiera venir en otro barco...

_____ (Volverse–ella) lentamente hacia la puerta. Mi madre _____ (estar) de pie, en el centro, con las manos abiertas sobre el pecho. _____ (Decir–ella) con voz tomada:

—¡Gracias, Sol, de todos modos!

'*los afeites:*   makeup

El presente perfecto

The present perfect and past participles

The present perfect is formed with the present of the verb *haber* and the past participle.

he caminado	hemos caminado
has caminado	habéis caminado
ha caminado	han caminado

Remember that the past participle is formed as follows:

If the infinitive ends in . . .	delete the ending and add . . .
-ar	-ado
-er	-ido
-ir	-ido
amar—amado tener—tenido	recibir—recibido

Also remember that some verbs have irregular past participles. Here is a list of the most common:

abierto (*opened*)	cubierto (*covered*)	dicho (*said*)
escrito (*written*)	hecho (*done, made*)	muerto (*died*)
puesto (*put*)	resuelto (*resolved*)	roto (*broken*)
visto (*seen*)	vuelto (*returned*)	impreso (*printed*)
descrito (*described*)	frito (*fried*)	satisfecho (*satisfied*)

The past participles of the following verbs have accent marks:

> caer—caído (*fallen*)   oír—oído (*heard*)
> reír—reído (*laughed*)   traer—traído (*brought*)
> leer—leído (*read*)   creer—creído (*believed*)

However, verbs that end in *-uir* do not have accent marks.

Ejercicios

A. Los participios pasados.
Lee la siguiente lista y escribe los participios pasados que recuerdes. Luego mira la lista anterior y completa el ejercicio con los que no sepas.

1. abrir
2. escribir
3. poner
4. ver
5. resolver
6. cubrir
7. hacer
8. resolver
9. volver
10. describir
11. decir
12. morir
13. romper
14. imprimir
15. freír

B. Más participios pasados.
¿Puedes adivinar el participio pasado de los verbos siguientes?

1. descubrir
2. devolver
3. deshacer
4. describir
5. imponer
6. componer

C. Cambios.
Cambia las frases siguientes según el verbo o el sujeto entre paréntesis.

1. Yo ya *he visto* la película. (comprar / alquilar / obtener / traer)
2. *La policía* no ha llegado todavía. (El doctor / Ellos / Nosotros)
3. ¿Qué *has hecho* esta mañana? (resolver / escribir / romper / oír)
4. *El gatito* de mi amiga ha muerto. (El pececito / Las plantas / El conejo)
5. Todavía no *he comprado* nada. (resolver / decir / freír / hacer / leer)

El pluscuamperfecto

The pluperfect

The pluperfect is formed with the imperfect of the verb *haber* and the past participle.

había visitado	habíamos visitado
habías visitado	habíais visitado
había visitado	habían visitado

Ejercicios

A. Excusas y más excusas. Cada vez que una persona te pregunta si has hecho algo, le respondes que ya lo habías hecho antes. Usa los verbos entre paréntesis en tus respuestas.

Ejemplo: ¿Por qué no visitaste a Jorge? (estar)
Porque ya había estado en su casa ayer.

¿Por qué no fuiste a la reunión? (anunciar)
Porque no la habían anunciado.

1. ¿Por qué no recogiste el correo hoy? (llegar)
2. ¿Por qué no le diste el dinero a Juan esta mañana? (dar)
3. ¿Por qué no trajo Marcos la computadora hoy? (traer)
4. ¿Por qué no fueron Uds. al cine con nosotros? (ver la película)
5. ¿Por qué no arreglaste tu cuarto? (limpiar)
6. ¿Por qué no jugó Carmen en el partido? (caerse)
7. ¿Por qué no fuiste a devolver los libros? (devolver)
8. ¿Por qué no pudieron entrar a la clase? (abrir la puerta)

B. ¿Cuándo? Escribe frases con la información a continuación usando el pluscuamperfecto y di cuándo estas personas habían hecho las actividades.

1. Yo / resolver el problema
2. Ernesto / freír el pescado
3. Mi padre / cubrir la comida
4. Mis primos / romper el televisor
5. El secretario / organizar los papeles
6. Tú / asistir a la conferencia
7. Nosotros / comer en ese restaurante
8. Uds. / escribir una carta al congresista

114

C. Un encuentro feliz.   Lee la siguiente selección sobre dos hermanos que se encuentran en la calle después de no haberse visto por mucho tiempo, luego complétalo con la forma correcta de los verbos entre paréntesis en el pasado. Los verbos con un asterisco necesitan el pluscuamperfecto.

Rigoberto _____ (ir) caminando por la calle cuando de momento _____ (sentir) que alguien le _____ (dar) una palmada en el hombro. Él _____ (volverse) y allí, delante de él, _____ (ver) a su hermana Florinda que no _____ (ver)* desde _____ (hacer) dos años. _____ (Abrazarse–ellos), y por unos minutos ambos _____ (reír) y _____ (llorar) de felicidad. Ahora ya no tendría que buscarla más.

Diez años _____ (pasar)* desde que ellos _____ (despedirse) en aquella vieja estación de trenes en su pueblo natal. Diez años en los que él _____ (sufrir)*, _____ (llorar)*, la _____ (buscar)*. Pero nunca _____ (perder–él)* la esperanza de verla otra vez.

Ella _____ (estar) igual, no _____ (cambiar)*. Sin embargo, él ahora _____ (sentirse) más viejo, más acabado. Su corazón _____ (ser) el mismo. _____ (Querer–él) a su hermana ahora más que nunca pues durante esos años él _____ (comprender)* lo que el amor de una hermana _____ (representar).

La narración y la descripción en el pasado

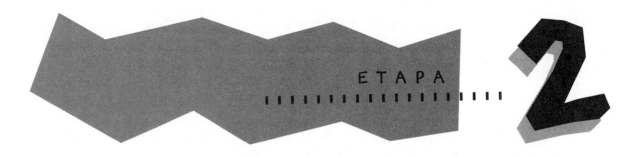

ETAPA

2

(Unidad 2)

La descripción de nuestros alrededores: diferencias y semejanzas

Los adjetivos

Uses of Adjectives

All adjectives agree in gender and number with the noun or pronoun that they modify. Only adjectives that end in -o have four different forms. All others, with the exception of adjectives of nationality, have only two forms, one for singular and one for plural.

	masc. sing.	masc. pl.	fem. sing.	fem. pl.
end in -o	el abrigo nuev**o**	(nuev**os**)	la corbata nuev**a**	(nuev**as**)
end in -e	el chico amabl**e**	(amabl**es**)	la chica amabl**e**	(amabl**es**)
end in a consonant	el cielo azu**l**	(azul**es**)	la estrella azu**l**	(azul**es**)

Hint: Once you have the singular forms, the plural forms follow the same pattern as nouns do for their plural forms. If you have any questions about the plural of nouns, you may want to review the section on nouns on pp. 163–175.

Adjectives of nationality that end in a consonant have four forms. Those ending in a consonant add -a for the feminine form. The plural forms follow the prescribed pattern. Adjectives of nationality that end in -n or -s have a written accent mark in the masculine singular form.

116

Etapa 2

masculine	**feminine**
japon**és** (japones**es**)	japones**a** (japones**as**)
alem**án** (aleman**es**)	aleman**a** (aleman**as**)
españo**l** (español**es**)	español**a** (español**as**)

Those that end in a vowel work like any other adjective; if they end in -o they have four forms, two otherwise.

masculine	**feminine**
rus**o** (rus**os**)	rus**a** (rus**as**)
árab**e** (árab**es**)	árab**e** (árab**es**)

Adjectives ending in -or, -ón, -án, or -ín add -a to form the feminine.

hablador—hablador**a**	trabajador—trabajador**a**
burlón—burlon**a**	holgazán—holgazan**a**
chiquitín—chiquitin**a**	

A few adjectives have shortened forms when they appear before masculine singular nouns.

bueno	Fue un **buen** día, pero no fue una *buena* semana.
malo	No es *mala* idea, pero es un **mal** ejemplo.
primero	Vi el **primer** acto por *primera* vez ayer.
tercero	Es la *tercera* vez que repite el **tercer** refrán.
alguno	**Algún** día van a elegir a *alguna* mujer.
ninguno	*Ninguna* revista contó **ningún** episodio de la novela.

Cien represents the exact quantity 100, whereas *ciento* occurs in the numbers 101–199 (and in the expression *por ciento*). *Cien* is used before a noun.

Gabriel García Márquez escribió **Cien** años de soledad.	*Gabriel García Márquez wrote* One Hundred Years of Solitude.

Grande also has a shortened form before masculine and feminine singular nouns, but remember that its meaning also changes.

La autora escribió una **gran** novela y un **gran** poema.	*The author wrote a great novel and a great poem.*

Santo changes to *San* before masculine singular names, with the exception of those that begin with *Do-* and *To-*. The feminine form *Santa* never changes unless it is plural.

San José	**Santo** Domingo	**Santa** Ana
San Francisco	**Santo** Tomás	**Santa** Teresa

Cualquiera changes to *cualquier* before all singular nouns, masculine or feminine.

Lee **cualquier** artículo; todos son buenos.	*Read any article; they are all good.*
Puedes escoger **cualquier** fecha.	*You can choose any date.*
Trae una chaqueta **cualquiera.**	*Bring any jacket.*

117

Adjectives that modify both a masculine and a feminine noun use the masculine plural form.

el profesor y la profesora **chilenos**   *the Chilean (male) professor and the (female) professor*

el himno nacional y la bandera **mexicanos**   *the Mexican national anthem and flag*

Ejercicios

A. Cambios. Pon los adjetivos en el lugar apropiado y cambia la forma si es necesario.

1. una pintura—francés
2. los políticos—extranjero
3. la semana—primero
4. las lecciones—otro
5. los problemas—fácil
6. la obra—mejor
7. día—alguno
8. la estudiante—trabajador
9. tardes—bueno
10. un edificio—alto / vidrio
11. las verduras—fresco / sano
12. un atleta—popular / rico
13. niños—alegre / animado / energético

14. invitados—ninguno
15. los juguetes—descompuesto
16. una muchacha—charlatán
17. ejemplos—útil
18. una cortina—largo
19. las murallas—azul
20. jefes de estado—varios
21. entradas—ciento
22. el cielo—azul
23. una idea—nuevo / novedoso
24. las torres—viejo / inglés
25. una casita—bonito / grande
26. un sistema—antiguo / malo / inútil

B. Un poco de propaganda. Completa el párrafo a continuación. Cambia el adjetivo entre paréntesis si es necesario.

En el _____ (primero) mes del proyecto tuvimos un _____ (grande) problema y buscamos _____ (varios) maneras de resolver el dilema. Recibimos _____ (mucho) cartas de _____ (todo) partes del mundo. _____ (alguno) recomendaciones fueron _____ (tonto) mientras otras fueron _____ (interesante) y _____ (útil). Intentábamos construir un automóvil _____ (plástico) pero no tuvimos _____ (ninguno) éxito. Construimos cientos de modelos pero siempre con el _____ (mismo) resultado—un fracaso _____ (completo). Todos los ingenieros eran muy _____ (inteligente) y _____ (trabajador) y un día uno de los ingenieros _____ (alemán) sugirió _____ (alguno) diseños _____ (nuevo) y _____ (distinto) con el tipo de plástico que utilizábamos. Después de _____ (poco) meses de perfeccionar el diseño, comenzamos a fabricar los _____ (primero) modelos. Estos coches, _____ (diseñado) y _____ (fabricado) por obreros _____ (local), han sido un beneficio _____ (enorme) y han ayudado a

rejuvenecer una región _____ (viejo) y _____ (pobre). Lo
_____ (mejor) de todo fue que hemos producido un coche _____ (práctico)
y _____ (económico) al _____ (mismo) tiempo que ayudamos a la gente.

C. En otras palabras.
Lee las frases siguientes y luego expresa en español la frase entre paréntesis. If you have any questions about how to translate these expressions, you may want to review the list on p. 20.

1. El señor Moreno se acaba de ganar la lotería. Él es _____ (*a rich man*).
2. Les encantan mis fiestas porque siempre pueden disfrutar de _____ (*the delicious food*).
3. Vamos a su casa, ella tiene _____ (*a big table*) donde podemos poner todos los papeles.
4. La Sra. Dávila no ha encontrado un apartamento en la ciudad. _____ (*The unfortunate woman*) va a tener que regresar al campo.
5. Yo vi cuando Alberto le dio el dinero. _____ (*The boy himself*) lo puso en su bolsillo.
6. Javier no pasa mucho tiempo con sus amigos jóvenes. Tiene sólo _____ (*old friends*).
7. Buenos Aires es una ciudad cosmopolita. Es _____ (*a great city*).
8. ¡Ese es el ladrón! Es _____ (*the same man*) que mostraron en la televisión anoche.
9. Eso que pasó en la película es verdad. Fue _____ (*a feat beyond doubt*).
10. La última videocasetera que compré, aunque era _____ (*a brand new VCR*) estaba rota siempre.

Los adjetivos demostrativos

Demonstrative adjectives

this	**este** niño	**esta** niña
these	**estos** niños	**estas** niñas
that	**ese** niño	**esa** niña
those	**esos** niños	**esas** niñas

(*farther away*)

that	**aquel** niño	**aquella** niña
those	**aquellos** niños	**aquellas** niñas

Reminder: Note that the masculine singular forms do not end in *-o.*

119

Ejercicios

A. Aquí, allí, allá.
Da la forma apropiada de los adjetivos demostrativos. Presta atención a los adverbios *aquí, allí* y *allá* para demostrar la distancia entre tú y el objeto u objetos.

	aquí	allí	allá en la distancia
1.	Quiero _____ panecillos, _____ tortas y _____ pastel.		
2.	¿Te gustan _____ guantes, _____ bufanda y _____ botas?		
3.	Me han enviado _____ anillo, _____ collares y _____ pulseras.		
4.	Ganó _____ entradas, _____ discos compactos y _____ televisor.		
5.	Pinté _____ retrato, _____ paisaje y _____ naturaleza muerta.		
6.	Ha comprado _____ película, _____ cámara y _____ lentes.		
7.	Me ofrece _____ estantes, _____ escritorio y _____ silla.		
8.	Dame _____ naranjas, _____ pepinos y _____ piña.		

B. En perspectiva.
Construye tus propias frases, escogiendo una palabra de cada una de las tres listas a continuación.

Ejemplo: Para la cena, compra esa salsa allí, aquellos tomates y estas tortillas.

aquí	allí	allá en la distancia
tortillas	salsa	tomates
plato	postre	refresco
corbata	camisa	chaqueta
falda	blusa	zapatos
muchachos	muchachas	adultos
policías	ladrón	coche
banco	café	tienda

Los pronombres demostrativos

Demonstrative pronouns

this one	**esto**	**éste**	**ésta**
these		**éstos**	**éstas**
that one	**eso**	**ése**	**ésa**
those		**ésos**	**ésas**
		(farther away)	
that one	**aquello**	**aquél**	**aquélla**
those		**aquéllos**	**aquéllas**

Reminder: Note that the masculine singular forms do not end in *-o*. As pronouns, they are not followed by nouns.

A. Algunas fotos de un viaje.

Da los pronombres demostrativos apropiados según el ejemplo.

Ejemplo: la cámara

     ésta   *ésa*   *aquélla*

		aquí	**allí**	**allá en la distancia**
1.	la foto	_____	_____	_____
2.	el álbum	_____	_____	_____
3.	las diapositivas	_____	_____	_____
4.	las playas	_____	_____	_____
5.	el viaje	_____	_____	_____
6.	la pantalla	_____	_____	_____
7.	la planta	_____	_____	_____
8.	los barcos	_____	_____	_____
9.	los turistas	_____	_____	_____
10.	las flores	_____	_____	_____

La descripción de nuestros alrededores: diferencias y semejanzas

B. Aquí vemos algunas fotos de una ciudad. Da la forma apropiada de los pronombres demostrativos (*éste, ésta, éstos, éstas*).

1. _____ es un edificio construido en el siglo XIX.
2. _____ es una iglesia románica.
3. _____ son calles muy antiguas.
4. _____ es una catedral gótica.
5. _____ son la estación de trenes y la estación de autobuses.
6. _____ son bancos del distrito financiero.
7. _____ es el Museo de Bellas Artes.
8. _____ es el rascacielos más alto de la ciudad.
9. _____ son mercados típicos.
10. _____ son jardines botánicos.

C. ¿Qué quieres hacer en la ciudad? Da la forma apropiada de los pronombres demostrativos (*ése, ésa, ésos, ésas*).

1. ¿Quieres tomar este taxi o _____?
2. ¿Te gusta más esta calle o _____?
3. No sé si preferirías esta excursión o _____.
4. ¿Prefieres este hotel o _____?
5. ¿Te interesan más estas exposiciones o _____?
6. ¿Quisieras probar estos entremeses (*appetizers*) o _____?
7. Dime si te gustaría este restaurante o _____.

D. En camino al aeropuerto. Da la forma apropiada de los pronombres demostrativos (*aquél, aquélla, aquéllos, aquéllas*).

1. Entré en esa tienda y en _____ al lado del cine.
2. Comí en ese café y en _____ delante del teatro.
3. Compré esos recuerdos y _____ que están sobre la maleta.
4. Saqué fotos de esas montañas y _____ en la distancia.
5. Subí esas escaleras y _____ de la pirámide.
6. Visité ese museo y _____ a la vuelta de la esquina.
7. Recorrí ese parque y _____ al otro extremo de la ciudad.

E. Respuestas. Lee las siguientes declaraciones y traduce los pronombres neutros entre paréntesis.

1. —Tú eres muy antipático.
   —¡_____ (*That*) no es verdad!
2. —¿Qué trae Alberto?
   — _____ (*That over there*) es su nueva mochila.
3. —Este reloj está roto, la computadora no funciona y el radio no recibe muchas estaciones.
   —¡_____ (*This*) es un desastre!

4. —No tengo un regalo para Pilar. Le voy a dar un cheque.

    —_____ (*That*) es ridículo.

5. —La carne está cruda y el arroz está duro.

    —_____ (*This*) no me gusta.

Los adjetivos posesivos

Possessive adjectives (short form)

mi(s)	**nuestro(a, os, as)**
mi hermano	nuestro profesor
mi hermana	nuestra profesora
mis hermanos	nuestros profesores
mis hermanas	nuestras profesoras
tu(s)	**vuestro(a, os, as)**
su(s)	**su(s)**

Mi (my), *tu* (your), *nuestro* (our), and *vuestro* (your) have only one equivalent in English.

Su (his, her, your, their) can have different equivalents. If it is not clear what *su* means, we use a different pattern that clarifies any potential misunderstanding. It is the same structure as used for showing possession.

el coche de Ana (Ana's *car*) **las tías de** Pedro (Peter's *aunts*)

el coche de ella (her *car*) **las tías de** él (his *aunts*)

The prepositional pronouns (*él, ella, Ud., ellos, ellas, Uds.*) are used after the preposition *de*.

If it is clearly understood whom we are speaking about, it is preferable to use *su*.

su coche (*her car*) **sus** tías (*his aunts*)

The short possessive adjectives are always placed before the noun they modify.

su abuelo **sus** abuelos

Possessive adjectives (long form)

mío(a, os, as)	**nuestro(a, os, as)**
un amigo mío	un profesor nuestro
una amiga mía	una profesora nuestra
unos amigos míos	unos profesores nuestros
unas amigas mías	unas profesoras nuestras
tuyo(a, os, as)	**vuestro(a, os, as)**
suyo(a, os, as)	**suyo(a, os, as)**

The long possessive adjective comes after the noun and translates as "of mine," "of yours," etc.).

Like their short counterparts, *mío* (of mine), *tuyo* (of yours), *nuestro* (of ours), and *vuestro* (of yours) have only one equivalent in English.

Suyo (of his, of hers, of yours, of theirs) can have different equivalents. If it is not clear what *suyo* means, we use a different pattern, as with the short adjectives.

un tío **suyo**   un tío de *él* (*an uncle of* his)
                    un tío de *ella* (*an uncle of* hers)
                    un tío de *Ud.* (*an uncle of* yours)
                    un tío de *Uds.* (*an uncle of* yours)
                    un tío de *ellos* (*an uncle of* theirs)
                    un tío de *ellas* (*an uncle of* theirs)

If it is clearly understood whom we are speaking about, it is preferable to use *suyo*.

Ejercicios

A. Cambios.   Usando el sujeto entre paréntesis como guía da la forma apropiada de la forma corta del adjetivo posesivo para cada sustantivo.

1. (yo) curso / parientes / sueños / temores / ideas / familia / escuela
2. (tú) profesores / trabajo / médico / reacciones / deudas / equipaje / cintas
3. (él) jefe / abuelos / resumen / lentes / bisabuela / habitación / aptitudes
4. (ella) tarjetas / escritorio / champú / maletas / nieto / dinero / aretes
5. (Ud.) madre / computadora / garaje / pasaporte / reservación / direcciones
6. (nosotros) vuelo / aniversario / vecinos / casa / barrio / perros / flores
7. (ellos) fábrica / sueldo / horas / horario / deberes / uniformes / quejas
8. (ellas) labores / fiesta / oficina / vacaciones / videocasetera / compañía / vestidos
9. (Uds.) entradas / invitación / apartamento / asientos / platos / hija

B. Cambios.   Aquí da la forma apropiada de la forma larga del adjetivo posesivo para cada sustantivo. El sujeto entre paréntesis te ayudará a saber a quién pertenecen.

1. (yo) un curso / unos parientes
2. (tú) unos profesores / un trabajo
3. (él) un resumen / unas aptitudes
4. (ella) unas tarjetas / un nieto
5. (Ud.) un pasaporte / una reservación
6. (nosotros) unos vecinos / unas flores
7. (ellos) una fábrica / unos deberes
8. (ellas) una fiesta / unos vestidos
9. (Uds.) unas entradas / una hija

C. Con más claridad. Usando el pronombre personal entre paréntesis da la forma más clara para cada frase.

1. (él) sus compras / su primo / su cartel / sus fichas / su permiso de conducir
2. (ella) su revista / sus fotografías / su medicina / su novio / su maquillaje
3. (Ud.) su llamada / sus recorridos / su viaje / sus cascos / su manera
4. (ellos) sus capacidades / su proyecto / su idea / sus recomendaciones / sus valores
5. (ellas) su carta / sus periódicos / su empresa / su reunión / su vida /
6. (Uds.) su discurso / sus planes / su premio / sus cajas / su visita

Los pronombres posesivos

Possessive pronouns

mine	el mío, la mía, los míos, las mías
yours (familiar)	el tuyo, la tuya, los tuyos, las tuyas
his, hers, yours, theirs	el suyo, la suya, los suyos, las suyas
ours	el nuestro, la nuestra, los nuestros, las nuestras
yours (familiar)	el vuestro, la vuestra, los vuestros, las vuestras

Like the long possessive adjectives, *el mío* (mine), *el tuyo* (yours), *el nuestro* (ours), and *el vuestro* (yours) have only one equivalent in English.

El suyo (his, hers, yours, theirs) can have different equivalents. If it is not clear what *el suyo* means, we use an alternate pattern, as with the long possessive adjective. Clarify the forms of *el suyo* by replacing them with **de + prepositional pronouns** (*él, ella, Ud., ellos, ellas,* or *Uds.*).

el **suyo**	el de *él* (his)
	el de *ella* (hers)
	el de *Ud.* (yours–singular)
	el de *Uds.* (yours–plural)
	el de *ellos* (theirs)
	el de *ellas* (theirs)

Ejercicios

A. Los parientes. Traduce los pronombres posesivos entre paréntesis.

1. mis padres y _____ (yours) _____ (his) _____ (ours)
2. tus tíos y _____ (mine) _____ (hers) _____ (theirs)
3. su bisabuelo y _____ (hers) _____ (ours) _____ (yours)
4. nuestros primos y _____ (yours) _____ (his) _____ (theirs)
5. sus nietos y _____ (ours) _____ (theirs) _____ (his)
6. mi madrina y _____ (yours) _____ (his) _____ (their)
7. nuestra abuela y _____ (hers) _____ (yours) _____ (theirs)

B. En la playa. Reemplaza las palabras en cursiva con el pronombre posesivo apropiado.

1. Tengo mis sandalias pero Pablo no tiene *sus sandalias*.
2. Marta trajo su crema bronceadora pero yo no traje *mi crema bronceadora*.
3. Llevaste tu traje de baño pero yo no llevé *mi traje de baño*.
4. Olvidaron sus toallas pero tú no olvidaste *tu toalla*.
5. No encontraron su radio pero yo encontré *mi radio*.
6. Preparé mi almuerzo pero los niños no prepararon *su almuerzo*.
7. Juan trajo su libro pero nosotros no trajimos *nuestros libros*.
8. Adela recordó traer su parasol pero Beatriz no recordó traer *su parasol*.

C. El trabajo. Reemplaza las palabras subrayadas con el pronombre posesivo que clarifique cualquier ambigüedad.

1. mi trabajo y el suyo _____ (his) _____ (theirs)
2. tu sueldo y el suyo _____ (hers) _____ (his)
3. nuestra jefa y la suya _____ (yours–pl.) _____ (theirs)
4. su oficina y la suya _____ (his) _____ (yours–sing.)
5. mis horas y las suyas _____ (hers) _____ (theirs)
6. tus directores y
   los suyos _____ (theirs) _____ (his)
7. mi evaluación y la suya _____ (yours–sing.) _____ (theirs)
8. sus vacaciones y
   las suyas _____ (his) _____ (hers)
9. nuestros beneficios y
   los suyos _____ (theirs) _____ (yours–pl.)
10. su sindicato *(union)* y
    el suyo _____ (hers) _____ (theirs)

La comparación de adjetivos

Comparison of regular adjectives

	Comparative (unequal)	Comparative (equal)	Superlative
bonito	más bonito(a, os, as) menos bonito(a, os, as)	tan bonito(a, os, as)	el más bonito la más bonita los más bonitos las más bonitas
fácil	más fácil(es)	tan fácil(es)	el más fácil la más fácil los más fáciles las más fáciles

La casa es **bonita.**	*The house is pretty.*
Esta casa es **más bonita** que esa casa.	*This house is prettier than that house.*
Es **la** casa **más bonita** del barrio.	*It is the prettiest house in the neighborhood.*
Esta casa es **tan** bonita **como** esa casa.	*This house is as pretty as that house.*
Esta casa tiene **tantas** habitaciones **como** esa casa.	*This house has as many rooms as that house.*

Comparison of irregular adjectives

	Comparative (unequal)	Comparative (equal)	Superlative
bueno	mejor	tan bueno	el mejor
malo	peor	tan malo	el peor
viejo	mayor	tan viejo	el mayor (*people*)
joven	menor	tan joven	el menor

Mayor and *menor* are special comparative forms for age.

La descripción de nuestros alrededores: diferencias y semejanzas

Ejercicios

A. En comparación.
Da dos comparaciones, la primera de igualdad y la segunda de desigualdad.

Ejemplo: mi composición / corto / tu composición

Mi composición es tan corta como tu composición.
Mi composición es más corta que tu composición.

1. la próxima lección / difícil / esta lección
2. yo / trabajador / mi hermano mayor
3. esta marca / barato / esa marca
4. su horario / pesado / mi horario
5. tú / atlético / él
6. nosotros / diligente / ellos

B. Superlativos.
Da la forma superlativa.

Ejemplo: el edificio / alto / ciudad
El edificio es el más alto de la ciudad.
Es el edificio más alto de la ciudad.

1. Pablo / inteligente / clase
2. este helado / mejor / mundo
3. la atracción / emocionante / parque de diversiones
4. el deporte / popular / país
5. estas entradas / caro / estadio
6. Anita y Paula / amable / grupo

C. Comparaciones.
Da dos comparaciones, la primera de igualdad y la segunda de desigualdad.

Ejemplo: Él recibe / revistas / yo
Él recibe más revistas que yo.
Él recibe tantas revistas como yo.

1. Tengo / miedo / tú
2. Ella lee / libro / nosotros
3. Javier ve / películas / Uds.
4. Mi padre arregla / motores / el mecánico
5. Los alumnos hacen / trabajo / los profesores
6. Hacemos / viajes / nuestros parientes

ETAPA **3**

(Unidad 3)

La narración y la descripción en el presente

El presente

La conjugación de los verbos en el tiempo presente

ser		estar		tener	
soy	somos	estoy	estamos	tengo	tenemos
eres	sois	estás	estáis	tienes	tenéis
es	son	está	están	tiene	tienen

Ejercicios

A. Cambios. Cambia las siguientes frases según el sujeto entre paréntesis.

1. *Nosotros* somos los primeros en llegar a la escuela. (tú / él / la profesor[a] / mis amigos)
2. *Ella* tiene que terminar la tarea. (Carola y yo / nosotros / yo)
3. *Tú* estás muy preocupado por el examen. (yo / los estudiantes / mis hermanos)

B. La satisfacción de pasar tiempo con los niños. Completa el siguiente párrafo en el que Felicia describe su relación con sus hermanitos. Usa la forma correcta del verbo *ser, estar,* o *tener.*

Ahora mis hermanos _____ sentados leyendo un libro. Ellos _____ muy activos. Pedro _____ tres años y Juan y Carmen _____ cinco. Ellos _____ mucha energía. Mis vecinos _____ de Ecuador. Su hijo _____ cuatro años así que muchas veces viene a jugar con ellos. Nosotros _____ una piscina muy grande y allí pueden nadar pero yo _____ que cuidarlos y eso me causa mucha ansiedad. _____ muy peligroso cuando van a la parte de la piscina que _____ más profunda. A pesar de todo, me gusta _____ con ellos. ¿Piensas que _____ loca? No, pero cuando yo _____ con ellos me siento joven. ¿_____ [tú] de acuerdo o _____ una de esas personas a quien no le gustan los niños?

Regular verbs

caminar		correr		recibir	
camino	caminamos	corro	corremos	recibo	recibimos
caminas	camináis	corres	corréis	recibes	recibís
camina	caminan	corre	corren	recibe	reciben

Ejercicios

A. Cambios. Cambia las siguientes frases según el sujeto entre paréntesis.

1. *Ellos* viajan cada vez que la oportunidad se les presenta. (yo / nosotros / tú / mi tía)
2. ¿Por qué no buscan *Uds.* el juego de ajedrez? (tú / él / ellos / nosotros)
3. *Yo* prometo llegar a tiempo. (nosotros / ellas / tú / Uds.)
4. ¿Qué vende *el señor* en la feria? (tú / nosotros / la campesina / Ud.)
5. *Mis hermanos* comparten sus juguetes conmigo. (mi prima / tú / yo / nosotros)
6. *Tú* recibes buenas notas en tus clases. (nosotros / Uds. / yo / mi mejor amigo[a])

B. Lo que yo y mis amigos hacemos. En un párrafo describe lo que hacen tú y tus amigos. Debes añadir otros verbos.

trabajar	escribir	correr	preparar	bailar
aprender	conversar	cocinar	compartir	comer

C. Más información, por favor. Usando los verbos del ejercicio anterior trata de averiguar más información sobre tus compañeros de clase. Algunas de estas preguntas te ayudarán: ¿Cómo? ¿Cuándo? ¿Con quién? ¿Dónde? ¿Cuántas veces? Luego escribe un párrafo corto con la información que obtuviste.

Verbos irregulares

Irregular verbs

The following verbs are irregular in the first person singular only.

saber:	sé, sabes, sabe, sabemos, sabéis, saben
poner:	pongo, pones, pone, ponemos, ponéis, ponen
dar:	doy, das, da, damos, dáis, dan
hacer:	hago, haces, hace, hacemos, hacéis, hacen
caer:	caigo, caes, cae, caemos, caéis, caen
traer:	traigo, traes, trae, traemos, traéis, traen
caber:	quepo, cabes, cabe, cabemos, cabéis, caben
salir:	salgo, sales, sale, salimos, salís, salen

Ejercicios

A. Cambios.   Cambia las siguientes frases según el modelo.

Ejemplo: hablar con mi consejero / ellos

  Yo hablo con mi consejero pero ellos hablan con sus padres.

  o

  Yo hablo con mi consejero pero ellos no hablan con él.

1. saber ir a casa de Pedro / Uds.
2. salir con mis padres / tus amigos
3. hacer la cama / tú
4. dar las gracias siempre / Uds.
5. poner la mesa en mi casa / tu padre
6. caber en el coche / tu amigo(a)
7. traer el radio a la escuela / tus profesores

Other irregular verbs

These verbs are irregular in more than one form.

decir:	digo, dices, dice, decimos, decís, dicen
estar:	estoy, estás, está, estamos, estáis, están
tener:	tengo, tienes, tiene, tenemos, tenéis, tienen
venir:	vengo, vienes, viene, venimos, venís, vienen
oír:	oigo, oyes, oye, oímos, oís, oyen
ser:	soy, eres, es, somos, sois, son
ir:	voy, vas, va, vamos, váis, van
haber:	he, has, ha, hemos, habéis, han

131

Ejercicios

A. Cambios.   Cambia las siguientes frases según el sujeto entre paréntesis.

1.   *Ellos* dicen todo lo que oyen. (tú / el cartero / nosotros / yo)
2.   *Tú* no vienes a la escuela cuando estás enfermo. (mi mejor amiga / mi hermano y yo / mis profesores / yo)
3.   *Nosotros* tenemos que salir ahora porque si no vamos a llegar tarde. (yo / ellas / Uds. / tú)
4.   *Yo* soy el culpable y por eso le he pedido disculpas. (tú / nosotros / mis compañeros / el ladrón)

B. Una entrevista.   Usa las siguientes preguntas para entrevistar a uno de tus compañeros de clase. Escribe las respuestas para que así puedas presentar la información a la clase sobre lo que te dijo él o ella.

1.   ¿Qué tienes que hacer antes de salir de tu casa?
2.   ¿Oyes las noticias antes de salir?
3.   ¿Cómo vienes a la escuela?
4.   ¿Has llegado tarde alguna vez?
5.   ¿Qué le dices al (a la) profesor(a) cuando llegas tarde?
6.   ¿Es comprensivo(a) tu profesor(a)?
7.   ¿Están de acuerdo tus compañeros de clase con tu opinión sobre el (la) profesor(a)?
8.   ¿Va a estar enojado(a) tu profesor(a) por tu opinión?

Stem-changing verbs

e>ie
pensar: pienso, piensas, piensa, pensamos, pensáis, piensan

Other verbs conjugated like *pensar* are *querer, perder, sentarse, comenzar, empezar, entender, cerrar, sentirse, divertirse, nevar', confesar, despertar, entender, preferir.*

o>ue
volver: vuelvo, vuelves, vuelve, volvemos, volvéis, vuelven

Other verbs conjugated like *volver* are *almorzar, poder, dormir, recordar, soñar, llover', costar, demostrar, encontrar, jugar, morir, mostrar, resolver.*

e>i
pedir: pido, pides, pide, pedimos, pedís, piden

Other verbs conjugated like *pedir* are *vestir, servir, repetir.*

'*Nevar* and *llover* are impersonal verbs, so they can be conjugated only in the third person singular: *nieva* and *llueve.*

Ejercicios

A. Cambios.   Cambia las siguientes frases según el sujeto entre paréntesis.

1. Esta semana *yo* pienso ir a Colorado. (nosotros / ellas / tú / Eduardo)
2. *Ella* no recuerda si *Juan* vuelve hoy o mañana. (yo–ellos / nosotros–ella / tú–yo)
3. *Ellos* repiten todo lo que les digo. (ella / tú / nosotras / Ud.)

B. Planes.   Usando los verbos a continuación escribe una lista de los planes que tú y tus amigos tienen para el futuro. Tienes que decir por lo menos cinco cosas que tú y ellos quieren hacer en el futuro.

1. querer
2. soñar con
3. preferir
4. pensar

C. Frases incompletas.   Usa las palabras a continuación para escribir frases completas.

1. Alberto / empezar / sus clases / ocho
2. Carmen y Abelardo / pedir permiso / padres / siempre
3. Yo / encontrar / zapatos / mesa
4. Chicago / llover / todos los días
5. Ellos / repetir / frases / varias veces
6. Nosotros / cerrar / ventanas / cuando / nevar
7. Ese chico / entender / cuando / hablar rápido
8. Mi hermano y yo / dormir bien / porque / hacer ruido

Verbs with spelling changes

The following verbs are also irregular:

-ger
proteger: prote**j**o, proteges, protege, protegemos, protegéis, protegen
-gir
dirigir: diri**j**o, diriges, dirige, dirigimos, dirigís, dirigen
vowel + -cer
parecer: pare**zc**o, pareces, parece, parecemos, parecéis, parecen
-cir
producir: produ**zc**o, produces, produce, producimos, producís, producen
-guir
seguir: si**g**o, sigues, sigue, seguimos, seguís, siguen
consonant + -cer
vencer: ven**z**o, vences, vence, vencemos, vencéis, vencen
-uir
construir: constru**y**o, constru**y**es, constru**y**e, construimos, construís, constru**y**en

La narración y la descripción en el presente

Ejercicios

A. Cambios.
Cambia las siguientes frases según el sujeto entre paréntesis.

1. *El perro* protege la casa de los ladrones. (yo / nosotros / tú / Ud.)
2. *Ella* no se parece a su hermano. (Uds. / yo / nosotros / Carlos)
3. Si *tú* sigues por aquí llegas a la plaza. (nosotras / Ud. / Uds. / yo)
4. Durante la semana *yo* me levanto temprano. (mi hermana / tú / nosotros)
5. *Carlos* se niega a salir conmigo. (tú / ellos / Ud.)
6. ¿Por qué no se ponen *ellos* los abrigos? (nosotros / ella / Uds.)

B. Respuestas.
Responde a las siguientes preguntas en la forma afirmativa prestando atención a la forma reflexiva. Usa el **pretérito** en tus respuestas.

1. ¿Se te cayó el lápiz? ¿Dónde?
2. ¿Se le perdió la mochila a Ricardo? ¿Dónde?
3. ¿Se te rompió el vaso? ¿Cómo?
4. ¿Se le quedaron los cuadernos a tu amiga? ¿Dónde?
5. ¿Se te paró el reloj? ¿Cuándo?
6. ¿Se les cayeron los documentos a Uds.? ¿Dónde?

C. Pequeños accidentes.
Usa los verbos entre paréntesis para explicar lo que les sucede a las siguientes personas. Usa el **pretérito** en tus respuestas.

1. Ellos no pueden encontrar los pasaportes. (perder)
2. Tú no hallas la cámara. (olvidar)
3. Tu amiga no puede abrir la maleta. (romper)
4. Nosotros no encontramos la bolsa de mamá. (quedar)
5. Yo traía los boletos en la mano. (caer)

The progressive

The progressive, as the term implies, indicates action in progress. It is a compound tense, generally composed of a form of *estar* and the gerund (present participle). Any tense of *estar* can be used, but the present and imperfect are the most common. The progressive tenses can also be formed with *seguir, continuar, venir, salir, ir, andar,* and *llegar* in place of *estar*. Note that these verbs all suggest movement or continued action and that there are slight changes in the meaning of the verb. The form of the gerund always ends in *-ndo;* it never changes because it acts as an adverb.

Están descansando ahora.	*They are resting now.*
Estábamos leyendo cuando se apagaron las luces.	*We were reading when the lights went out.*
Estaré haciendo la maleta cuando vuelvas.	*I'll be packing when you get back.*

El niño **sigue llorando;** tendremos que llamar a sus padres.

The child just keeps crying; we'll have to call his parents.

Anda inventando cosas inútiles todo el día.

He goes about inventing useless things all day long.

Va aprendiendo a utilizar el brazo después del accidente.

He's gradually learning to use his arm after the accident.

Vinieron corriendo para ayudar.

They came running to help.

§ § §

Gerund (present participle)

-ar	**-er**	**-ir**
-ando	-iendo	-iendo
nev*ando* (snowing)	llov*iendo* (raining)	sal*iendo* (leaving)

-ar and *-er* stem-change verbs have regular forms.

cerrar—cerrando
volver—volviendo

-ir stem-change verbs have a single-letter stem change (*e* to *i* or *o* to *u*).

dormir—d**u**rmiendo
pedir—p**i**diendo
sentir—s**i**ntiendo

-er and *-ir* verbs ending in a vowel change the *i* of *-iendo* to *y*.

caer—ca**y**endo
huir—hu**y**endo
leer—le**y**endo
oír—o**y**endo
traer—tra**y**endo

Irregulars:

decir—d**i**ciendo
ir—**y**endo
poder—p**u**diendo
reír—r**i**endo

Object and reflexive pronouns can be attached to the gerund or they can come before the auxiliary (conjugated) verb. When they are attached, the *a* or *e* of the ending carries an accent.

Me estoy **peinando.**
Estoy **peinándome.**

I am combing my hair.

Domingo nos lo está **leyendo.**
Domingo está **leyéndonoslo.**

Domingo is reading it to us.

The gerund can be used alone, as it is in English.

Los padres, **tratando** de mantenerse tranquilos, escucharon la descripción del accidente.

The parents, trying to stay calm, listened to the description of the accident.

Dándole la mano al público, el político creía que iba aumentando su apoyo.	*Shaking hands with the audience, the politician felt that his support was increasing.*

But

The infinitive is used as a noun, **not** the gerund.

Hacer ejercicio es bueno para la salud.	*Exercising is good for your health.*
Escuchar es un arte que necesitamos desarrollar.	*Listening is an art we need to develop.*
Escribir cartas no es tan popular como llamar por teléfono.	*Writing letters is not as popular as calling on the phone.*

The infinitive, **not** the gerund, is also used after prepositions.

Salieron **sin decir** adiós.	*They left without saying goodbye.*
Después **de oír** el precio, decidieron no comprarlo.	*After hearing the price, they decided not to buy it.*
No sabíamos la dirección **antes de marcharnos.**	*We didn't know the address before leaving.*

Ejercicios

A. Cambios.   Escribe el gerundio de los siguientes verbos.

1.	dar	7.	tropezar	13.	venir	19.	pedir
2.	comenzar	8.	preferir	14.	comer	20.	tocar
3.	apagar	9.	servir	15.	llamar	21.	aplaudir
4.	vivir	10.	ser	16.	seguir	22.	abrir
5.	afeitarse	11.	distinguir	17.	ver	23.	quejarse
6.	encender	12.	sonreír	18.	escribir		

B. Más cambios.   Cambia los verbos siguientes al progresivo. Usa la forma correcta del verbo *estar* y el gerundio.

1.	vuelven	6.	llueve	11.	ayudo	16.	empieza
2.	tomas	7.	se acuesta	12.	impides	17.	pongo
3.	hago	8.	sonríes	13.	protejo	18.	me baño
4.	tienen	9.	piensan	14.	leen	19.	se sientan
5.	nos vestimos	10.	miramos	15.	corregimos	20.	juegas

136

C. Decisiones.   Completa las frases siguientes con el gerundio o el infinitivo.

1. Espero que sigan _____ (cantar).
2. No quería continuar sin _____ (saber) más acerca de la situación.
3. _____ (Viajar) es una manera de aprender.
4. El criminal, _____ (gritar) ante la juez, fue expulsado del juzgado.
5. Estábamos _____ (prepararse) cuando nos llamaron con el cambio de fecha.
6. Mi hermano anduvo _____ (comportarse) como si fuera un rey.
7. El profesor no sabía que _____ (enseñar) sería tan riguroso.
8. Te llamaremos antes de _____ (ir).
9. El público, _____ (aplaudir) locamente, no quería salir.
10. ¿Estabas _____ (dormir) cuando llamé?
11. _____ (Fumar) es peligroso para la salud.
12. Al _____ (bajar) del avión, encontraron a sus padres.
13. La enfermera vino _____ (correr) para informarnos del accidente.
14. _____ (Ver) es _____ (creer).
15. Los muchachos, _____ (conducir) por primera vez, visitaron a todos sus amigos del barrio.

D. ¿Qué sucedía...?   Completa las frases siguientes en la forma progresiva con los verbos entre paréntesis.

1. Mientras trabajábamos Luz _____ (seguir / tocar) el piano.
2. Ayer cuando llegamos al río Bernardo _____ (estar / pescar).
3. Al entrar vimos a Julián que _____ (salir / correr).
4. Nos encontramos con Alberto. Él _____ (ir / conversar) con su hermana.
5. Salió a la ventana porque Tomás _____ (venir / gritar).
6. Cuando llegaba visita Raúl _____ (continuar / leer).
7. Desde que salimos hasta que llegamos _____ (estar / nevar).
8. Cuando Roberto trabajaba en esa compañía siempre _____ (llegar / quejarse) a su casa.

E. La observación.   Escribe cinco actividades que tú y las personas a tu alrededor están haciendo en este momento.

F. La gente única.   Escribe el nombre de cinco personas que tú conoces y di lo que ellos hacen que los distinguen de otras personas.

G. Me vuelve loco.   Escribe cinco frases explicando lo que ciertas personas que tú conoces continúan haciendo y que te molestan mucho.

La narración y la descripción en el presente

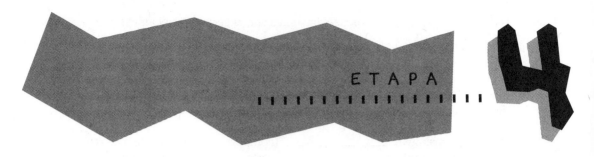

Cómo expresar deseos y obligaciones

El imperativo

The formal command

The formal command (Ud. and Uds.) is formed by adding an *-e* or *-en* to the root of the *-ar* verbs. If the verb ends in *-er* or *-ir,* you add *-a* or *-an.*

caminar	Camine Ud.	No camine Ud.	Caminen Uds.	No caminen Uds.
correr	Corra Ud.	No corra Ud.	Corran Uds.	No corran Uds.
abrir	Abra Ud.	No abra Ud.	Abran Uds.	No abran Uds.

All verbs that are irregular in the first person singular of the present indicative also have an irregular command stem. They keep this irregularity in the command form, but they follow the same pattern of endings as those of regular verbs. Here are some examples:

servir	**Sirva** Ud. el postre.	**No sirva** Ud. los entremeses.
hacer	**Hagan** las maletas.	**No hagan** mucho ruido.
dormir	**Duerma** Ud. en este cuarto	**No duerma** en la sala.
estar	**Esté** Ud. aquí a las dos.	**No esté** enojado conmigo.
conducir	**Conduzcan** despacio.	**No conduzcan** muy rápido.

As you can see, the negative form is expressed by placing *no* in front of the verb. No changes are needed in the verb.

If the command is positive, object pronouns and reflexive pronouns are attached to the verb; if the command is negative, they must be placed before the verb. Remember that if there are two pronouns, a pronoun referring to a person precedes one that refers to a

138

thing; in other words, the indirect object pronoun is always placed in front of the direct object pronoun. Also, *se* always comes first.

Cómpre**selo** allí.	*Buy it there for him / her.*
No **se lo** compre allí.	*Do not buy it there for him.*
Si**é**nte**se** en esa silla.	*Sit down in that chair.*
No **se** siente en esa silla.	*Do not sit in that chair.*

Ejercicios

A. Cambios.   Imagina que estás en el aeropuerto de Bolivia y un hombre de negocios de Inglaterra te pide información para llegar a su hotel. Como él no habla español y quieres estar seguro(a) de que no se pierda, le escribes las instrucciones que él necesita. Usa las frases a continuación para expresar tus ideas.

1. Salir por esa puerta.
2. Buscar un taxi.
3. Dar la dirección al taxista.
4. Pagar la tarifa en el puente.
5. Pagar al taxista.
6. Pedir un recibo al taxista.
7. Dar una propina.

B. De niñero(a).   Los padres de los niños que cuidas van a salir esta noche y te han pedido que cuides a los niños. Usando las frases a continuación, escribe lo que les vas a decir que hagan o no hagan.

no hacer ruido / no molestar / quedarse en su cuarto / jugar con sus juegos electrónicos / no abrir la puerta / no usar el teléfono / no ser impertinentes / no sacar la bicicleta afuera / leer un libro de cuentos / no sentarse en la puerta / no jugar con la televisión / no pedir helado / acostarse temprano / apagar las luces

C. Una receta.   La siguiente receta es para una tarta de espinacas. Complétala con la forma correcta de los verbos entre paréntesis en el mandato.

1. (Hervir) las espinacas.
2. (Picar) las cebollas.
3. (Cocinar) las cebollas en el aceite.
4. (Agregar) la espinaca.
5. (Añadir) sal y pimienta.
6. (Sacar) la mezcla del fuego y (poner) la mezcla en una bandeja para hornear.
7. (Cubrir) la espinaca y las cebollas con queso rallado.
8. (Cocinar) en el horno durante 30 minutos.

Cómo expresar deseos y obligaciones

D. En el avión.   Imagina que estás en un avión y el (la) auxiliar de vuelo les dice a los pasajeros lo que deben o no hacer. Usa las frases a continuación para expresar lo que él o ella dice.

no fumar en los lavatorios / abrocharse los cinturones / no levantarse durante el aterrizaje / prestar atención a las instrucciones de seguridad / apretar el botón si necesitan ayuda / poner el equipaje debajo del asiento

---

The familiar command

With a few exceptions, the affirmative familiar command in Spanish is like the third person singular of the present indicative. You will be able to tell the difference by the context in which you find the verbs, and in spoken language by the inflexion in the voice. Another way to tell them apart is by remembering that if a pronoun is involved, it will always come after the verb if a command is being expressed.

Eduardo **come** constantemente.   *Eduardo eats constantly.*

¡**Come** en la cocina!   *Eat in the kitchen!*

The following are the few exceptions of irregular verbs in the familiar command:

decir:	di	ir:	ve	salir:	sal	tener:	ten
venir:	ven	hacer:	haz	poner:	pon	ser:	sé

The negative is formed with the second person singular (*tú*) of the present subjunctive.

caminar:	no camines	salir:	no salgas
beber:	no bebas	sentarse:	no te sientes

Ejercicios

A. Sugerencias para perder peso.   Un amigo(a) te escribe diciéndote que quiere perder peso. Usando las frases a continuación escríbele explicando lo que él o ella debe hacer. Incluye otras sugerencias, no te limites a éstas solamente. En algunas de estas frases tendrás que usar la forma negativa del mandato.

ponerse a dieta / comer entre comidas / comer más vegetales / hacer ejercicios / ir a un gimnasio / tener cuidado con los postres / caminar a todas partes / echar mucho azúcar al café / comprar chocolates

B. Según la estación.   Usa las siguientes frases para expresar lo que una persona debe hacer o no en la diferentes estaciones del año.

Ejemplo: ponerse un suéter
En el verano no te pongas un suéter; hace mucho calor.

o

En el invierno ponte un suéter; hace frío.

ponerse el abrigo / ponerse un traje de baño / jugar en el parque / ir a esquiar / llevar sandalias / llevar guantes de lana / salir a la calle sin gorro / usar crema bronceadora / usar el aire acondicionado / abrir las ventanas / apagar la calefacción

C. Cambios.
Usa las siguientes frases para expresar mandatos. Trata de sustituir los complementos del verbo con pronombres. Recuerda que si usas un verbo reflexivo y el mandato es afirmativo, los pronombres van unidos al verbo y si son negativos los pronombres van delante del verbo.

ponerse el sombrero / sentarse en la silla / contar el cuento a Carlota / hacer los mandados / acordarse del libro / bañarse antes de acostarse / peinarse antes de salir / invitar a los chicos a la fiesta / ser paciente con tus hermanos / tener cuidado al cruzar la calle / enviar una tarjeta a ellos / comprar un disco para mí

D. Complaciendo a los padres.
Usa las frases a continuación para expresar con mandatos lo que una persona debe hacer para que los padres estén contentos.

limpiar el cuarto / llegar a tu casa temprano / sacar buenas notas / ayudar con los quehaceres / no perder tus libros / recordar lo que les gusta / no mentir / no reírse de otras personas / incluir a tus padres en tus decisiones / contribuir con los trabajos / escoger bien a los amigos / recoger la ropa en tu cuarto

E. Sugerencias.
Uno(a) de tus compañeros está un poco nervioso porque tiene que tomar un examen muy importante. Usando las frases a continuación escribe algunas sugerencias que le ayudarán a salir bien. Usa el imperativo.

empezar a estudiar varios días antes / acostarse temprano la noche anterior / no ponerse nervioso(a) / hacer una lista de todos los temas que tiene que estudiar / repasar los apuntes / llegar a tiempo / traer suficientes lápices y bolígrafos / leer las instrucciones con cuidado / adivinar las respuestas cuando no sepa / no beber café

Otras formas del imperativo

The "nosotros" command

The *nosotros* command, or exhortative form, derives from the *nosotros* form of the subjunctive. If it is negative, no changes are needed—just place *no* in front of the verb. This form is the equivalent of the English expression *Let's*.

Caminemos por la playa.	*Let's walk on the beach.*
No caminemos por la playa.	*Let's not walk on the beach.*
Sentémonos aquí.	*Let's sit here.*
No nos sentemos aquí.	*Let's not sit here.*

Note that if the reflexive pronoun is needed, the *-s* is omitted from the ending *-mos*.

Another alternative to this form is using *Vamos* + *a* + infinitive.

Vamos a caminar por la playa.	*Let's walk on the beach.*
Vamos a sentarnos aquí.	*Let's sit here.*

∎ ∎ ∎

The "vosotros" command form

The *vosotros* command is formed by replacing the final *-r* of the infinitive with *-d*. If the reflexive pronoun is needed, the *d* is omitted.

Tocad antes de entrar.	*Knock before entering.*
Corred en el patio.	*Run on the patio.*
Sentaos a la mesa.	*Sit at the table.*
Peinaos en el cuarto de baño.	*Comb your hair in the bathroom.*

The only exception to this rule is the verb *ir,* whose vosotros command forms are *id* and, when it is reflexive, *idos.*

The negative is formed with the second person plural of the present subjunctive.

No habléis en clase.	*Do not speak in class.*
No salgáis con esos chicos.	*Do not go out with those boys.*
No corráis por los pasillos.	*Do not run in the halls.*
No os bañéis ahora.	*Do not bathe now.*
No vayáis al cine esta noche.	*Do not go to the movies tonight.*

Note that the *vosotros* form is used primarily in Spain. In the rest of the Spanish-speaking world, the *ustedes* form is used.

∎ ∎ ∎

The indirect command

The other form of the command is the indirect command. The indirect command is formed by *que* + the third person subjunctive.

¡**Que viva** el rey!	*May the king live (long)!*
¡**Que** te **vaya** bien!	*May you have a good trip!*

142

Ejercicios

A. Una merienda. Tú y tus compañeros están planeando ir a una merienda en el parque. ¿Qué deben llevar tú y tus compañeros? Usando las frases a continuación, escribe lo que necesitan llevar. Usa *nosotros* como sujeto y escribe dos maneras diferentes de expresar las ideas.

> *Ejemplo:* salir temprano
> *¡Salgamos temprano!*
> *¡Vamos a salir temprano!*

llevar esta cesta / preparar una ensalada de papas / comprar pollo frito / no olvidar los cubiertos (*silverware*) / traer servilletas / preparar una limonada / hacer bocadillos

El subjuntivo

Regular verbs

The present subjunctive forms are very easy to remember. The endings of the *-ar* verbs are the same as the endings of the *-er* and *-ir* verbs in the present indicative; the endings of the *-er* and *-ir* verbs are the same as the endings of the present indicative of the *-ar* verbs. The only exception is the first person singular.

The present subjunctive is formed in the following manner:

1. Start with the *yo* form of the present indicative.
2. Drop the *o.*
3. Add the endings as indicated in this section.

caminar		correr		recibir	
camine	caminemos	corra	corramos	reciba	recibamos
camines	caminéis	corras	corráis	recibas	recibáis
camine	caminen	corra	corran	reciba	reciban

Ejercicios

A. Cambios. Cambia las siguientes oraciones según el verbo entre paréntesis.

1. Espero que tú (hablar / correr / comer) con él.
2. Queremos que Uds. (vender / lavar / regresar) con nosotros.
3. Me sugiere que yo (limpiar / abrir / romper) la ventana.
4. ¿Por qué desean que nosotros (estudiar / trabajar / leer) tanto?

B. Una excursión. Los estudiantes de tu escuela quieren hacer una pequeña excursión a un parque de atracciones cerca de tu ciudad. Usando las frases a continuación expresa lo que necesitan hacer.

1. Es necesario / nosotros / llamar a la compañía de autobuses
2. Es importante / tú / preparar la carta a los padres
3. Es imprescindible / nosotros / reunir todo el dinero antes del martes
4. Conviene / nosotros / llevar suficiente dinero
5. Más vale / Uds. / repartir anuncios por toda la escuela
6. Conviene / nosotros / regresar antes de que oscurezca
7. Es mejor / tú / confirmar todo con el director
8. Importa / yo / asistir a la reunión del consejo estudiantil

C. Un(a) amigo(a) tiene un resfriado. ¿Qué sugerencias le darías? Conjuga los verbos entre paréntesis para expresar tus ideas.

1. Te aconsejo que tú (guardar) cama.
2. Te recomiendo que (beber) mucho líquido.
3. Haz que tu madre te (tomar) la temperatura.
4. Te sugiero que no (bañarse) con agua fría.
5. Insisto en que no (correr) por unos días.
6. Te suplico que (llamarme) si me necesitas.
7. Ojalá que (mejorarse).

█ ▪ █

Irregular verbs

Verbs that in the *yo* form of the present indicative do not end in *-o* are irregular in the present subjunctive.

dar:	dé, des, dé, demos, deis, den
ir:	vaya, vayas, vaya, vayamos, vayáis, vayan
estar:	esté, estés, esté, estemos, estéis, estén
haber:	haya, hayas, haya, hayamos, hayáis, hayan
ser:	sea, seas, sea, seamos, seáis, sean
saber:	sepa, sepas, sepa, sepamos, sepáis, sepan

Verbs that have an irregular stem in the first person indicative (*yo*) are irregular in the present subjunctive.

hacer :	haga, hagas, haga, hagamos, hagáis, hagan
producir:	produzca, produzcas, produzca, produzcamos, produzcáis, produzcan
caber:	quepa, quepas, quepa, quepamos, quepáis, quepan
caer:	caiga, caigas, caiga, caigamos, caigáis, caigan
poner:	ponga, pongas, ponga, pongamos, pongáis, pongan
conducir:	conduzca, conduzcas, conduzca, conduzcamos, caonduzcáis, conduzcan
tener:	tenga, tengas, tenga, tengamos, tengáis, tengan

█ ▪ █

Ejercicios

A. Combinaciones.
Escribe oraciones completas usando la información a continuación.

1.	yo	exigir que	yo	saber la lección de memoria
2.	mis amigos	permitir que	mis amigos	hacer los planes cuidadosamente
3.	tú	preferir que	mi padre	ser más disciplinado(a)
4.	mi padre	obligar que		estar en casa temprano
5.	nosotros	desear que		venir a cenar con ellos
		prohibir que		ir a ese restaurante
		impedir que		conducir con mucho cuidado
		hacer que		tener más paciencia
				ver más programas educativos
				conocer la ciudad bien
				dar las gracias siempre

B. Conexiones.
¿Sabes escribir el subjuntivo de la primera persona singular (yo) de los siguientes verbos? Recuerda que el presente indicativo de la primera persona de estos verbos es irregular.

1.	oír	6.	construir	11.	valer
2.	ofrecer	7.	disponer	12.	traer
3.	traducir	8.	obtener	13.	convenir
4.	bendecir	9.	distraer	14.	posponer
5.	deshacer	10.	entretener	15.	atraer

C. Frases incompletas.
Completa las siguientes frases para expresar ideas completas.

1. yo / exigir / ellos / estar aquí hasta las cinco
2. mis padres / recomendar / yo / dar las gracias siempre
3. nosotros / sugerir / él / ir a visitar varias universidades
4. ser necesario / tú / haber terminado el informe para el lunes
5. más vale / nosotros / ser más insistentes
6. ser una lástima / ella / no saber que su novio ya no la quiere
7. tú / ordenar / ellos / ir a todas las reuniones
8. ellos / querer / yo estar de acuerdo
9. convenir / Ud. / dar más dinero a las organizaciones benéficas
10. tú / no dejar / nosotros / ir a la cafetería sin ti

Stem-changing verbs

Verbs that end in -*ar* and -*er* and are stem-changing in the present indicative follow the same stem-changing pattern in the present subjunctive.

Verbs that end in -*ar* or -*er*:

pensar (ie):	p**ie**nse, p**ie**nses, p**ie**nse, pensemos, penséis, p**ie**nsen
querer (ie):	qu**ie**ra, qu**ie**ras, qu**ie**ra, queramos, queráis, qu**ie**ran
encontrar (ue):	enc**ue**ntre, enc**ue**ntres, enc**ue**ntre, encontremos, encontréis, enc**ue**ntren

Stem-changing verbs that end in -*ir* follow whatever changes occur in the present indicative, but they require an additional change in the *nosotros* and *vosotros* forms in the present subjunctive.

Verbs that end in -*ir*:

preferir (ie):	pref**ie**ra, pref**ie**ras, pref**ie**ra, pref**i**ramos, pref**i**ráis, pref**ie**ran
dormir (ue):	d**ue**rma, d**ue**rmas, d**ue**rma, d**u**rmamos, d**u**rmáis, d**ue**rman
servir (i):	s**i**rva, s**i**rvas, s**i**rva, s**i**rvamos, s**i**rváis, s**i**rvan

Notice what happens to *servir,* because this will happen to all stem-changing -*ir* verbs whose stem changes from *e* to *i.*

Ejercicios

A. Cambios.   Cambia las siguientes frases según el sujeto entre paréntesis.

1. Espero que *tú* no pienses mal de mí. (él / Susana / ellos / Ud.)
2. Prohiben que *él* encienda el horno. (nosotros / Ud. / yo / tú)
3. Insistimos que *Ud.* almuerce con nosotros. (tú / ellos / ella / Uds.)
4. Más vale que *Uds.* resuelvan el mal entendimiento. (yo / nosotros / ellos / tú)
5. Ruego que *Uds.* no se rían de él. (ellos / tú / Ud. / Carmen y Rosa)

B. Frases incompletas.   Usa las siguientes frases para expresar ideas completas.

1. ser importante	Carlos	sentirse feliz
2. ser menester	yo	devolver la ropa a la tienda
3. basta	nosotros	perder el partido
4. ser preciso	ellas	jugar en el auditorio
5. ser una lástima	tú	mentir a los amigos
		despedirse antes de salir
		atravesar la calle
		defender los principios
		recordar los mandados

146

Verbs with spelling changes

Verbs that end in . . .	change as follows . . .	
-gar	g → gu	lle**gu**e, lle**gu**es, etc.
-car	c → qu	sa**qu**e, sa**qu**es, etc.
-zar	z → c	abra**c**e, abra**c**es, etc.
-guar	gu → gü	averi**gü**e, averi**gü**es, etc.
-ger	g → j	esco**j**a, esco**j**as, etc.
-gir	g → j	diri**j**a, diri**j**as, etc.
-guir	gu → g	consi**g**a, consi**g**as, etc.
vowel + –cer	c → zc	cono**zc**a, cono**zc**as, etc.
consonant +cer	c→z	conven**z**a, conven**z**as, etc.

Ejercicios

A. Cambios.   Cambia las siguientes frases según el sujeto entre paréntesis.

1. Desea que *nosotros* extingamos el fuego. (yo / Uds. / ella / tú)
2. Basta que *yo* entregue los artículos al editor. (nosotros / ellas / tú / Ud.)
3. Pide que *tú* escojas la discoteca que *te* guste. (nosotros / Uds. / yo / ella)
4. Es preciso que *él* empiece ahora. (yo / nosotros / Uds. / tú)
5. Sugieren que *tú* convenzas a *tus* padres. (él / yo / nosotros / Uds.)
6. Ojalá que *Uds.* averigüen lo que pasó. (tú / la policía / nosotros / Ud.)

B. Respuestas.   Lee la información a continuación y luego expresa las ideas en frases completas.

Ejemplo: Hace mucho calor. Yo / esperar / haber aire acondicionado
         Yo espero que haya aire acondicionado.

1. Hay muchas cucarachas en este barrio. Mi mamá / querer / yo / sacar la basura
2. Hubo un accidente en la esquina. Ellos / esperar / la policía / investigar
3. A mi papá le encanta la ensalada. Él / desear / nosotros / escoger buenas lechugas
4. Mañana tenemos un examen importante. El profesor / prohibir / nosotros / llegar tarde
5. Ese restaurante es muy caro. El guía / sugerir / nosotros / almorzar allí
6. Parece que estamos perdidos. Yo / recomendar / nosotros / seguir por esta calle
7. Ese libro no contiene la información que buscamos. El bibliotecario / aconsejar / Ud. / buscar otro
8. En esa película el ejército lucha contra los rebeldes. Ojalá / ellos / vencer a los rebeldes
9. Mi tía tiene muchas figuras de cristal en la sala. Ella / pedir / nosotros / jugar en el patio
10. La semana que viene habrá un concierto. Nosotros / preferir / Uds. / practicar más
11. Eloísa se va de vacaciones. Ella / insistir en / yo / abrazar
12. La familia Escobar ha planeado un viaje a la playa para mañana. Ellos / esperar / no llover

Cómo expresar deseos y obligaciones

The present perfect subjunctive

The present perfect subjunctive is used to express what has happened or will have happened in constructions that require the subjunctive. It is composed of the present subjunctive forms of *haber* plus the past participle.

haya		hayamos	
hayas	+ tomado, vendido, salido	hayáis	+ tomado, vendido, salido
haya		hayan	

Es posible que ya se **hayan marchado.**	*It's possible that they have already left.*
Dudo que lo **hayan escrito** para mañana.	*I doubt that they will have written it by tomorrow.*

Ejercicios

A. La salud.
Completa las siguientes frases con la forma correcta de los verbos en el presente perfecto del subjuntivo.

1. Espero que ella _____ (visitar) a la médica.
2. ¿Te alegras de que nosotros _____ (venir) a esta clínica?
3. Temen que él no _____ (mejorarse).
4. Es lástima que tú no _____ (poder) hacer más ejercicio.
5. No creemos que nuestro tío _____ (dejar) de fumar.
6. Es probable que el niño _____ (romperse) una pierna.
7. Es posible que yo _____ (terminar) mi terapia física para entonces.
8. ¿Crees que Elena _____ (recuperarse) suficientemente para hacer camping con nosotros?

B. Mis padres.
Lee la siguiente selección y complétala con la forma correcta de los verbos entre paréntesis.

Realmente tengo buenos padres. Auque me prohíben que _____ (hacer–yo) muchas cosas; sé que lo _____ (hacer) por mi bien. Por ejemplo, siempre exigen que mis amigos _____ (venir) a buscarme a mi casa cuando _____ (tener–yo) una cita. No dejan que yo _____ (regresar) demasiado tarde y prefieren que yo no _____ (ir) a muchas fiestas. En cambio, ellos le dan más libertad a mi hermana. Nunca le han impedido que _____ (quedarse–ella) fuera hasta las altas horas de la noche. Es evidente que como ella _____ (cumplir) dieciocho años el mes próximo, parece más madura que yo. Con todo y eso, _____ (llevarse–nosotros) muy bien. Ella me aconseja que _____ (esperar–yo) unos años más y así podré tener toda la libertad que _____ (querer–yo).

Etapa 4

C. Ayudando a otros.
Germán tiene problemas porque siempre anda ayudando a otras personas sin pensar en sí mismo. En esta selección Germán le acaba de decir a Amelia que le ha prestado un libro a Marcos y éste no se lo ha devuelto. Amelia le da consejos. Lee la siguiente selección del diálogo entre él y Amelia y complétala con la forma correcta de los verbos entre paréntesis.

—Haz que te _____ (devolver–él) el libro.

—Se lo he pedido varias veces pero no me lo _____ (haber) devuelto.

—Mira, te sugiero que la próxima vez le pidas que te lo _____ (devolver) una semana antes de que lo necesites, así no _____ (tener) problemas.

—Ojalá que _____ (poder–yo) seguir tu consejo. Sabes cómo _____ (ser–yo), nunca _____ (decir) lo que tengo que decir.

—Pues, ha llegado la hora de _____ (ponerse) fuerte.

—A propósito, ¿has visto a Julián? Es importante que yo lo _____ (ver) hoy pues quiere que lo _____ (ayudar–yo) con su informe.

—Ay, ¡otra vez! Oye, empieza a _____ (pensar) en ti y _____ (ayudar) a los otros sólo cuando _____ (estar) segura que _____ (ir) a tener tiempo para tus asuntos.

D. Excusas.
Lee la siguiente selección y complétala con la forma correcta de los verbos entre paréntesis.

—Oye, apúrate, el profesor insiste en que _____ (llegar–nosotros) a clase a tiempo.

—No te preocupes. Siempre tengo una buena excusa... o que mis padres me obligan a que _____ (hacer–yo) la cama antes de salir o que _____ (tener) que darle de comer al perro...

—¿Estás segura que te _____ (ir) a creer?

—Por supuesto. Y si llegamos tarde, ¿qué _____ (poder) pasar?

—Últimamente el profesor no permite que los que _____ (llegar) tarde _____ (entrar) en la clase.

—Bueno en ese caso, más vale que tomemos un taxi. Es obvio que no _____ (poder) usar ninguna de mis excusas.

E. Comprensión entre amigos.
Lee la siguiente selección y complétala con la forma correcta de los verbos entre paréntesis.

—Basta que le _____ (decir–tú) la verdad a Leonardo. Él _____ (ser) muy comprensivo.

—No dudo que lo _____ (ser–él). Pero siempre me ha pedido que no _____ (discutir–yo) nuestros problemas con otras personas.

—Si le explicas que estabas muy enojada y que necesitabas hablar con alguien, él
_____ (comprender).

—_____ (Tener–tú) razón. Es mejor que él _____ (oír) lo que pasó de mi
boca y no de otra persona.

—Claro. Y no _____ (olvidarse–tú) de decirle que _____ (ser–nosotros)
muy buenas amigas desde mucho tiempo.

—Ahí viene Leonardo. Espero que todo _____ (arreglarse).

—Buena suerte.

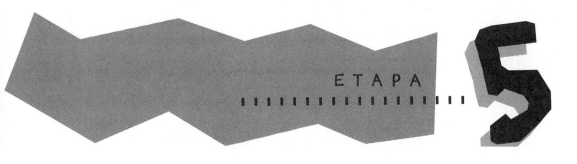

ETAPA **5**

(Unidad 5)

La narración y la descripción en el futuro Cómo expresar emociones, dudas y negación

El futuro

The future

The future in Spanish is formed with the entire infinitive and the following endings to **all** verbs:

-é	-emos
-ás	-éis
-á	-án

These endings are also added to the irregular stems of the following verbs:

caber:	cabr-	poder:	podr-	salir:	saldr-
decir:	dir-	poner:	pondr-	tener:	tendr-
haber:	habr-	querer:	querr-	valer:	valdr-
hacer:	har-	saber:	sabr-	venir:	vendr-

Ejercicios

A. Cambios. Cambia las siguientes frases según el sujeto entre paréntesis.

1. *Yo* no se lo diré a nadie. (ellos / nosotros / tú / Eduardo)
2. *Josefina* dará la presentación. (nosotros / él / ellas / yo)
3. *Carlota* no podrá venir con nosotros. (tú / Uds. / ella / Ud.)
4. ¿Cuánto valdrán *esos libros?* (esas camisas / esa mesa /el lapicero)
5. *El tren* llegará temprano. (yo / nosotros / Uds. / Teresa y Clara)
6. *Nosotros* asistiremos a la conferencia. (ella / yo / tú / ellos)
7. ¿Cuándo sabrán *Uds.* los resultados? (tú / yo / nosotros / ella)
8. *Nosotros* no iremos a menos que haya tiempo suficiente. (él / yo / nosotros / ellas)
9. Algún día *él* hará esa expedición. (yo / nosotros / tú / ellos)
10. *Yo* me quejaré si el aparato no funciona. (tú / ellos / nosotros / él)

B. Suposiciones. Completa las siguientes frases de conjetura o suposición.

1. Es el teléfono. ¿Quién _____ (llamar) a esta hora de la noche?
2. Pablo no está en clase hoy. ¿_____ (Estar) enfermo?
3. Nos faltan muchas respuestas. ¿Cuántos _____ (venir) a la reunión?
4. Ya es tarde. Ellos no _____ (tener) entradas.
5. Es una elección importante. ¿_____ (Haber) muchos candidatos para el puesto?
6. Hace horas que trabajamos y no tengo reloj. ¿Qué hora _____ (ser)?

C. Conclusiones. A las siguientes frases les hace falta una conclusión. Expresa lo que harán las siguientes personas en estas situaciones.

1. La hermana de Gerardo rompió su videocasetera. Es necesario comprar una nueva. Si cuesta mucho, _____.

   yo no lo comprar / mis padres usar la tarjeta de crédito / ellos buscar otro modelo / ella componer su modelo viejo

2. Uds. tienen planeadas varias actividades para el fin de semana. Si llueve,

   _____.

   nosotros no jugar / yo ir al cine / tú quedarse en casa / los niños hacer la tarea

3. Estás de vacaciones y quieres visitar varios lugares antes de regresar a casa, pero hoy es el último día que vas a pasar en México. Si hay tiempo, _____.

   mis padres querer visitar las ruinas / nosotros ir al Museo de Antropología / Uds. poder visitar Teotihuacan / mi amigo Pablo correr por el Zócalo

4. Un grupo de estudiantes quiere empezar un programa de ayuda para las personas que necesitan vivienda. Si los estudiantes no pueden ayudar, _____.

   nosotros llamar a otros / Ud. tener que encontrar otra solución / no valer la pena empezar el proyecto / ser mucho más difícil

152

The future perfect

The future perfect tense is used to express what will have happened by a certain date or time. It is composed of the future forms of *haber* plus the past participle.

habré
habrás + tomado, vendido, salido
habrá

habremos
habréis + tomado, vendido, salido
habrán

Habremos terminado el trabajo para entonces.

We will have finished the work by then.

Habrán empezado para el anochecer.

They will have started by nightfall.

It is also used to express probability in the past.

¿Ya **habrán salido?**

I wonder if they have already left.

Habrás leído la lista equivocada.

You probably read the wrong list.

Ejercicios

A. Para entonces. Escribe frases completas expresando lo que tú y las siguientes personas habrán hecho para cierta fecha.

1. yo / para mañana
2. mis amigos y yo / para el año 2025
3. mis padres / para el fin del año
4. mi hermano(a) / para la semana próxima
5. mi escuela
6. el Presidente de los Estados Unidos
7. los políticos

B. Posibles explicaciones. Expresa la razón por la cual las siguientes situaciones probablemente ocurrieron.

Ejemplo: Estuvo muy cansado.
No habrá dormido bien anoche.

1. No llegamos a tiempo.
2. No se encontró con sus amigos.
3. Comenzaron con dos horas de retraso.
4. No habló con su abuelo.
5. Se marcharon sin despedirse.
6. No viste a tus padres.
7. Dejaron sus maletas.

La narración y la descripción en el futuro

Más práctica del subjuntivo

A. Conjunciones.
Combina las frases siguientes usando las conjunciones entre paréntesis.

Ejemplo: Yo prepararé la cena. Mis parientes vienen. (en caso de que)
Yo prepararé las cena en caso de que mis parientes vengan.

1. Te voy a prestar el libro. Lo necesitas. (cuando)
2. Cómete el sándwich. El profesor regresa. (antes de que)
3. Pasa por mi casa. Tú terminas el examen. (después de que)
4. Visitaré Barcelona. Tengo dinero. (tan pronto como)
5. Me pondré las botas. Llueve. (luego que)
6. No te molestaré. Tú estás con tus amigos. (mientras)
7. Siéntate aquí. Puedes ver mejor. (de modo que)
8. Te llamaré. Yo llego a mi casa. (en cuanto)
9. Quédate en la esquina. Nosotros regresamos. (hasta que)
10. La saludaré. La veo. (cada vez que)

B. Respuestas.
Completa las siguientes respuestas depués de leer las preguntas.

1. ¿Le darás la carta a Javier? Sí, se la daré a menos que él...
2. ¿Saldrás de la escuela temprano? Sí, saldré sin que el director...
3. ¿Van a buscar Uds. a Teresa? Sí, la buscamos a fin de que...
4. ¿Vas a recoger la ropa en la tintorería? Sí, la voy a recoger antes de que ella...
5. ¿Por qué vas a acompañarlos? Voy a acompañarlos para que ellos...
6. ¿Te darán el préstamo? Claro, con tal de que yo...
7. ¿Vas a poner un anuncio en el periódico? Sí, lo voy a poner a no ser que tú...
8. ¿Por qué cierras las ventanas? Las cierro en caso de que...
9. ¿Dónde pondrás los juguetes? En el armario, sin que mi hermanito...
10. ¿Por qué me dan las llaves? Te las damos a condición de que tú...

C. ¿Indicativo o subjuntivo?
Conjuga los verbos entre paréntesis. Ten mucho cuidado con el contexto pues tendrás que escoger entre el indicativo o el subjuntivo.

1. Cuando yo _____ (salir) con él, él siempre paga por todo.
2. ¿Dudas que ellos no _____ (querer) dormir en ese hotel?
3. Niega que nosotros _____ (haber) estado presentes.
4. Aquí está la cuchara para que él _____ (servir) el postre.
5. Sabía que yo estaba enfermo, así que ella _____ (venir) a verme.
6. Temen que yo _____ (preferir) quedarme en Bolivia.
7. Llámeme en cuanto Ud. _____ (salir) de la reunión.
8. Es obvio que Uds. no _____ (enterarse) hasta hoy.
9. Te diré lo que pasó luego que me _____ (decir) por qué te interesa tanto.
10. Les sorprende que nosotros _____ (dormir) en el piso.

154

11. Siento que tus padres no _____ (ser) más pacientes contigo.

12. Se ha alegrado de que tú _____ (haber) llamado.

13. Terminé la tarea mientras yo _____ (mirar) la televisión.

14. ¿Por qué no me llamas mientras _____ (estar–tú) en la oficina?

15. Los esperaré en la puerta hasta que Uds. _____ (regresar).

D. Situaciones. Lee las siguientes selecciones y complétalas con la forma correcta del verbo entre paréntesis.

1. —Por favor, llámame en cuanto _____ (llegar–tú)
   —Pero Daniel, es posible que no _____ (conseguir–yo) un taxi inmediatamente.
   —No importa. Dudo que _____ (estar–yo) dormido a esa hora.
   —Bueno, también puede ser que el avión _____ (llegar) retrasado.
   —No _____ (preocuparse–tú). Esperaré tu llamada.
   —¿Tienes miedo de que me _____ (ir) a olvidar de ti en sólo unas horas?
   —No, no es eso. Querer _____ (estar) seguro que llegaste bien.

2. —¿No crees que _____ (haber) demasiados paquetes en ese carrito?
   —No. Es muy fuerte. Además es preferible que _____ (entregar–nosotros) todos esta tarde.
   —Está bien. Te ayudaré con tal de que _____ (ir–nosotros) a cenar después de que _____ (terminar–nosotros).
   —De acuerdo. Iremos una vez que _____ (limpiar–yo) la oficina.
   —Parece mentira que te _____ (pagar–ellos) tan poco. Tú haces más de lo que _____ (deber).

3. —¿Sabes lo que _____ (andar–ellos) diciendo de Olga?
   —Sí. Dicen que ahora no _____ (querer–ella) ir a la universidad.
   —Parece que _____ (querer–ella) viajar por un año antes de seguir sus estudios.
   —Es triste que ella _____ (perder) un año sin _____ (estudiar); a no ser que _____ (cambiar–ella) sus planes y _____ (decidir–ella) quedarse aquí.
   —¿Por qué no vamos a visitarla en caso de que _____ (necesitar–ella) un poco de apoyo?
   —Tienes razón. Vamos antes de que _____ (regresar) sus padres del trabajo. Así podemos hablar con más libertad.

4. —Oye, vamos a salir antes de que nos _____ (ver) Paquito.
   —¿Es que no quieres que _____ (venir–él) con nosotros?
   —Claro. Siempre que _____ (salir–yo), quiere ir conmigo y aunque es mi hermanito yo _____ (necesitar) estar con mis amigos de vez en cuando.
   —¿Por qué no llamas al hijo de tu vecina para que _____ (jugar–él) con él?
   —Ay no. Temo que los dos _____ (empezar) a desbaratar (*to destroy*) la casa. Ese chico revuelve todo cada vez que _____ (venir–él) aquí.

—En ese caso, invítalo a condición de que _____ (entretenerse–ellos) jugando en el patio.

—Buena idea. Vale la pena que yo _____ (tratar) de resolver este problema de alguna manera.

5. —Es escandaloso que no _____ (haber–tú) venido a visitarme en una semana.

—Es que no _____ (ir–yo) a venir sin que tú me _____ (llamar).

—Lo siento, pero pensé que habíamos quedado en que tú vendrías el martes pasado.

—Claro, pero también hemos decidido que yo no _____ (venir) a menos que tú me _____ (llamar) para decirme cuándo vas a estar en casa.

—Bueno, ya estás aquí, así que _____ (tratar–nosotros) de divertirnos.

F. Una carta corta. Completa la siguiente carta con la forma correcta de los verbos entre paréntesis.

Querido Mario,

Acabo de recibir tu carta. Me sorprende que la señora Mercado no _____ (estar) esperándote en el aeropuerto. Estoy segura de que ella _____ (tener) una buena excusa. Tan pronto como _____ (recibir) mi paquete dale el regalo a ella, a menos que _____ (pensar–tú) que es mejor esperar hasta el día de su cumpleaños. Siento que nosotros no _____ (poder) estar allí con ella. Tu padre _____ (tener) mucho trabajo y yo temo que no _____ (ir) a terminar el informe que está escribiendo. Me alegra que tú _____ (estar) en esa casa donde te _____ (ir) a tratar muy bien. Puedes quedarte allí hasta que tus primos _____ (llegar). Ellos regresan el 21 de este mes, así que haz todo lo posible por divertirte, a no ser que _____ (tener) demasiado trabajo, aunque dudo que _____ (ir) a tener demasiado trabajo. Te envío este dinero a fin de que _____ (visitar) algunos lugares de interés. En caso de que te _____ (hacer) falta más, llámame y te enviaré más. Te lo enviaré sin que tú padre lo _____ (saber) pues de vez en cuando se pone furioso porque piensa que tú _____ (deber) estar trabajando.

Un fuerte abrazo,

Tata

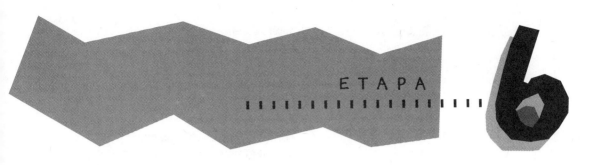

ETAPA 6

(Unidad 6)

La narración y la descripción más detallada en el pasado

El pasado

The Imperfect Subjunctive

The imperfect subjunctive forms are very easy to remember if you know the preterite forms. From the third person plural (*ellos*) of the preterite, drop the *-ron* and add the following endings:

-ra	-´ramos		-se	-´semos
-ras	-rais	**or**	-ses	-seis
-ra	-ran		-se	-sen

In most cases, the *-ra* or *-se* endings are interchangeable, but the *-se* ending is not used as frequently as the *-ra* ending. You should familiarize yourself with it, as you will probably encounter it in literary texts.

Infinitive	**Preterite**	**Imperfect Subjunctive**
caminar	caminaron	caminara, caminaras, caminara, camináramos, caminarais, caminaran

or

caminase, caminases, caminase, caminásemos, caminaseis, caminasen

157

beber	bebieron	bebiera, bebieras, bebiera, bebiéramos, bebierais, bebieran
asistir	asistieron	asistiera, asistieras, asistiera, asistiéramos, asistierais, asistieran
ir	fueron	fuera, fueras, fuera, fuéramos, fuerais, fueran
dormir	durmieron	durmiera, durmieras, durmiera durmiéramos, durmierais, durmieran
creer	creyeron	creyera, creyeras, creyera creyéramos, creyerais, creyeran

The following are the more common irregular preterites:

andar:	anduvieron	poder:	pudieron
caber:	cupieron	poner:	pusieron
dar:	dieron	querer:	quisieron
decir:	dijeron	saber:	supieron
estar:	estuvieron	ser:	fueron
haber:	hubieron	tener:	tuvieron
hacer:	hicieron	traer:	trajeron
ir:	fueron	venir:	vinieron

Ejercicios

A. Frases incompletas.   Completa las siguientes frases.

1. Es importante que no hable nadie.
   Fue importante que no _____ nadie.

2. Esperan que todos asistan.
   Esperaban que todos _____.

3. No hay nada que nos interese.
   No había nada que nos _____.

4. No creemos que ellos lleguen a tiempo.
   No creíamos que ellos _____ a tiempo.

5. Mi tía busca un apartamento que esté cerca de su oficina.
   Mi tía buscaba un apartamento que _____ cerca de su oficina.

6. Temo que no haya suficiente tiempo para acabarlo hoy.
   Temía que no _____ suficiente tiempo para acabarlo hoy.

7. Los obreros les piden a los dueños que aumenten su sueldo.
   Los obreros les pidieron a los dueños que _____ su sueldo.

8. Lo leo en voz alta para que todo el mundo me comprenda bien.
   Lo leí en voz alta para que todo el mundo me _____ bien.

B. Más frases incompletas.
Completa las frases siguientes con la forma apropiada del imperfecto de subjuntivo.

1. Si yo _____ (ser) presidente, no tendríamos tantos problemas.
2. Si no _____ (hacer) tanto frío, los niños podrían salir a jugar.
3. Si nosotros _____ (decir) eso, los jefes nos despedirían.
4. Si tú _____ (trabajar) allí, gozarías de más beneficios.
5. Si Uds. _____ (asistir) a más clases, saldrían mejor en sus evaluaciones.

C. Para completar...
Completa las frases siguientes con la forma apropiada del imperfecto de subjuntivo.

1. Me trataban como si yo no _____ (comprender) nada de lo que decían.
2. Hablaban como si nosotros les _____ (conocer).
3. Siguieron gritando como si eso _____ (ayudar) a mejorar la situación.
4. Él te miraba como si tú _____ (poder) darle el dinero.
5. Ella les preguntaba como si ellos _____ (saber) la respuesta.

D. La salud de los enfermos.
La siguiente selección proviene del cuento corto *La salud de los enfermos*, escrito por Julio Cortázar. Lee la selección y luego complétala con la forma correcta del verbo entre paréntesis. Los verbos con un asterisco necesitan el pluscuamperfecto, los otros verbos deben estar en el pretérito, imperfecto o imperfecto del subjuntivo.

Mamá leyó sin hacer comentarios la respuesta evasiva de Alejandro, que trataría de conseguir vacaciones apenas _____ (entregar) el primer sector instalado de la fábrica. Cuando esa tarde _____ (llegar) María Laura, le _____ (pedir) que _____ (interceder) para que Alejandro _____ (venir) aunque no _____ (ser) más que una semana a Buenos Aires. María Laura le dijo después a Rosa que mamá se lo _____ (pedir)* en el único momento en que nadie más _____ (poder) escucharla. Tío Roque fue el primero en sugerir lo que todos _____ (pensar)* ya tantas veces sin _____ (animarse) a decirlo por lo claro, y cuando mamá le dictó a Rosa otra carta para Alejandro, insistiendo en que _____ (venir), se decidió que no _____ (quedar) más remedio que hacer la tentativa y ver si mamá estaba en condiciones de _____ (recibir) una primera noticia desagradable. Carlos consultó al doctor Bonifaz, que _____ (aconsejar) prudencia y unas gotas. _____ (Dejar—ellos) pasar el tiempo necesario, y una tarde tío Roque _____ (venir) a sentarse a los pies de la cama de mamá, mientras Rosa _____ (cebar)ᴵ un mate y _____ (mirar) por la ventana del balcón, al lado de la cómoda de los remedios...

ᴵ*cebar:* to prepare

La narración y la descripción más detallada en el pasado

El condicional

The Conditional

The conditional in Spanish is formed with the **entire infinitive** and the following endings to **all** verbs:

-ía	-íamos
-ías	-íais
-ía	-ían

These endings are also added to the irregular stems. (*Note:* These are the same irregulars as in the future tense.)

caber:	cabr-	querer:	querr-
decir:	dir-	saber:	sabr-
haber:	habr-	salir:	saldr-
hacer:	har-	tener:	tendr-
poder:	podr-	valer:	valdr-
poner:	pondr-	venir:	vendr-

The conditional perfect is formed with the conditional of *haber* + **past participle.** It is used to express what would have happened:

habría		habríamos	
habrías	+ past participle	habríais	+ past participle
habría		habrían	

Ejercicios

A. Cambios.   Cambia las siguientes frases según el sujeto entre paréntesis.

1. *Yo* nunca lo diría. (ellos / nosotros / tú / Eduardo)
2. *Tú* no querrías comprar un coche sin conducirlo primero. (nosotros / él / ellas / yo)
3. *Ellos* no podrían comprenderlo. (tú / Uds. / ella / Ud.)
4. ¿Cuánto valdrían *esos libros?* (esas espadas / la pulsera / el premio)
5. No había ninguna duda de que *él* llegaría temprano. (yo / nosotros / Uds. / Teresa y Clara)
6. *Nosotros* no les hablaríamos así. (ella / yo / tú / ellos)
7. Normalmente, ¿cuándo sabrían *Uds.* los resultados? (tú / yo / nosotros / ella)
8. *Yo* no nadaría en esa playa. (él / yo / nosotros / ellas)
9. *Mi padre* nunca pagaría tanto. (yo / nosotros / tú / ellos)
10. A *Ud.* no le quedaría tanto tiempo. (tú / ellos / nosotros / yo)

B. Para completar...

Completa las siguientes frases de conjetura o suposición utilizando el condicional.

1. Sonaba el teléfono. ¿Quién _____ (llamar) a esa hora de la noche?
2. Raúl no jugó ayer. ¿_____ (Estar) enfermo?
3. No contamos a los invitados anoche. ¿Cuántos _____ (venir) a la reunión?
4. Fue una elección importante. ¿_____ (Haber) muchos candidatos para el puesto?
5. ¿Qué hora _____ (ser) cuando por fin acabaron el mural?

C. Conclusiones.

A las siguientes frases les falta una conclusión. Di lo que harían las siguientes personas en las situaciones en que se encuentran.

1. Si costara mucho, _____.

   yo no lo comprar / mis padres usar la tarjeta de crédito / ellos buscar otro modelo / ella componer su modelo viejo

2. Si lloviera, _____.

   nosotros no jugar / yo ir al cine / tú quedarse en casa / los niños hacer la tarea

3. Si hubiera tiempo, _____.

   los turistas querer visitar las ruinas / nosotros acabar el proyecto / Uds. poder visitarlo / él empezar la segunda parte

4. Si ellos no pudieran ayudar, _____.

   nosotros llamar a otra gente / Ud. tener que encontrar otra solución / no valer la pena / ser mucho más difícil

D. Para completar.

Completa las siguientes frases con la forma apropiada del condicional perfecto según el sujeto entre paréntesis.

1. *Yo* nunca _____ (pensar) que veríamos tantos avances técnicos. (mis abuelos / nosotros / tú / ellos)
2. *Nosotros* _____ (visitar) el museo si hubiera estado abierto. (yo / los turistas / la artista / ellos)
3. *Ella* no _____ (decir) tal cosa. (yo / tú / Uds./ nosotros)
4. ¿Qué _____ (hacer) *Uds.* en esa situación? (tú / yo / los niños / ellas)
5. ¿Cómo _____ (poder) vivir *ellos* bajo esas condiciones? (nosotros / Ud./ los pobres / ella)

E. Situaciones.

Lee las siguientes selecciones y complétalas con la forma correcta del verbo entre paréntesis.

1. —Nos ruega que _____ (tener) más paciencia con él.
   —Pero, es imposible _____ (ser) amable con una persona que _____ (molestar) tanto.
   —Por lo menos, trata de hacerlo.

2. —Era verdad que Pablo _____ (estar) en el Perú.

—¿Cómo lo supiste?

—Me habían dicho que él tenía una reunión allí. Me envió una tarjeta en cuanto _____ (llegar) a Lima.

—Me alegro. Aunque me sorprendió que tú no _____ (ir) con él.

3. —Alejandro me prestó su computadora hasta que _____ (llegar) la mía.

—No sabía que tú _____ (tener) una computadora.

—Todavía no. La acabo de comprar pero no _____ (llegar) hasta el lunes.

—Fantástico. Me voy a tener que portar bien contigo de modo que me _____ (permitir) usarla cuando yo la _____ (necesitar).

4. —Ya es demasiado tarde. Ayer te pedí que me _____ (traer) leche del supermercado y se te _____ (olvidar).

—Lo siento. Te suplico que me _____ (dar) otra oportunidad.

—De acuerdo.

5. —¿Qué te pasa? Actúas como si _____ (ver) un fantasma.

—No, un fantasma no, pero casi tuve un accidente.

—¿Qué pasó?

—Un coche casi chocó con mi bicicleta en la esquina.

—Es necesario que _____ (fijarse) bien en el tráfico.

—Siempre lo _____ (hacer), pero quería que mis amigos me _____ (ver) en mi nueva bicicleta y no miré adonde _____ (ir).

—La próxima vez tienes que tener más cuidado. Si no _____ (ser) por el casco que llevas, te _____ (hacer) mucho daño.

6. —¿Es cierto que Uds. _____ (conseguir) billetes ayer para el concierto?

—Sí, al principio mis padres no permitían que yo _____ (ser) a hacer cola la noche anterior, pero por fin _____ (dejar) que _____ (levantarse) temprano. Allí me reuní con Alberto y Graciela.

—Y, ¿con quién vas a ir?

—Ojalá que Ricardo _____ (poder) ir conmigo.

—Te aconsejo que se lo _____ (decir) inmediatamente. Ya sabes que siempre _____ (estar) ocupadísimo.

—Así lo haré. Aunque es una lástima que tú no _____ (ir) a estar aquí ese fin de semana porque me _____ (gustar) que _____ (venir) también.

—¿Cuántos billetes tienes?

—_____ (Tener–yo) cuatro. ¿Por qué no le ruegas a tus padres para que te _____ (dejar) quedarte en mi casa.

—Voy a hablar con ellos. Aunque insisten en que yo _____ (visitar) a mis abuelo...pero veremos...

—Bueno, tan pronto _____ (decidir–tú), llámame.

—Hasta más tarde.

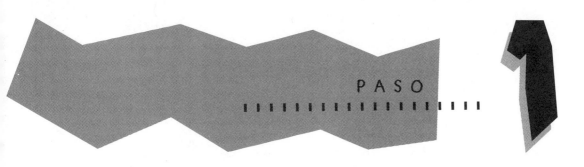

Nouns and articles

Los sustantivos masculinos

In Spanish, all nouns are classified as masculine or feminine.

Generally, nouns that end in *-o* are masculine and nouns that end in *-a* are feminine, but there are many rules and exceptions.

Masculine nouns

With a few exceptions, nouns that end in *-o* are masculine.

el queso	el pelo	el teléfono	el año

The following nouns are always masculine:

- Lakes, mountains, oceans, rivers, and seas

el Titicaca	el Everest	el Atlántico
el Erie	los Andes	el Pacífico
el Amazonas	el Mediterráneo	el Orinoco
el Mississippi	el Caribe	el Hurón

- Cars, boats, and aircraft

el Mercedes	el Queen Elizabeth	el Kitty Hawk

- Months and days of the week

el lunes	el jueves	el próximo junio

- Numbers

el diez	el cuarenta	el tres por ciento

- Colors

el amarillo	el negro	el azul

163

▪ Trees

el almendro	*almond tree*
el avellano	*hazel tree*
el castaño	*chestnut tree*
el cerezo	*cherry tree*
el ciruelo	*plum tree*
el manzano	*apple tree*
el naranjo	*orange tree*
el peral	*pear tree*

Note that the feminine forms of these words indicate the fruit that comes from the tree. For example, *la ciruela* is the fruit of *el ciruelo,* and *la pera* is the fruit of *el peral.*

Words with the following endings are masculine:

-aje

el equipaje	*the luggage*
el pasaje	*the passage*
el personaje	*the character*

-or

el amor	*the love*
el valor	*the value; the courage*
el calor	*the heat*

-án

el refrán	*the proverb*
el alacrán	*the scorpion*
el tucán	*the toucan*

-ambre

el alambre	*the wire*
el enjambre	*the swarm*

Exceptions: *la flor* and *la labor* are feminine.

Compound nouns are masculine:

el abrelatas	*the can opener*
el cubrecama	*the bedcover*
el guardarropa	*the coatroom*
el lavamanos	*the washbasin*
el parabrisas	*the windshield*
el paraguas	*the umbrella*
el portamonedas	*the pocketbook, purse*
el portaviones	*the airplane carrier*
el quitamanchas	*the clothes cleaner*
el rascacielos	*the skyscraper*
el sacacorchos	*the corkscrew*
el tocadiscos	*the record player*

The following nouns that end in *-ma* are masculine:

el aroma	el fantasma	el holograma	el esquema
el lema	el clima	el diagrama	el problema
el dilema	el diploma	el crucigrama	el telegrama
el drama	el emblema	el enigma	el teorema
el estigma	el panorama	el poema	
el programa	el síntoma	el sistema	
el tema	el trauma	el idioma	

Ejercicios

A. Asociaciones. ¿Qué adjetivo asocias con las siguientes palabras? Recuerda que el adjetivo tiene que concordar con el sustantivo. ¿Qué artículo debemos usar con cada una?

1.	telegrama	5.	equipaje	9.	crucigrama
2.	sofá	6.	fantasma	10.	equipaje
3.	camión	7.	flor	11.	clima
4.	diploma	8.	labor	12.	manzana

B. Definiciones. Escribe la palabra con su artículo indefinido que corresponde a las siguientes definiciones.

1. para abrir latas
2. para llevar monedas
3. para tocar discos
4. para sacarle el corcho a las botellas
5. para cubrirnos de la lluvia
6. para lavarnos las manos
7. para transportar aviones
8. para protegernos del viento en un coche

C. Comparaciones. Compara las siguientes personas o animales y di por qué tienes esa opinión.

Ejemplo: drama / novela (interesante)
   El drama es menos (más) interesante que la novela.

1. príncipe / rey (importante)
2. gallo / caballo (fuerte)
3. actriz / duque (bonito)
4. toro / carnero (grande)
5. poeta / bailarín (intelectual)
6. cantante / nuera (popular)

D. Los árboles y las frutas. ¿Cómo se llama el árbol que da las siguientes frutas? Identifica la fruta y luego di el nombre del árbol.

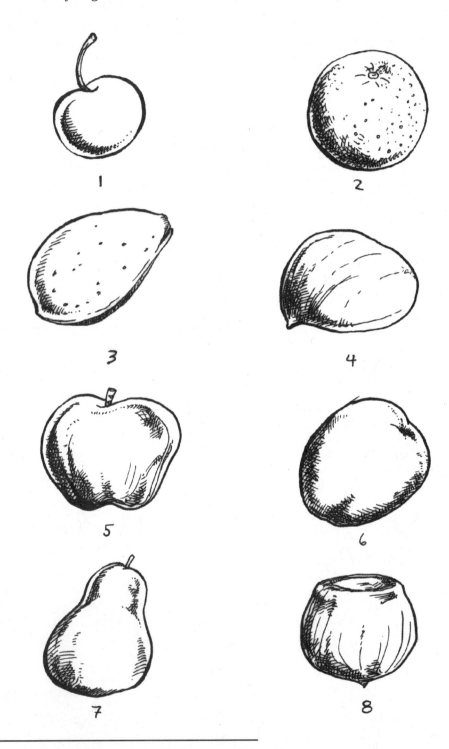

Masculine nouns (continued)

Generally, nouns in which a person of either gender can be found end in -o(s) when they refer to males, in -a(s) when they refer to females, and in -os when they refer to a group that includes both sexes.

Juan es mi hermano.   Teresa es mi hermana.
Juan y Teresa son mis hermanos.

If the noun ends in -or, -ón, -ín, or -és, the feminine is formed by adding an -a.

el doctor	la doctora
el campeón	la campeona
el bailarín	la bailarina
el inglés	la inglesa

Some nouns that end in -a, -nte and -ista are invariable; in other words, the article is used to identify the feminine and masculine forms.

el (la) dentista	el (la) representante	el (la) espía
el (la) artista	el (la) camarada	el (la) turista
el (la) atleta	el (la) agente	el (la) cantante
el (la) adolescente	el (la) estudiante	el (la) camarada

However, there are also some words that do not have these endings but are also invariable.

el (la) testigo	el (la) joven	el (la) modelo

The following nouns are invariable and are applied to both sexes. Note that the article does not change with these nouns.

el ángel	*the angel*
la estrella	*the star (celebrity)*
el genio	*the genius*
la persona	*the person, human being*
el personaje	*the character*
la víctima	*the victim*
el individuo	*the individual*
el ser	*the being*

La novia es el personaje principal en *Bodas de sangre.*	*The bride is the main character in* Blood Wedding.
Juan Carlos es una buena persona.	*Juan Carlos is a good person.*

The following nouns should be learned separately because they have a different form for the masculine and the feminine:

el actor	la actriz	*actor / actress*
el poeta	la poetisa	*poet / poet*
el barón	la baronesa	*baron / baroness*
el conde	la condesa	*count / countess*
el duque	la duquesa	*duke / duchess*
el emperador	la emperatriz	*emperor / empress*

167

el marqués	la marquesa	*marquis / marchioness*
el príncipe	la princesa	*prince / princess*
el rey	la reina	*king / queen*
el zar	la zarina	*tsar / tsarina*
el caballo	la yegua	*horse / mare*
el carnero	la oveja	*ram / ewe*
el gallo	la gallina	*rooster / hen*
el toro	la vaca	*bull / cow*
el padre	la madre	*father / mother*
el yerno	la nuera	*son-in-law / daughter-in-law*
el hombre	la mujer	*man / woman*
el héroe	la heroína	*hero / heroine*
el varón	la hembra	*male / female*

For some animal names, the gender is arbitrarily assigned. If you need to specify the gender, you add *macho* for male and *hembra* for female. Note that *macho* and *hembra* do not agree in gender and number, and any adjective to describe the animal agrees with the noun, not with the gender modifier.

el elefante (*the elephant*)	la ballena (*the whale*)
la rana (*the frog*)	el mosquito (*the mosquito*)
la mosca (*the fly*)	el sapo (*the toad*)
la serpiente (*the serpent*)	el murciélago (*the bat*)
la cotorra (*the small parrot*)	

El elefante hembra está demasiado **gordo**. *The female elephant is too fat.*

La ballena macho parece estar **deprimida**. *The male whale seems to be depressed.*

Ejercicios

A. Cambios. En la siguiente lista, escribe la forma masculina si la forma que aparece es femenina y la forma femenina si la forma masculina aparece en la lista.

1. la nuera
2. la hembra
3. la princesa
4. el padre
5. la mujer
6. el héroe
7. el poeta
8. el duque
9. el emperador
10. la gallina
11. el toro
12. el reina
13. el carnero
14. la yegua
15. el marido
16. la actriz

B. Cambios.
Haz los cambios necesarios para usar las siguientes palabras cuando te refieres a un hombre o a una mujer, dependiendo de la forma que aparece en la lista. Recuerda que algunas palabras se usan para las dos formas sin cambiar la terminación, todo depende del artículo.

1. la campeona
2. la atleta
3. la adolescente
4. la representante
5. el agente
6. la persona
7. el ser
8. el doctor
9. el cantante
10. la víctima
11. el individuo
12. la camarada
13. la joven
14. el personaje

C. Una obra de teatro.
Imagina que van a presentar una obra de teatro en tu escuela y que tienes que escoger a los actores para la obra. Indica cuáles de tus compañeros de clase van a hacer los diferentes papeles y da dos adjetivos describiéndolo(la).

Ejemplo: *Juan va a hacer el papel del maestro. El maestro es alto y moreno.*

o

El maestro es inteligente y comprensivo.

Los personajes:

| bailarín | atleta | ángel | víctima | campeón de fútbol |
| dentista | turista | espía | testigo | estrella de cine |

Otros estudiantes van a dar su opinión y decir por qué o no es una buena selección.

D. En compañía de...
Lee la lista a continuación y escoge a las personas, animales u objetos que...

1. pondrías en El Arca de Noé
2. invitarías a una cena elegante
3. llevarías contigo a una isla desierta
4. llevarías a unas vacaciones
5. llevarías a una entrevista

Explica también por qué has tomado esa decisión.

rey de España	ángel	sacacorchos
vaca	estrella	abrelatas
caballo	manzano	guía
bailarina	equipaje	mapa
cantante	diploma	moto
foto	hacha	arma
ancla	gato	actriz

Ejemplo: *Me gustaría llevar un policía en unas vacaciones porque así me puede proteger. No llevaría una vaca porque ocupa mucho lugar.*

E. En forma de pregunta, por favor. Lee las siguientes definiciones y escribe la pregunta que corresponde a ellas. Las palabras al final del ejercicio te ayudarán con la pregunta. Pero, cuidado, algunas palabras no tienen nada que ver con estas definiciones.

Ejemplo: el esposo de mi tía
   ¿Qué es un tío?

1. lugar donde tienen lugar los juicios
2. parte del periódico donde se expresan las ideas más importantes
3. incidente que causa problemas físicos
4. donde hay muchas estrellas y donde se puede ver la luna
5. persona con una inteligencia increíble
6. mar donde se encuentran Puerto Rico, Cuba y la República Dominicana, entre otras islas
7. mes en que empiezan las clases
8. profesión peligrosa del agente 007
9. persona que los ciudadanos eligen para que los represente en el gobierno
10. animal que da leche
11. el marido de mi hija
12. mujer que es muy valiente y que lucha en las guerras
13. un animal que no es hembra
14. las personas que ganan un campeonato
15. lo que una persona siente por otra cuando están enamorados

varón / Caribe / editorial / agosto / yegua / yerno / corte / Mediterráneo / Pacífico / espía / representante / genio / noche / amor / desastre / campeones / vaca / heroína

Feminine nouns

With a few exceptions, nouns that end in *-a* are feminine.

la cabeza	la avenida	la hora	la lectura

The following nouns are always feminine:

- Letters of the alphabet

la hache (h)	la eme (m)	la pe (p)

- Islands

las Canarias	las Galápagos	las Antillas

- Companies

la IBM	la General Motors	la General Electric

- Nouns with the following endings:

-ción		**-tad**	
la canción	*the song*	la libertad	*the freedom*
la revolución	*the revolution*	la dificultad	*the difficulty*
la conversación	*the conversation*	la voluntad	*the will, volition*
la recepción	*the reception*		

170

-dad

la ciudad	*the city*
la realidad	*the reality*
la hermandad	*the sisterhood*

-tud

la virtud	*the virtue*
la actitud	*the attitude*
la latitud	*the latitude*
la juventud	*the youth*
la quietud	*the quietness*

-sión

la explosión	*the explosion*
la discusión	*the discussion*
la ilusión	*the illusion*
la excursión	*the excursion*

-ie

la serie	*the series*
la superficie	*the surface, area*
la carie	*the cavity*

-umbre

la cumbre	*the top, summit, peak*
la muchedumbre	*the multitude, crowd*
la costumbre	*the custom*

-itis

la sinusitis	*the sinusitis*
la poliomielitis	*the poliomyelitis*

-sis

la crisis	*the crisis*
la tesis	*the thesis*
la dosis	*the dose*

The meanings of the following nouns change depending on the article used with them:

If the article is masculine:		**If the article is feminine:**	
el cometa	*the comet*	la cometa	*the kite*
el corte	*the cut*	la corte	*the court*
el capital	*the capital (money)*	la capital	*the capital (city)*
el cura	*the priest*	la cura	*the cure*
el editorial	*the editorial*	la editorial	*the publishing house*
el frente	*the front (military, weather)*	la frente	*the forehead*
el mañana	*tomorrow*	la mañana	*the morning*
el orden	*the order (sequence)*	la orden	*the order, command, or religious order*
el pendiente	*the earring*	la pendiente	*the slope*
el policía	*the policeman*	la policía	*the police force*
el papa	*the pope*	la papa	*the potato*
el guía	*the guide*	la guía	*the telephone guide or female guide*

The following words do not conform to any of the rules discussed so far, and they must be learned separately. It is always a good idea to learn nouns with their article, thus avoiding any confusion later.

la mano	*the hand*	el mapa	*the map*
el tranvía	*the streetcar*	la imagen	*the image*
el día	*the day*		

A small number of nouns that end in *-e* are masculine. However, a large number of common nouns that end in *-e* are feminine.

el desastre	*the disaster*	la gente	*the people*
el molde	*the mold, matrix*	la noche	*the night*
el sobre	*the envelope*	la clase	*the class*
el traje	*the suit*	la calle	*the street*
		la parte	*the part*
		la carne	*the meat*

Ejercicios

A. Definiciones.
Escribe una definición para cada una de las siguientes palabras. Puedes escribir una definición o describir una situación que ayude a comprender el significado.

1. el cometa
2. el corte
3. el capital
4. el editorial
5. la orden
6. la mañana
7. la cura
8. el orden
9. el cura

B. Más definiciones.
Escribe la palabra que se describe a continuación con su artículo definido.

1. lo que miramos cuando queremos ver dónde un país está situado
2. la parte del cuerpo que usamos para escribir
3. la letra que hace falta: p ? r
4. el período de tiempo cuando podemos ver el sol
5. donde un profesor escribe con la tiza
6. período de tiempo antes de la vejez
7. el lugar más alto de una montaña
8. lo que encontramos en el fondo del mar
9. el lugar en la escuela donde una profesora enseña
10. el medio de transporte que usan en San Francisco

C. Sustantivos abstractos.
Usa los siguientes adjetivos para formar el sustantivo abstracto que corresponde.

Ejemplo: joven
  la juventud

1. difícil
2. virtuoso
3. quieto
4. explosivo
5. libre
6. revolucionario

172

D. Identificaciones.   Identifica los siguientes objetos. Usa el artículo definido.

1

2

3

4

5

6

7

8

9

10

11

12

Plural nouns

In Spanish, the plural can be formed in the following ways:

- By adding -s to nouns ending in a vowel

el café	los cafés	el pie	los pies
la carta	las cartas	el zapato	los zapatos

- By adding -es to the nouns ending in a consonant

el árbol	los árboles	la canción	las canciones
el autobús	los autobuses	el país	los países
el mes	los meses	la ley	las leyes
la piel	las pieles	el plan	los planes

However, if the noun ends in -s in an unstressed final syllable, the plural is the same as the singular.

el lunes	los lunes	el paraguas	los paraguas
la crisis	las crisis	el martes	los martes

The plural of nouns that end in a stressed vowel other than -e is formed by adding -es.

la ley	las leyes	el rubí	los rubíes
el tabú	los tabúes	el rajá	los rajaes (*rajah*)

If the word ends in a -z, the -z becomes -c before -es is added.

el pez	los peces	el lápiz	los lápices
la vez	las veces	la cruz	las cruces
la nariz	las narices	la raíz	las raíces

There is no change in words that end in -es or -is.

el lunes	los lunes
la crisis	las crisis

The plural of compound words is formed by using the plural article.

el abrelatas	los abrelatas
el lavamanos	los lavamanos

Collective nouns are always singular in Spanish.

La gente está muy contenta.	*The people are very happy.*
El público es muy exigente en las ciudades grandes.	*The audience is very demanding in big cities.*

The singular is always used for objects of which a person only has one.

Ellos viven **una vida** muy elegante.	*They live a very elegant life.*

Ejercicios

A. Cambios.
Escribe el plural de los siguientes sustantivos y luego di lo que significan en inglés.

1. la voz
2. el avión
3. el martes
4. el verano
5. la mano
6. el abrelatas
7. el almendro
8. la flor
9. la raíz
10. el caballo
11. el sofá
12. la papa
13. el campeón
14. la joven
15. el cantante

B. Cambios.
Escribe el plural de las siguientes palabras. Incluye el artículo indefinido.

1. nación
2. pasaje
3. almacén
4. papel
5. director
6. nariz
7. pared
8. fuente
9. jardín
10. mujer
11. cruz
12. inglés
13. rey
14. cine
15. salón
16. ley
17. frijol
18. luz
19. dólar
20. disfraz

Articles
Definite articles

el	*the* (masculine singular)	los	*the* (masculine plural)
la	*the* (feminine singular)	las	*the* (feminine plural)

Indefinite articles

un	*a, an* (masculine singular)	unos	*some, a few* (masculine plural)
una	*a, an* (feminine singular)	unas	*some, a few* (feminine plural)

Uses of the definite article

The definite article is used:

- With generic nouns (nouns that refer to all members of a particular category or to a concept in general)

Las enfermedades son investigadas en ese laboratorio.	*Illnesses are studied in that laboratory.*
Los colombianos son gente muy orgullosa de su historia.	*Colombians are very proud of their history.*
La literatura hispanoamericana ha florecido mucho.	*Spanish-American literature has greatly flourished.*
El amor es lo más maravilloso que uno pueda sentir.	*Love is the most wonderful thing one can feel.*

175

Nouns and articles

- With days of the week, except after the verb *ser*

  El lunes vamos a nadar.   *Monday we are going to swim.*

  Los sábados visitamos a nuestros parientes. *On Saturdays we visit our relatives.*

  Hoy es **domingo.**   *Today is Sunday.*

- With names and titles

  El profesor Ramírez no ha llegado todavía.   *Professor Ramírez has not arrived yet.*

  El presidente pidió una audencia con   *The president asked for an audience with*
  el papa.   *the pope.*

  Do not use the article before *don, doña, san,* or *santa* or when the person is directly being addressed.

  Ese libro fue escrito por **Santa Teresa.**   *That book was written by Saint Teresa.*

  Sr. Ramírez, ¿a qué hora llegará Ud.   *Mr. Ramírez, at what time will you arrive*
  mañana?   *tomorow?*

- After the verb *jugar,* especially if *jugar* is followed by *a*

  Me encanta **jugar a las** damas.   *I love to play checkers.*

  ¿Vamos a **jugar al** tenis?   *Are we going to play tennis?*

- With names of languages, except after *hablar* and *en*

  Traduje el libro **del francés** al español.   *I translated the book from French to*
                                                   Spanish.

  Siempre está mezclando **el ruso** con **el**   *He is always mixing Russian with*
  alemán.   *German.*

- When telling time

  Son **las** dos.   *It is two o'clock.*

  El tren llega a **las** tres.   *The train arrives at three o'clock.*

- When the last name is used to refer to people in the plural

  Los Villar son amigos de mi familia.   *The Villars are friends of my family.*

  Los Sánchez están en la Florida.   *The Sánchez family is in Florida.*

- With the names of oceans, seas, mountains, lakes, and other geographical names

  el Atlántico   **el** Caribe   **los** Andes   **el** Maracaibo

- When relating prices to weights and measures

  tres dólares **la docena**   mil pesos **la tonelada**   cien pesos **la libra**

If a part of the body or article of clothing is a direct or prepositional object, the definite article, not the possesive adjective, is used.

¿Por qué no **te** pones **la camisa**?   *Why don't you put your shirt on?*

Voy a lavar**me las manos.**   *I am going to wash my hands.*

Although in print media, the article with names of countries is omitted, in other instances the definite article is used with certain countries, cities, or states.

la Argentina	**el** Perú	**La** Habana
los Estados Unidos	**el** Canadá	**la** India
el Brasil	**el** Ecuador	**el** Paraguay

If two or more nouns are listed, each noun should have its own article.

La camisa y **la corbata** están en el armario. *The shirt and tie are in the closet.*

Feminine nouns that begin with a stressed *a* or *ha* sound need a masculine article, but in the plural they remain feminine. Adjectives are also in the feminine form.

el ama	el alma	el alba	el aula	el ancla
el arpa	el hacha	el hada	el hambre	el ave

el arma peligrosa   **las armas** peligrosas
el águila negra   **las águilas** negras

When the definite masculine singular article appears after the propositions *a* or *de,* they are abbreviated.

al cine   **del** árbol

If *a* or *de* is followed by the personal pronoun *él* or by an article that is part of a proper name or a title, the abbreviation does not occur.

Estos cuadernos son **de él.**	*These notebooks are his.*
Se los di **a él.**	*I gave them to him.*
Me estaba hablando **de *El*** Quijote.	*He was talking to me about* The Quijote.

The neuter article *lo*

The construction *lo* + **adjective** is used to refer to the quality expressed by the adjective, without referring to any specific person or object that possesses the quality. It is understood to refer to a situation rather than to any specific participant in the situation.

Lo difícil es no poder visitarlo.	*The difficult thing is to be unable to visit him.*
Lo importante es poder llegar antes del mediodía.	*The important thing is to be able to arrive before noon.*

Omitting the definite article

In comparison with English, the definite article is omitted:

▪ With names of languages, usually after *saber, aprender, enseñar,* and *hablar* and after the prepositions *de* and *en*

Eso no se dice **en español.**	*That is not said in Spanish.*
Aprendemos español en esta clase.	*We learn Spanish in this class.*
Hablan italiano.	*They speak Italian.*
¿Sabes inglés?	*Do you know English?*

After *entender, escribir,* and *estudiar,* the use of the article is optional.

▪ With ordinal numbers with kings, popes, and other rulers

Carlos **Primero**	*Charles the First*
Juan Pablo **Segundo**	*John Paul the Second*

- With some adverbial phrases. These do not follow a particular rule, so they must be learned separately.

en nombre de	*in the name of*
a corto/largo plazo	*in the short/long run*
en camino	*on the way*
en alta mar	*on the high sea*
cuesta abajo/arriba	*down/up the hill*

Ejercicios

A. Situaciones incompletas.
Escribe el artículo definido, el artículo neutro o la contracción. Si no hace falta nada, escribe una *X*.

1. _____ lunes salimos temprano de _____ casa. Era _____ primer día de mis vacaciones y quería jugar _____ baloncesto. Mi amigo Jorge no pudo acompañarme pues le dolían _____ piernas de tanto caminar durante _____ fin de semana. Cuando llegué a _____ calle Carlos _____ Quinto, doblé a _____ derecha y me encontré con _____ Señor Perales. Lo saludé y seguí en _____ camino _____ estadio.

2. —¿Qué llevas ahí?

   —Es _____ arpa que me regalaron mis padres.

   —Mis padres querían que yo aprendiera a tocarla pero nunca encontré _____ tiempo para ir _____ conservatorio.

   —A mí me encanta. _____ difícil es que pesa una tonelada. Si voy _____ cuesta abajo no tengo problema, pero si voy _____ cuesta arriba necesito descansar varias veces antes de llegar a _____ casa.

3. —¿Sabes lo que significa _____ libertad?

   —Verdaderamente no. Nunca he estado en _____ cárcel.

   —Pues, piénsalo bien. No es justo que tengas _____ perro en _____ jaula todo _____ día.

   —Es que cuando está suelto, le destruye _____ jardín a _____ Señora Camacho.

   —Bueno, por lo menos amárralo _____ árbol para que pueda caminar un poco.

4. —_____ Señor Palomo, ¿habla Ud. _____ japonés?

   —No, lo siento. ¿Por qué me lo pregunta?

   —Necesito que alguien traduzca _____ documento que llegó ayer _____ japonés _____ español.

   —¿Ya le preguntó _____ Señor Morimoto?

178

—Sí, pero él no ha estudiado _____ español formalmente y todavía tiene _____ problemas que generalmente tienen _____ extranjeros.

—Llame _____ director de _____ Agencia El Mundo. Ellos hacen buen trabajo.

—Buena idea. Ay, ya son _____ diez. Lo haré cuando regrese _____ hospital. Voy a visitar a mi tío. Hasta luego.

—Hasta pronto.

5. —¿A cómo están _____ uvas?

—A veinte pesos _____ libra.

—¡Qué baratas! Deme dos libras.

—¿Quiere llevar _____ melón que tiene en _____ mano?

—Sí, por favor. Ponga todo en _____ bolsa y regreso en cinco minutos.

—De acuerdo. A _____ mejor no voy a estar aquí, pero se la dejo con _____ dependiente.

6. —... y entonces cuando estaban en _____ alta mar, _____ hada se les apareció a los chicos.

—Yo no creo en _____ hadas. No existen.

—Bueno, Sergio, éste es _____ cuento que querías que te leyera.

—No me gusta. ¿Por qué no me llevas _____ cine?

—Bien, ponte _____ zapatos y lávate _____ manos. Yo recojo _____ lápices.

B. Más situaciones. Completa las frases siguientes con el artículo definido. Si no hace falta uno, escribe una *X*. Cuidado porque tienes que usar dos contracciones.

1. Eran _____ tres y todavía no habían llegado.
2. —_____ Profesora Delgado, ¿quién tradujo el libro _____ inglés _____ español?
3. ¿Por qué no vamos a jugar a _____ pelota?
4. Siempre me levanto tarde _____ domingos.
5. _____ esperanza es algo que el ser humano no puede perder.

C. ¡No estoy de acuerdo! Algunos de tus amigos te sugieren hacer ciertas actividades. Tú pareces no estar de acuerdo con nada de lo que proponen. Responde a las sugerencias usando el ejemplo como modelo.

Ejemplo: Entremos en ese café.   bueno / ir al restaurante
        Lo bueno sería ir al restaurante.

1. Quiero leer ese libro.   interesante / ver la película
2. Vamos al museo.   divertido / ir de compras
3. ¿Por qué no vamos a la piscina?   emocionante / subir al observatorio
4. ¿Quieres acompañarme a la tienda?   mejor / ordenar las raquetas por teléfono
5. Cómprale esos discos a Juan.   bonito / comprarle cintas

D. ¿Qué es para ti...? Usando los adjetivos a continuación expresa lo que para ti significan las siguientes cosas.

aburrido / triste / romántico / curioso / cómico / malo / fácil / desagradable / peor / agradable

Ejemplo: interesante
Lo interesante para mí es aprender cosas nuevas.

Uses and omissions of the indefinite article

In comparison with English, the indefinite article is used:

- When a noun denoting personal characteristics is used to describe a person

Eres **un** sinvergüenza.	*You are shameless.*
Son **unos** ladrones.	*They are thieves.*

- To express approximation

Hay **unos** cien estudiantes en el patio.	*There are about one hundred students on the patio.*

The indefinite article is omitted:

- After the verb *ser* before professions, occupations, religion, or political affiliation

Rafael es **piloto.**	*Rafael is a pilot.*
La señorita Carrasco es **espía.**	*Miss Carrasco is a spy.*
Es **judío.**	*He is a Jew.*
Eres **demócrata.**	*You are a democrat.*

If the noun is qualified, however, the indefinite article is used.

Rafael es **un** piloto con mucha experiencia.	*Rafael is a pilot with a lot of experience.*
La señorita Carrasco es **una** espía muy admirada.	*Miss Carrasco is a very admired spy*
Eres **un** demócrata orgulloso.	*You are a proud democrat.*
Es **un** judío de la Argentina.	*He is a Jew from Argentina.*

- Before *cierto, otro, cien, mil,* and after *¡qué... !, medio(a)* and *tal*

Cierta persona vino buscándote.	*A certain person came looking for you.*
Dame **otro** libro.	*Give me another book.*
Aquí tienes **cien** pesos.	*Here you have a hundred pesos.*
Había más de **mil** personas allí.	*There were more than a thousand people there.*
¡Qué inteligencia!	*What an intelligence!*
Compré dos libras y **media** de café.	*I bought two and a half pounds of coffee.*
No te dije **tal** cosa.	*I didn't tell you any such thing.*

180

Ejercicios

A. Completa la siguiente selección con el artículo indefinido. Si no hace falta uno, escribe una *X*.

Cuando llegué sólo quedaban _____ veinte estudiantes. _____ señora vestida un poco extraño, les gritaba.

—¡Son _____ mal educados! _____ persona como yo no puede perdonar tal comportamiento.

—Señora, usted no es _____ demócrata. _____ otra persona permitiría que expresáramos nuestras ideas libremente.

—¡Qué insolente! El año pasado me ocurrió lo mismo. Yo soy _____ profesora y como profesora estoy aquí para enseñarles, no para que ustedes me enseñen.

—El señor Lozano, _____ profesor de filosofía, siempre nos decía que cuando se permite _____ cierto diálogo con los estudiantes, ambos beneficien.

—¿Quiere decir que no soy _____ buena profesora?

—No, no es eso. Sólo le pedimos que tenga _____ cierta flexibilidad y que nos escuche de vez en cuando.

—Bien. Ya hemos perdido demasiado tiempo, comencemos. Y, por favor, sin más interrupciones.

B. El País en México.
Completa el siguiente artículo del periódico español *El País* sobre el inicio de la publicación de *El País* en México.

EL PAÍS inicia la publicación de una edición diaria en México

EL PAÍS

Madrid

El diario EL PAÍS se convirtió _____ jueves 16 en _____ primer diario español que se publica simultáneamente en España y en México. _____ edición americana, que se sumó a _____ que se realizan en España (Madrid, Barcelona, Galicia y Canarias) y a _____ europea de Roubaix, se distribuye en otros países de América Central y _____ sur de Estados Unidos. Todos _____ días, desde Madrid, se envían vía satélite _____ páginas a _____ capital mexicana, lo que permite imprimir en México _____ mismo diario que se elabora en Madrid. _____ edición mexicana lleva también unas páginas especiales con información de aquel país. Para hacer posible esta operación se ha organizado una conexión, vía satélite, con _____ diario mexicano La Prensa, en cuyas instalaciones se imprime EL PAÍS.

A _____ páginas habituales de este periódico, que ya leen _____ lectores en España y en otros países de Europa, se añaden para México una información potenciada sobre _____ política y _____ economía de América, así como un cuadernillo central dedicado específicamente a informar sobre México Distrito Federal, con especial atención a _____ temas culturales, sociales, deportivos y de espectáculos.

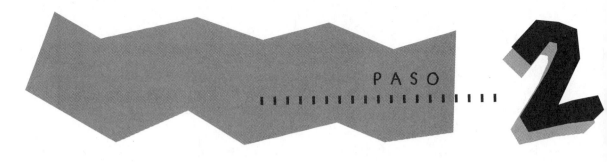

Subject pronouns

Subject pronouns

Pronouns are used to replace nouns. In Spanish, subject pronouns are used primarily for emphasis or clarification.

La profesora Castromil enseña en el Departamento de Física.
Ella enseña en el Departamento de Física.
¿Quién trabaja allí?—**Ella.** La profesora Castromil.

yo (*I*)	nosotros(as) (*we*)
tú (*you*)	vosotros(as) (*you*)
él (*he*)	ellos (*they*)
ella (*she*)	ellas (*they*)
usted/Ud. (*you*)	ustedes/Uds. (*you*)

Tú is an informal pronoun, used when one is talking to one's friends. It is also used where one would use a person's first name in addressing him or her or when one is speaking to family members and pets.

Usted (Ud.) is used as a form of respect when one is talking to someone who would be addressed with a specific title such as *Mr., Mrs., Dr.,* or *Professor,* or with a general title such as *sir* or *ma'am.*

Vosotros(as) is the plural form of *tú.*

Subject pronouns are used after the verb *ser.*

¿Quién es? —Soy **yo.** —Ah, eres **tú.**
—Es **él.** Es **ella.**
¿Quiénes son? —Somos **nosotros(as).**
—Son **ellos.** Son **ellas.**

It as a subject of an impersonal verb or expression is not expressed in Spanish.

Llueve.	*It is raining.*
Truena.	*It is thundering.*
Es importante.	*It's important.*
¿Qué es?	*What is it?*

Ejercicios

A. ¿Qué pasaba? Sustituye las palabras en cursiva por un pronombre.

1. *Pedro* leía el periódico.
2. *Su hermana Bárbara* escribía su tarea.
3. *Tío Eugenio y Tía Mariana* daban un paseo por el barrio.
4. *Los gemelos* dibujaban.
5. *El Sr. Pardo* ayudaba a preparar la cena.
6. *La Sra. Pardo* ponía la mesa.
7. *Los gatos* jugaban.
8. *Los abuelos* miraban las noticias en la tele.

B. En clase. Completa las frases siguientes con el sujeto que corresponde al verbo conjugado. Recuerda que generalmente esto se hace para poner énfasis en el sujeto.

1. Él presta mucha atención pero _____ no prestas atención alguna.
2. Nosotros hacemos mucho trabajo en esa clase pero Julia y Tomás, _____ hacen muy poco.
3. Tú siempre sales bien, pero _____ no estoy muy fuerte en esta asignatura.
4. El profesor explica, pero _____ no enseña muy bien.
5. Ese estudiante siempre levanta la mano; _____ me vuelve loco.
6. Los estudiantes extranjeros participan mucho en las discusiones. _____ se dan cuenta de la importancia de contribuir a la clase.
7. Marta y yo estudiamos juntas. _____ necesitamos ese apoyo.

C. ¿Qué forma? Escribe el pronombre correspondiente según la persona a quien te diriges.

1. el Sr. Rodríguez _____
2. tu perro _____
3. tus tíos españoles _____
4. el recepcionista de un hotel _____
5. la operadora telefónica _____
6. un estudiante nuevo _____
7. un taxista _____
8. la Dra. Sánchez _____
9. tus amigos mexicanos _____
10. tu primo _____

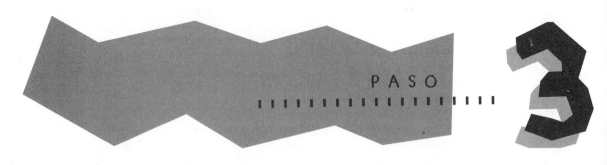

Prepositional pronouns

Prepositional pronouns

Prepositional pronouns are used after prepositions. They are the same as the subject pronouns, with the exception of *mí* and *ti.*

mí (*me*)	nosotros(as) (*us*)
ti (*you*)	vosotros(as) (*you*)
él (*him*), ella (*her*)	ellos/ellas (*them*)
usted/Ud. (*you*)	ustedes/Uds. (*you*)

Exceptions: *conmigo* and *contigo.*

There are no contractions with prepositional phrases (*a + él, de + él*).

Sí is used after prepositions to express *himself, herself,* and *themselves* (exception: *consigo*).

The prepositions *entre, menos,* and *según* are followed by subject pronouns.

Entre tú y yo, él no comprendió nada de lo que decíamos.	*Between you and me, he did not understand anything that we said.*
Todos lo sabían **menos tú** y **ella.**	*Everyone knew it except you and she.*
Según tú, no podían hacer nada.	*According to you, they could not do anything.*

Common prepositions used with pronouns (note that many include *de*):

a	debajo de	fuera de
acerca de	delante de	hacia
además de	dentro de	hasta
alrededor de	después de	lejos de
ante	detrás de	para
antes de	en	por
cerca de	encima de	sin
contra	enfrente de	sobre
de	frente a	tras

A more complete list appears in Appendix C on pp. 267–276.

Ejercicios

A. Mucha gente.
Completa las siguientes frases con la forma correcta de los pronombres tónicos después de la preposición.

1. Es para _____ (José) / _____ (mi amigo y yo) / _____ (tú)
2. Vamos con _____ (Francisco y Elena) / _____ (Teresa) / _____ (Juana y Carlota)
3. Hablan a _____ (las mujeres) / _____ (el niño) / _____ (mi hermana y yo)
4. Son de _____ (el hombre) / _____ (las madres) / _____ (Felipe y tú)
5. No van sin _____ (Ana y María) / _____ (Paco y su padre) / _____ (yo)

B. Una fiesta de cumpleaños.
Responde a las siguientes preguntas. Usa la forma correcta de los pronombres tónicos después de la preposición.

1. —¿Vienes conmigo? —Sí, _____
2. —¿Es para Josefina el regalo? —Sí, _____
3. —¿Hablaban mucho sus amigos acerca de la fiesta? —Sí, _____
4. —¿La fiesta es en el Restaurante Marifresco? —Sí, _____
5. —¿El restaurante está detrás del Cine Astro? —Sí, _____
6. —¿Dan la fiesta sin Luis e Ignacio? —Sí, _____
7. —Todos hablan inglés menos yo, ¿verdad? —Sí, _____
8. —¿Esa tarjeta es de Carola? —Sí, _____

C. En el partido.
Responde a cada pregunta usando un pronombre tónico. Luego escribe otra frase que identifique este pronombre. Usa el ejemplo como guía.

Ejemplo: ¿Con quién vas?
Voy con él. Es mi hermano, Enrique.

1. ¿Para quién es?
2. ¿De quién hablan?
3. ¿Contra quiénes juegan?
4. ¿Enfrente de quién está?
5. ¿Según quiénes van a cancelar el partido?
6. ¿A quiénes gritan?

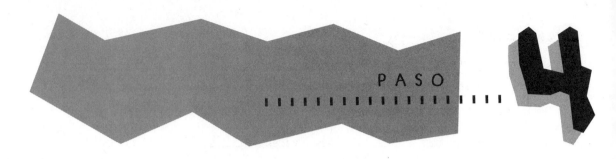

Object pronouns

Direct and indirect object pronouns

Direct and indirect object pronouns are used to avoid the repetition of nouns.

Direct object pronouns receive the direct action of the verb. They answer the questions *who?* or *what?* about the verb.

me (*me*)	nos (*us*)
te (*you*)	os (*you*)
le (*you–masc., him*)	
lo (*him, it*)	los (*you, them*)
la (*you–fem., her, it*)	las (*you, them*)

Vi a los niños. **Los** vi.	*I saw the children. I saw them.*
Escribí la carta. **La** escribí.	*I wrote the letter. I wrote it.*

In Spanish, in response to a question with *ser* or *estar* followed by an adjective, the pronoun *lo* is used. *Lo* is not translated into English.

¿Es inteligente esa muchacha? Sí, **lo** es.	*Is that girl smart? Yes, she is.*
¿Están preocupados los niños? Sí, **lo** están.	*Are the children worried? Yes, they are.*

Indirect object pronouns are the persons or things for whom something is said or done. They answer the questions *to* or *for whom?* about the verb.

me (*to/for me*)	nos (*to/for us*)
te (*to/for you*)	os (*to/for you*)
le (*to/for him, her, you*)	les (*to/for them, you*)

Me leyó la carta.	*He read me the letter.* or *He read the letter to me.*
Le devolví la bicicleta a ella.	*I returned the bicycle to her.*

Clarify *le* and *les* by adding *a él, a ella, a Ud., a Uds., a ellos,* or *a ellas.*

186

Prepositional phrases can also be added to emphasize *me, te, nos,* and *os (a mí, a ti, a nosotros[as], a vosotros[as]).*

Me dio el dinero **a mí,** no a ti.	*He/she gave the money to me, not you.*
Te escribí la carta **a ti,** no a él.	*I wrote the letter to you, not to him.*

When the object expresses *for someone,* it is common to use the indirect object pronoun, particularly when expressing a service done for someone.

Me lavó los platos.	*He washed the dishes for me.*
Nos hizo la reservación.	*He made the reservation for us.*
Te preparé el almuerzo.	*I made lunch for you.*

However, *para* is used with *ser.*

Este plato es **para ti.**	*This plate is for you.*

Object pronouns generally precede the verb.

Traje el plan.	*I brought the plan.*
Lo traje.	*I brought it.*

An exception is *affirmative* commands. Object pronouns must be attached to them.

Traiga Ud. el plan, por favor.	*Bring the plan, please.*
Tráiga**lo,** por favor.	*Bring it, please.*

With infinitives and gerunds, the object pronoun can be attached directly to the infinitive or gerund (present participle) or can precede the main (conjugated) verb.

Voy a leer el libro.	*I am going to read the book.*
Voy a leer**lo.** or **Lo** voy a leer.	*I am going to read it.*
Estoy leyendo el libro.	*I am reading the book.*
Estoy leyéndo**lo.** or **Lo** estoy leyendo.	*I am reading it.*

When a verb has two object pronouns, the indirect object pronoun precedes the direct object pronoun.

Nos dijo la verdad.	*He/she told us the truth.*
Nos la dijo.	*He/she told it to us.*

Le and *les* change to *se* before *lo, la, los, las.*

Dijo la verdad al niño.	*He/she told the boy the truth.*
Se la dijo.	*He/she told it to him.*
Ana, di la verdad a los niños.	*Ana, tell the children the truth.*
Dí**sela.**	*Tell it to them.*

Se can be clarified by the addition of *a él, a ella, a Ud., a Uds., a ellos,* or *a ellas.*

Dijo la verdad al niño.	*He/she told the boy the truth.*
Se la dijo **a él.**	*He/she told it to him.*
Ana, di la verdad a los niños.	*Ana, tell the children the truth.*
Dísela **a ellos.**	*Tell it to them.*

Observe the following rules regarding written accent marks. In these cases, the purpose of the written accent mark is to maintain the original stress of the form, without a pronoun attached.

If one or more object pronouns are attached to the present participle, a written accent is placed over the vowel (*a* or *e*) before *-ndo*.

Está tocando la flauta.	*He/she is playing the flute.*
Está **tocándola.**	*He/she is playing it.*
Anda abriendo las ventanas.	*He/she is opening the windows.*
Anda **abriéndolas.**	*He/she is opening them.*
Sigue leyendo el cuento a los niños.	*He/she continues reading the story to the children*
Sigue **leyéndoselo.**	*He/she continues reading it to them.*

If two object pronouns are attached to an infinitive, a written accent is placed over the vowel of the infinitive ending.

Va a dar el trofeo a los campeones.	*He/she is going to give the trophy to the champions.*
Va a **dárselo.**	*He/she is going to give it to them.*
Quiere leernos su plan.	*He/she wants to read the plan to us.*
Quiere **leérnoslo.**	*He/she wants to read it to us.*

If one or more object pronouns are attached to the affirmative command, a written accent is placed over the vowel of the second-to-last syllable.

Explica la idea.	*Explain the idea.*
Explícala.	*Explain it.*
Habla al abogado.	*Speak to the lawyer.*
Háblale.	*Speak to him.*
Da los mapas a la ingeniera.	*Give the maps to the engineer.*
Dáselos.	*Give them to her.*

Ejercicios

A. En el restaurante. Sustituye los sustantivos con el pronombre que corresponde al complemento directo.

1. No _____ comimos. (los mariscos / el queso / las verduras)
2. _____ pedimos. (el plato del día / la ensalada / los entremeses)
3. No _____ vi. (los postres / el precio / al camarero)
4. _____ oímos. (al cocinero / a la gerente / el ruido)
5. No _____ probamos. (el pescado / la sopa / las gambas)

6. _____ bebimos. (el agua / los refrescos / el café)
7. _____ buscamos. (las especialidades / los platos sin carne / el flan)
8. No _____ leí. (el menú / los precios / los ingredientes)
9. _____ esperamos. (la cuenta / el postre / el mesero)
10. _____ dejamos. (una propina / el paraguas / los paquetes)

B. ¿Listo para salir? Responde a las siguientes preguntas sustituyendo las palabras en cursiva con el pronombre correspondiente.

Ejemplo: ¿Has visto *mi pasaporte?*
No. No **lo** he visto.

1. ¿*Te* ha llamado el agente de viajes?
2. ¿Has visto *a tus compañeros de viaje?*
3. ¿Has conseguido *tus cheques de viajero?*
4. ¿Has encontrado *tu pasaporte?*
5. ¿Has hecho *las maletas?*
6. ¿Has leído *el itinerario?*
7. ¿Has cambiado *tu dinero?*

C. Los regalos. Sustituye los sustantivos con el pronombre correspondiente.

1. Mi hermano y yo _____ enviamos regalos. (a los niños / a mi sobrina / a Alberto)
2. Ellos _____ dieron las gracias. (a mí / a nosotros / a él)
3. _____ compré un juguete. (a mi hermanito / a ti / a ellos)
4. _____ va a gustar mucho. (a mi hermanito / a ti / a ellos)
5. No _____ escribí tarjetas. (a Uds. / a mis primos / a vosotras)
6. No _____ importa. (a nosotros / a ellos / a nosotras)
7. Ana y yo _____ regalamos algo muy bonito. (a él / a mi madre / a Juan)
8. Ellos _____ escribieron tarjetas. (a él / a mí / a nosotros)

D. En la consulta. Escribe el pronombre correspondiente.

1. ¿Te examinó el médico? Sí, él _____ examinó.
2. ¿Mencionaste al médico tus alergias? Sí, _____ dije todo lo que me pasaba.
3. ¿Te dio una receta? Sí, el médico _____ ha dado estas dos recetas.
4. ¿Llevarás las recetas al farmacéutico? Sí, _____ voy a llevar las recetas esta tarde.
5. ¿Ha hablado el médico con tus padres? Sí, _____ acaba de llamar.
6. ¿Va a llamarte el médico si hay algún problema? Sí, prometió que _____ llamaría.

E. En el estadio. Escribe una frase que clarifique o ponga énfasis en las siguientes oraciones.

1. Le dieron una medalla de oro _____ . (a Silvia)
2. Nos repitieron las instrucciones _____ dos veces.
3. ¿No te explicaron las reglas _____ ?
4. Les anunciaron los resultados _____ . (a los espectadores)

189

Object pronouns

5. Me dieron un programa _____.
6. Nos ofrecieron refrescos _____.
7. Les habían sugerido _____ que jugaran otro partido. (a los campeones)

F. Una receta. Responde a las siguientes preguntas sustituyendo los sustantivos con un pronombre. Da la forma afirmativa y la negativa del mandato familiar.

Ejemplo: ¿Añado los huevos?
Sí, añádelos. / No. No los añadas.

1. ¿Corto las cebollas?
2. ¿Mezclo los ingredientes?
3. ¿Hiervo el agua?
4. ¿Enciendo el horno?
5. ¿Pongo la carne en el horno?
6. ¿Pongo mantequilla en el sartén?
7. ¿Añado el limón?
8. ¿Caliento el aceite?

G. De excursión. Responde a las siguientes preguntas sustituyendo los sustantivos con un pronombre. Da una respuesta afirmativa y una negativa.

Ejemplo: ¿Hacemos reservaciones aquí?
Sí, háganlas aquí.
No, no las hagan aquí.

1. ¿Compramos un rollo de película aquí?
2. ¿Esperamos el autobús aquí?
3. ¿Dejamos las maletas aquí?
4. ¿Traemos estos folletos?
5. ¿Devolvemos los planes?
6. ¿Llevamos el almuerzo?
7. ¿Ponemos las cámaras con el equipaje?
8. ¿Conducimos las motos?
9. ¿Escribimos las tarjetas postales ahora?
10. ¿Pagamos la cuenta ahora?

H. Mandatos. Responde a las siguientes preguntas con un mandato familiar. Usa la información entre paréntesis.

Ejemplo: ¿Qué hago con estos informes? (dar / al profesor)
Dáselos al profesor.

1. Ésta es mi nueva amiga. (presentar / a mí)
2. ¿Qué voy a hacer con la computadora? (vender / a algún estudiante)
3. Carlitos está jugando con el control remoto. (quitar / a él)
4. Mis padres llegan muy tarde del trabajo hoy y no hay nada de comer. (llevar / a un restaurante)
5. Tengo problemas con mi profesora de matemáticas. (hablar / a ella)
6. Esta noche quiero ir al cine. (pedir permiso / a tus padres)
7. Acabo de leer un libro maravilloso. (prestar / a mí)

I. Más mandatos. Escribe mandatos usando todos los pronombres posibles.

Ejemplo: Traer los apuntes / a mí
           Tráemelos.

1. Comprar un regalo / a tus padres
2. Decir la verdad / a nosotros
3. Contar el cuento / a ellos
4. Saludar / a tus tíos
5. Enviar la carta / a tu novio
6. Pedir los apuntes / a un amigo
7. Cambiar los zapatos / a tu abuela
8. Devolver las revistas / a ellas
9. Prestar el disco compacto / a tus hermanas
10. Preguntar lo que pasó / al policía

J. Los quehaceres de casa. Responde de dos maneras diferentes a las siguientes preguntas sustituyendo los sustantivos con el pronombre correspondiente. Usa el ejemplo como guía.

Ejemplo: ¿Estás limpiando tu cuarto?
           Sí, estoy limpiándolo.
           Sí, lo estoy limpiando.

1. ¿Sigues quitando el polvo?
2. ¿Estás pasando la aspiradora?
3. ¿Estás haciendo la cama?
4. ¿Sigues recogiendo la ropa sucia?
5. ¿Estás lavando la ropa?
6. ¿Estás planchando las camisas?
7. ¿Estás cambiando las sábanas?
8. ¿Sigues lavando los platos?

K. En el barrio. Responde a las siguientes preguntas sustituyendo los sustantivos con el pronombre correspondiente. Usa el ejemplo como guía.

Ejemplo: ¿Vas a cortar el césped?
           Sí, voy a cortarlo.
           Sí, lo voy a cortar.

1. ¿Piensas devolver el cortacésped?
2. ¿Quieres ayudar a los vecinos?
3. ¿Vas a pintar su casa?
4. ¿Tienes que cuidar a sus niños?
5. ¿Esperas conocer a todos los vecinos?
6. ¿Deseas visitar al anciano?
7. ¿Vas a cortar el árbol?

Object pronouns

L. De compras. Escribe las frases siguientes de nuevo usando todos los pronombres posibles.

> *Ejemplo:* El dependiente nos pidió la tarjeta de crédito.
> *El dependiente nos la pidió.*

1. Julia me mostró el vestido.
2. Les compré zapatos a los niños.
3. La vendedora nos explicó el descuento.
4. Dijimos las tallas a la dependiente.
5. El supervisor quería ofrecernos las medias gratis.
6. Un cliente estaba repitiendo sus quejas a la dueña.
7. El gerente nos bajó el precio.
8. Yo mostré otro diseño a Dorotea.
9. Julio me dijo el precio de la chaqueta.
10. Los niños dieron las camisas a su hermano.

M. Planes para una visita al museo. Responde a las siguientes preguntas usando pronombres cuando sea posible.

1. ¿Te interesa la exposición?
2. ¿Quieres esta entrada?
3. ¿Van a acompañarnos tus hermanos?
4. ¿Me puedes dar la dirección del museo?
5. ¿A qué hora te busco?
6. ¿Quieres que te llame antes de salir?
7. ¿Puedo invitar a Ricardo?
8. ¿Le doy esta entrada a Ricardo?

N. En el museo. Escribe en español el pronombre entre paréntesis.

1. Nuestros amigos _____ (*us*) invitaron a esta exposición.
2. Hacía meses que _____ (*it*) queríamos ver.
3. _____ (*For us*) compraron las entradas.
4. Vinieron con _____ (*us*) en nuestro coche.
5. Comimos con _____ (*them*) en el restaurante.
6. Ellos _____ (*for us*) pidieron algunos entremeses.
7. El camarero _____ (*them*) dio la cuenta.
8. Yo _____ (*them*) dije que quería pagar _____ (*it*).
9. Al principio, ellos no _____ (*to me*) permitían pagar, pero por fin _____ _____ dieron (*it to me*).

O. Un regalo.   Completa el siguiente diálogo con el pronombre apropiado.

—Hola Juan, ¿qué llevas ahí?

—Una cámara que compré ayer.

—¿Dónde _____ compraste?

—_____ compré en una tienda nueva que tiene unos precios fabulosos.

—¿_____ puedo ver?

—Sí, pero ten cuidado, es un regalo. Es para Ángel. ¿_____ conoces?

—Oh sí, _____ vi hablando contigo ayer.

—Bueno, _____ voy a buscar ahora.

—Estoy segura que _____ va a gustar mucho.

—Así espero.

193

Object pronouns

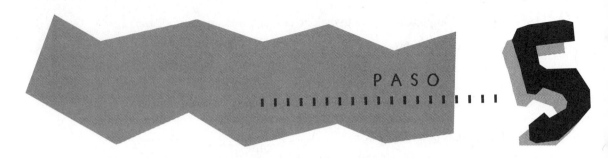

Relative pronouns

When you studied the subjunctive, you learned how two sentences can be connected to form a new one by using the relative pronoun *que*.

> Busco alguien que sepa bailar el tango.
>
> *I am looking for someone who can dance the tango.*

> Ellos siempre insisten en que yo llegue a tiempo.
>
> *They always insist that I arrive on time.*

In English the relative pronouns are *that, what, which, who, whom,* and *whose*. Now you will review how to use them in Spanish.

General considerations

Relative pronouns refer to something or someone in the main clause. They allow you to avoid repetition and help to produce smooth, connected sentences. For example:

> Ésta es la chica **que** se va a casar con mi hermano.
>
> *This is the girl who is going to marry my brother.*

In order to understand better how to use the relative pronouns in Spanish, you should learn that there are two types of relative clauses: restrictive and nonrestrictive, or parenthetical.

> Esa chica **que** camina por allí es mi amiga.
>
> *That girl who is walking there is my friend.*

This is an example of a restrictive clause because the relative clause is needed to give meaning to the sentence. On the other hand, the following is an example of a nonrestrictive (parenthetical) clause because it has been added only to clarify; if you were to take it out, the sentence would still have meaning.

> Esa chica, **que** camina por allí, es mi amiga.
>
> *That girl, who is walking there, is my friend.*

Note that both in English and Spanish the nonrestrictive (parenthetical) clause appears between commas but the restrictive does not.

194

In English, the relative pronoun may be stated or omitted, but in Spanish it must *always* be used.

La casa **que** yo pinté es de María.

The house that I painted is María's.
The house I painted is María's.

"Que"

Que is the most frequently used relative pronoun. It may refer to persons or things in both restrictive and nonrestrictive clauses. It may also be used by itself after prepositions.

El libro **que** te pedí es muy caro.

The book (that) I asked you for is very expensive.

Ése es el avión en **que** vino de Viena.

That is the plane in which he came from Vienna.

Ejercicios

A. En mi niñez. Mariela habla de cosas que sucedían durante su niñez pero repite muchas cosas. Escribe una nueva frase usando el pronombre relativo *que*, evitando así la repetición.

1. Me subía al árbol. El árbol era muy alto.
2. Mi mamá me hacía cuentos. Los cuentos eran muy interesantes.
3. Yo iba a patinar en el parque. El parque estaba a tres cuadras de la escuela.
4. Mi mamá me llevaba a la escuela. La escuela estaba en la esquina de mi casa.
5. Yo jugaba a muchos juegos. Los juegos eran divertidos.
6. Por las tardes regresaba a mi casa con mi tía. Mi tía era profesora en la misma escuela.

B. Ideas sobre una novela. Usa las palabras a continuación para escribir frases completas sobre una novela.

Ejemplo: la novela / leer anoche / ser excelente
La novela que leí anoche es excelente.

1. los personajes / aparecer en la novela / ser interesantes
2. el final / escribir el autor / ser sorprendente
3. el título / escoger el autor / ser demasiado largo
4. el ambiente / describir el autor / ser realista
5. la película / ir a hacer sobre la novela / salir en la primavera

"El que, la que, los que, las que"

These relative pronouns are used to refer to persons, and they are the equivalent of the English *he who, she who, those who,* and *the one(s) who.*

Los estudiantes que llegaron ayer son de Guatemala.	*The students who arrived yesterday are from Guatemala.*
Los que llegaron ayer son de Guatemala.	*The ones who arrived yesterday are from Guatemala.*
Siempre salgo con el chico que va a esa escuela.	*I always go out with the boy who goes to that school.*
Siempre salgo con **el que** va a esa escuela.	*I always go out with the one who goes to that school.*

These relative pronouns can also help you distinguish the persons you are describing and avoid repeating their names. In this case, the phrases are separated by commas and the definite article agrees with the person or persons to whom you are referring.

Mi amiga Celia, **la que** juega fútbol, acaba de ganar la competencia.	*My friend Celia, the one who plays soccer, has just won the competition.*

Ejercicios

A. Evitando la repetición.

Usa los pronombres relativos correspondientes para evitar la repetición de los sujetos de las siguientes frases.

Ejemplo: Los estudiantes que van al gimnasio tienen que ponerse los zapatos de tenis.
Los que van al gimnasio ahora tienen que ponerse los zapatos de tenis.

1. Las chicas que vi en el restaurante anoche van a una escuela privada.
2. El hombre que está en la esquina anda perdido.
3. La mujer que hace cola espera la venta de los boletos.
4. Los policías que van en ese coche patrullan este vecindario.
5. El chico que corre se parece a mi amigo Gilberto.
6. Las mujeres que están en esa tienda llevan vestidos elegantes.

B. Más información.

¿Qué información adicional puedes dar sobre las siguientes personas? Usa los pronombres relativos *el que, la que,* etc. para añadir más información a las frases siguientes.

Ejemplo: Mi profesor de español, _____, explica los ejercicios muy bien.
Mi profesor de español, el que va por allí, explica los ejercicios muy bien.

1. Mi tío, _____, viaja mucho durante el verano.
2. Las estudiantes de intercambio, _____, se van a quedar aquí por dos meses.
3. Los vecinos de Julia, _____, siempre hacen mucho ruido.
4. La hija del director, _____, recibió una beca para estudiar en la universidad.

5. El abogado de mis padres, _____, ganó un caso muy importante.

6. Mis amigos de la República Dominicana, _____, vienen a visitarnos el mes próximo.

"Quien, quienes"

Quien and *quienes* are used only in nonrestrictive clauses. At all other times *que* is used. Note that *quien* and *quienes* (not *que*) express *who* or *whom*.

El autor, **quien** había escrito ese libro, habló en la conferencia

The author, who had written that book, spoke at the conference.

Las mujeres, **quienes** habían protestado, recibieron una disculpa del jefe.

The women, who had protested, received an excuse from the boss.

At the beginning of a sentence, *quien* or *quienes* often replaces *el que, la que,* etc. when *el que, la que,* etc. refer to *he who* or *whoever* (in other words, an indefinite subject).

El que venga temprano recibirá el premio.

He who comes early will receive the prize.

Quien venga temprano, recibirá el premio.

Whoever comes early will receive the prize.

In all the previous examples, *quien* is used as the subject of its clause, but it may also be used as an object of its clause when it is preceded by the preposition *a*. Although you can also use *al que, a la que,* etc., *a quien* and *a quienes* are preferred.

Las señoras **a quienes** saludé son amigas de mis padres.

The ladies whom I greeted are my parents' friends.

Quien and *quienes* are used as the object of a preposition when referring to a person.

Ésas son las chicas **en quienes** confié.

Those are the girls in whom I confided.

Ejercicio

A. Preparativos.
Ramona habla de los preparativos para el estreno de una nueva obra de teatro. Completa las frases con el pronombre relativo correspondiente. Cuidado, en una de las frases vas a necesitar una contracción.

1. Hemos invitado a muchas personas. _____ lleguen tarde se sentarán en el balcón.

2. Ésta es la lista de los críticos a _____ invité.

3. En esta fila se sentará el hombre en _____ la obra está basada.

4. _____ hayan enviado los cheques recibirán los boletos en la taquilla.

5. El nombre de _____ haya vendido más boletos aparecerá en el programa.

6. Los padres, _____ han pasado tantas horas pintando el escenario, serán invitados a la recepción.

7. El autor, _____ ha escrito ya varias obras de teatro, está muy orgulloso de trabajar con nosotros.

8. Los estudiantes, _____ van a ayudar a sentar al público, están listos ya.

"Lo que"

Lo que is used in Spanish to refer to an idea that has been previously stated. In other words, it sums up the whole idea expressed previously and is the equivalent of the English *that which*.

Lo que te conté es verídico.	*What (That which) I told you is true.*
¿Por qué no me dices **lo que** estás pensado?	*Why don't you tell me what (that which) you are thinking?*

Ejercicio

A. Reacciones. ¿Cómo reaccionarías a las siguientes declaraciones? Usa el pronombre relativo *lo que* para expresar tu opinión.

Ejemplo: El periódico contiene artículos increíbles.
Lo que dicen los artículos es mentira.

1. Varios OVNIS (*UFOs*) visitan pueblo en Texas.
2. Perro labrador salva a elefante.
3. Millonario regala todo su dinero en las calles de Nueva York.
4. Famosa actriz declara que fue amiga de Cervantes en su "otra" vida.
5. Diez cobras escapan del parque zoológico.
6. Joven de dieciséis años afirma haber visitado el planeta Marte.
7. Nueva autobiografía revela que Colón nunca llegó a América.
8. Niña de tres meses resuelve problemas de cálculo.

"El cual, la cual, los cuales, las cuales"

Any of these forms may be used instead of the relative pronouns previously reviewed (*que, quien, quienes, el/la/los/las que*). In some parts of the Spanish-speaking world one may be used more than the other, but generally one finds *que* more commonly in everyday speech and the different forms of *el cual* in formal or written speech.

After prepositions of more than one syllable, *el cual, la cual,* etc. are used instead of *que, quien,* or *quienes,* particularly after *por, sin,* and *para*. To avoid any confusion with the conjunctions *porque, sin que,* and *para que,* use *el cual, la cual,* etc.

El candidato por **el cual** voté ganó las elecciones.	*The candidate for whom I voted won the election.*

"Lo cual"

Like *lo que, lo cual* is used to refer to an idea previously stated.

El presidente cambió de opinión varias veces, **lo cual** causó muchos comentarios de la prensa.	*The president changed his mind several times, which caused many comments from the press.*

When the idea has not been mentioned, use only *lo que.*

Lo que él te dijo no es verdad.	*What he told you is not true.*

Ejercicios

A. Completando ideas.
Completa las siguientes frases con el pronombre relativo apropiado.

1. Éste es el libro del _____ te hablé.
2. Este verano gané mucho dinero, _____ me ayudará a pagar muchas cuentas.
3. Allí venden los programas sin _____ no podrás usar la computadora.
4. Eduardo siempre me interrumpe, _____ me molesta mucho.
5. Mi prima Celeste, _____ nunca ha estado en los Estados Unidos, viene a visitarnos en agosto.
6. Las secretarias por _____ intervino el congresista no recibían el mismo sueldo que los hombres.

B. La ecología.
Completa las siguientes frases usando un pronombre relativo apropiado para añadir más información.

1. Los ciudadanos deben separar los periódicos del resto de la basura, _____.
2. Muchas industrias están echando desperdicios al mar, _____.
3. Hay que separar las botellas según el material de que están hechas, _____.
4. Todos los periódicos tienen que estar atados, _____.
5. Antes de echar las botellas, es necesario quitarles las etiquetas, _____.

199

"Cuyo, cuya, cuyos, cuyas"

The forms of *cuyo* are the equivalent of *whose*. It is placed in front of the noun that it modifies and it must agree with the noun that it introduces. If it introduces more than one noun, it agrees only with the first one.

Éstas son las plantas **cuyas** flores se usan para hacer té.

These are the plants whose flowers are used to make tea.

Ése es el autor **cuyos** cuentos y novelas han recibido muchos premios internacionales.

This is the author whose stories and novels have received many international prizes.

When *whose* is used as an interrogative word, *¿De quién?* and *¿De quiénes?* is used; the forms of *cuyo* can never be used in this context.

¿De quién es el coche azul?

Whose car is the blue one?

Ejercicios

A. Completando ideas.
Completa las siguientes frases con *cuyo, cuya, cuyos, o cuyas*.

1. Ésa es la chica _____ mochila encontré en el pasillo.
2. Aquí está el libro _____ páginas no está en orden.
3. Ésa es la película _____ final no me gustó.
4. Éste es el programa _____ temas son controversiales.
5. Ésta es la señora _____ hijos asisten a mi colegio.
6. Éstos son los cantantes _____ canciones tienen mucho éxito.
7. Éste es el coche _____ motor tiene muchos problemas.
8. Éste es el equipo _____ jugadores son todos nicaragüenses.
9. Ésta es la actriz _____ hermana va a actuar con ella en una nueva película.
10. Éste es el cuarto _____ ventanas no se pueden abrir.

B. Ideas sobre la televisión.
Usa la información a continuación para escribir oraciones sobre la televisión.

Ejemplo: Los programas / personajes / usar violencia / atraer mucho al público
Los programas cuyos personajes usan violencia atraen mucho al público.

1. Los padres / hijos / ver demasiada televisión / quejarse del contenido
2. Las estaciones de PBS / programas ser buenos / ayudar a los jóvenes
3. Este noticiero / reportaje ganar un premio / ser cancelado
4. Los programas / audiencia ser muy joven / tener éxito
5. La locutora / entrevistas ser en vivo / visitar varios países latinoamericanos

"Donde"

Donde is used also as a relative pronoun, especially after the prepositions *a* (in the sense of *toward*), *de* (meaning *from*), *desde, hacia, por* (in the sense of *along, through*), and *en* (*in*).

Regresamos al restaurante **donde** nos conocimos.	*We returned to the restaurant where we met.*
Ése es el edificio **de donde** salió Juan ayer.	*That is the building from which Juan came yesterday.*
Tienes que ir **por donde** te llevé la semana pasada.	*You have to go through where I took you last week.*
Vamos **adonde** viven los González.	*We are going to where the González family lives.*

Note that in this last example we have used *adonde*, the relative pronoun. *Adónde* is used as an interrogative.

"Cuando"

Cuando is used only in nonrestrictive clauses.

El año que viene, **cuando** vaya a visitarte, te llevaré los libros.	*Next year, when I visit you, I will take you the books.*

Ejercicio

A. Completando ideas.   Completa las siguientes frases con el pronombre relativo *donde* o *cuando*.

1. En ese momento, _____ ella me dio la mano, supe que me perdonaba.
2. No le pregunté hacia _____ iba.
3. Quizás encontremos el reloj si pasamos por _____ tú caminaste esta mañana.
4. Esta tarde, _____ termines de trabajar, llámame y te iré a recoger.
5. ¿Qué hiciste con la caja _____ yo puse las estampillas?
6. En esa ciudad, _____ ellos nacieron, han destruido la mayoría de los teatros.

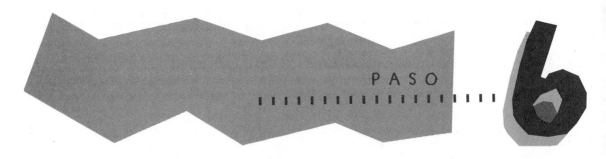

Interrogatives and exclamations

Interrogatives

Interrogatives are used to ask questions. They can be used as adjectives, adverbs, or pronouns.

adjective:	**¿Qué** película prefieres?
adverb:	**¿Cuándo** vienes a visitarnos?
pronoun:	**¿Quién** es esa persona?

The interrogatives are:

¿qué?	**¿Qué** es eso?	**¿Qué** día es?
¿cómo?	**¿Cómo** te llamas?	**¿Cómo** puedes leer así?
¿quién(es)?	**¿Quién(es)** vive(n) allí?	**¿Quién(es)** es (son)?
¿a quién(es)?	¿A **quién(es)** miras?	¿A **quién(es)** escribes?
¿cuándo?	**¿Cuándo** te vas?	**¿Cuándo** llegamos?
¿cuánto(a)?	**¿Cuánto** cuesta?	**¿Cuánto** dinero traes?
		¿Cuánta tarea tienes?
¿cuántos(as)?	**¿Cuántos** vienen?	**¿Cuántos** estudiantes hay?
		¿Cuántas sillas tenemos?
¿dónde?	**¿Dónde** vives?	**¿Dónde** están?
¿adónde?	**¿Adónde** vas?	**¿Adónde** se dirigen Uds.?
¿cuál?	**¿Cuál** prefieres?	**¿Cuál** es la fecha?
¿cuáles?	**¿Cuáles** quieres?	**¿Cuáles** son tus libros?
¿por qué?	**¿Por qué** no vienes?	**¿Por qué** te portas así?

Prepositions related to the interrogative must precede the interrogative.

¿Con quién vas?	**¿Para quiénes** son?	**¿De qué** hablas?
¿De quién(es)?	**¿De quién(es)** es (son)?	**¿De quién(es)** es (son) las llaves?
¿Para qué?	**¿Para qué** estudias?	**¿Para qué** lo compras?

Interrogatives, whether direct or indirect, always have written accents.

¿**Qué** es eso?	*What is that?*
No sé **qué** es.	*I don't know what it is.*

Indirect questions have a clause preceding the interrogative.

Dime **cuándo** te vas.	*Tell me when you are leaving.*
Nadie sabe **cuántos** vienen.	*Nobody knows how many are coming.*
Me interesa saber **por qué** lo hicieron.	*I am interested in knowing why they did it.*

Interrogative words cannot precede an adjective or an adverb. Consider the following:

¿**Cuál** es tu estatura?	*How tall are you?*
¿**Cómo** bailas?	*How well do you dance?*
¿**Cómo** fue el examen de difícil?	*How hard was the test?*

¿Qué? vs. ¿Cuál?

Qué is used when asking for an explanation or a definition. It is also used before a noun.

¿**Qué** es el surrealismo?	*What is surrealism?*
¿**Qué** día es?	*What day is (today)?*

Cuál is used when asking for a selection or choice. It is generally used when followed by a form of *ser* and a noun.

¿**Cuál** es la fecha?	*What's today's date?*
¿**Cuál** es el libro que te gusta más?	*Which is the book that you like more?*

Exclamations

Exclamations are used to express feelings or reactions of surprise or amazement. They always have written accents.

¡Qué!	¡**Qué** caro!	*How expensive!*
	¡**Qué** día más (tan) bonito!	*What a beautiful day!*
¡Cómo!	¡**Cómo** corren esos atletas!	*How (fast) those athletes run!*
¡Cuánto!	¡**Cuánto** trabajo tenemos!	*How much work we have!*
¡Cuán! (*literary*)	¡**Cuán** callado queda el cielo!	*How silent the sky remains!*

Unlike the interrogatives, the exclamatory *qué* can precede adjectives and adverbs.

¡**Qué alto** eres!	*How tall you are!*
¡**Qué bien** bailas!	*How well you dance!*
¡**Qué difícil** fue el examen!	*How difficult the exam was!*

Ejercicios

A. Preguntas básicas. Completa las siguientes frases con una palabra interrogativa.

1. ¿——————— hora es?
2. ¿——————— te diriges?
3. ¿——————— eres?
4. ¿——————— es eso?
5. ¿——————— vives?
6. ¿——————— es la fecha?
7. ¿——————— te llamas?
8. ¿——————— viven allí?
9. ¿——————— son las respuestas?
10. ¿——————— sales?

B. ¿Y? Continúa la conversación con una pregunta apropiada.

1. Yo voy con ellos. ¿Y tú? ———————
2. Nací en el año 1978. ¿Y tú? ———————
3. Estas llaves son mías. ¿Y ésas? ———————
4. Lo hago porque me interesa. ¿Y tú? ———————
5. Es muy difícil. ¿Y tu clase? ———————
6. No tengo nada. ¿Y tú? ———————
7. Me marcho a las cinco. ¿Y tú? ———————
8. El nombre del hotel es El Reginaldo. ¿Y el otro hotel? ———————
9. El tango es un baile. ¿Y la zarzuela? ———————
10. Éstos son míos. ¿Y los de Mariana? ———————

C. En un museo. Escoge entre qué y cuál(es).

1. ¿——————— museo te gusta más?
2. ¿——————— son las mejores exposiciones?
3. ¿——————— representa esa escultura?
4. ¿A ——————— escuela pertenecen estos artistas?
5. En tu opinión, ¿——————— es la obra más bella de la colección?
6. ¿——————— de estos tres cuadros te parece el más moderno?
7. ¿——————— es el salón más grande?
8. ¿En ——————— piso tienen la pintura española?
9. ¿——————— artista es tu preferido?
10. ¿Con ——————— otro artista se puede comparar éste?

D. Unos turistas en la ciudad.
Escribe las preguntas que produzcan las siguientes respuestas.

1. El policía que está allí puede ayudarle.
2. Ese edificio se llama El Roble.
3. La agencia de viajes se encuentra en la calle Florida.
4. Se pueden conseguir mapas en las librerías o en cualquier quiosco.
5. No hay ningún banco abierto a estas horas.
6. El transporte público es muy bueno.
7. Hay tanta gente hoy porque es un día de fiesta.
8. El precio de una excursión por la ciudad vale aproximadamente 2.000 pesetas.
9. Las tiendas se abren a las 9,30.
10. Ese hombre es un obrero municipal.

E. Quieren saber.
Escribe la pregunta que quizás haga la gente en las situaciones a continuación.

1. Una viajera quiere saber el precio de un taxi desde su hotel hacia el centro.
2. Un pedíatra quiere saber la edad de un niño.
3. La torre de control quiere saber la altitud de un avión.
4. Un niño quiere saber cuándo puede ir afuera para jugar.
5. Una estudiante quiere saber su nota en un examen.
6. Una gerente quiere saber el número de empleados que trabaja tiempo completo.
7. Un empleado quiere una explicación del nuevo sistema de computadoras.
8. Un aduanero quiere saber el número de un pasaporte.
9. Un policía quiere saber los nombres de los delincuentes.
10. Una abogada quiere saber la acusación contra su cliente.

F. En forma de pregunta, por favor.
Las siguientes frases provienen de una entrevista con la señora Segovia, viuda de Andrés Segovia. Andrés Segovia fue uno de los guitarristas más famosos del mundo entero. Aquí tienes partes de las respuestas de la señora Segovia. Escribe la pregunta que pienses que le hizo la reportera que la entrevistaba.

1. Mi padre era un hombre solvente, amante del arte, de la música y gran aficionado al instrumento de la guitarra.
2. En aquella época yo daba algunos conciertos, pero sobre todo estudiaba.
3. Andrés ha sido un hombre excepcional: generoso, bueno, comprensivo.
4. Hasta el último momento no pronunció la palabra «Me muero».
5. El veintidós de mayo de mil novecientos setenta, a las cinco de la mañana, nació Carlos Andrés en Londres.
6. Algún día saldrán a la luz las cartas que nos escribimos.
7. Es un joven muy culto: lee buena literatura, ve muchas exposiciones y asiste a conferencias.
8. Ahora estoy mejor, pero he estado completamente perdida. Su muerte me produce un gran desconsuelo.
9. Vivo día a día y no pienso en el futuro.
10. Leíamos y escuchábamos música, pero cuando más tranquilos estábamos era en nuestra casa de campo.

G. Tu reacción. Lee las frases a continuación. Luego escribe una exclamación que creas que sea apropiada.

1. Esta grabadora cuesta doscientos dólares.
2. Tu mejor amigo(a) no quiso ir al partido contigo.
3. La temperatura ha subido a 101° F.
4. En la cafetería un chico se ha comido tres hamburguesas.
5. Hubo más de mil personas en el concierto el fin de semana pasado.
6. Ya han caído seis pulgadas y sigue lloviendo.
7. Tu mejor amigo(a) te ayuda con las tareas.
8. El (La) profesor(a) le muestra a la clase las fotos de sus vacaciones.

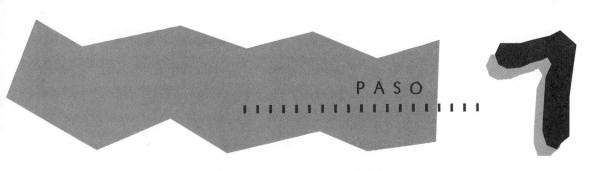

Numbers

There are two types of numbers: cardinals and ordinals.

Cardinal numbers

uno	once	veintiuno, -a	treinta y uno
dos	doce	veintidós	treinta y dos
tres	trece	veintitrés	treinta y tres
cuatro	catorce	veinticuatro	treinta y cuatro
cinco	quince	veinticinco	treinta y cinco
seis	dieciséis	veintiséis	treinta y seis
siete	diecesiete	veintisiete	treinta y siete
ocho	dieciocho	veintiocho	treinta y ocho
nueve	diecinueve	veintinueve	treinta y nueve
diez	veinte	treinta	cuarenta

cincuenta   sesenta   setenta   ochenta   noventa

ciento (cien)   cuatrocientos(as)   setecientos(as)
doscientos(as)   quinientos(as)   ochocientos(as)
trescientos(as)   seiscientos(as)   novecientos(as)

mil   dos mil   mil millones (1.000.000.000)
un millón   dos millones

The numbers 16 to 19 and 21 to 29 can also be written as three separate words, such as *diez y seis* or *veinte y uno*.

Before a masculine noun in any quantity that ends in *uno*, the *o* is dropped. *Veintiuno* drops the *o* before masculine nouns and an accent is added.

Ya han llegado **veintiún** invitados.   *Twenty-one guests have already arrived.*

Only *uno* (*una, un*) and compounds of *ciento* change endings according to gender.

Conté **sesenta y una** palabras extranjeras.	*I counted seventy-one foreign words.*
Se construyeron **quinientas** casas nuevas.	*Five hundred new houses were built.*

Periods, not commas, are used to separate units.

1.000 2.500 *but* 2,5 1,75

Un is not used before *ciento* or *mil*.

Tenemos **ciento** cincuenta pero esperamos tener **mil.**	*We have one hundred fifty, but we hope to have a thousand.*

Cien is the exact quantity 100 and *ciento* is used in 101–199.

Noventa más diez son **cien.**	*Ninety plus ten is one hundred.*
Hay **cien** sillas en la sala.	*There are a hundred chairs in the living room.*
En esa cuarto hay **ciento** doce personas.	*In that room there are one hundred twelve people.*

Miles is used to express *thousands*.

When *millón* or *millones* is followed by a noun, *de* is also used.

un millón de estrellas	*a million stars*
doscientos **millones de** años	*two hundred million years*

Y is used only to separate tens from units when they are written as separate words.

veintiocho días	*twenty-eight days*
ciento **treinta y tres** páginas	*one hundred thirty-three pages*
mil novecientos **cincuenta y cuatro** personas	*one thousand nine hundred and fifty-four people.*

Ordinal numbers

primero(a, os, as)	sexto(a, os, as)
segundo(a, os, as)	séptimo(a, os, as)
tercero(a, os, as)	octavo(a, os, as)
cuarto(a, os, as)	noveno(a, os, as)
quinto(a, os, as)	décimo(a, os, as)

As adjectives or pronouns, ordinal numbers agree in number and gender with the noun they are modifying or referring to. As adjectives, they precede the noun.

Fuimos los **primeros** en llegar.	*We were the first ones to arrive.*
Fue la **segunda** vez que él nos llamó.	*It was the second time that he called us.*

208

For ordinals beyond *tenth*, the cardinals are used and they generally follow the noun. They are always in the masculine singular form.

El teléfono se inventó en el siglo **diecinueve.**	*The telephone was invented in the nineteenth century.*
En 1989 se celebró el aniversario **doscientos** de la constitución de los Estados Unidos.	*In 1989, the two hundredth anniversary of the U.S. constitution was celebrated.*

Primero and *tercero* drop the *o* before masculine singular nouns.

el **primer** día	*the first day*
el **tercer** mes	*the third month*

Ejercicios

A. Los números. Escribe los números en lugar de las cifras entre paréntesis.

_____ (1) milla _____ (2) manos _____
(4) patas _____ (10) mandamientos _____ (11) jugadores
_____ (12) huevos _____ (13) colonias _____
(18) años _____ (21) años _____ (30) días
_____ (40) días y _____ (40) noches _____ (52)
semanas _____ (75) por ciento _____ (98,4 grados)
_____ (100) por ciento _____ (101) dálmatas (*Dalmations*)
_____ (180) grados _____ (365) días _____
(500) metros _____ (1000) años _____ (1500) metros
_____ (5.280) yardas _____ (1.000.000) años
_____ (1.000.000.000) estrellas

B. Algunos años históricos. Escribe en palabras los años a continuación.

1.	711	3.	1492	5.	1776
2.	1088	4.	1588	6.	1945

C. En la agencia de viajes. Completa la narración, escribiendo los números entre paréntesis.

—Hola. Buenos días. Quisiera comprar unos billetes de tren para Sevilla.

—Muy bien. ¿Cuántos?

—Bueno, somos _____ (2) adultos y _____ (3) niños. Nos gustaría viajar el _____ (31) de marzo y pensamos volver el _____ (19) de abril. ¿Me puede decir cuánto valen para esas fechas?

—De ida y vuelta, entonces, ¿verdad?

—Sí, por favor.

—A ver. Primero, para los mayores, sería _____ (25.765) pesetas cada persona, pero

tenemos un descuento del _____ (10) por ciento, entonces Uds. ahorrían

_____ (2.577), por los dos sería _____ (51.530) pesetas. Si pueden salir

_____ (1) día más tarde, el _____ (1) de abril, puedo conseguirles

billetes por _____ (19.950), por un total de _____ (39.900). A ver, eso

es _____ (11.630) menos.

—¿Y para los niños?

—Ellos pagan la mitad, entonces si Uds. salen el _____ (1), pagarían

_____ (9.925) por cada uno, un total para los tres de _____ (29.925).

—Vale. Muy bien. Vamos a tomar los más baratos, los del _____ (1).

—Muy bien. Ahora, Uds. se dan cuenta de que van a viajar durante la Semana Santa y que habrá

_____ (1000s) de visitantes.

—Sí, ya lo sé. Por eso vamos.

D. Transcribir las cifras.
Imagínate que eres periodista y acabas de regresar de una entrevista con una persona muy famosa. Escribe en letras las cifras de tus gastos durante el viaje. ¿Crees que se enfadará el director del periódico para el cual has hecho la entrevista? (todos los números en pesetas)

1.	presupuesto total	135.000
2.	llamadas telefónicas	8.376
3.	transporte	25.150
4.	comidas	19.844
5.	hotel	68.538
6.	varios	13.775

E. Las instrucciones.
Unos amigos te van a visitar y les hacen falta las intrucciones para llegar a tu casa. Escribe en palabras los números que aparecen en las instrucciones.

Primero, toma la ruta _____ (495) Norte aproximadamente _____ (100)

kilómetros hasta la salida número _____ (38) B (creo que es la _____ [3a]

salida después del puente). Ésa será la carretera número _____ (128). Sigue en la

_____ (128) por _____ (21) kilómetros y luego busca el letrero que dice

San José. Vas a encontrar varias fábricas y al pasar la _____ (4a), busca la ruta

_____ (55). Al entrar en la _____ (55), dobla a la derecha en el

(1er) _____ semáforo. Esa calle se llama la calle Lagos. Vivimos en el

_____ (7o) edificio a la derecha, el número _____ (1845),

apartamento _____ (1239), en el piso _____ (12).

F. Ranking de audiencias. Mira el cuadro a continuación sobre el número de gente que miró la televisión durante un período de cinco días. Lee la información bajo cada encabezamiento y contesta las preguntas.

Programa	Cadena	Hora	Audiencia	%	Total
Ranking de audiencias máximas por horas (lunes a viernes)					
Supergarcía en la hora cero	Antena 3	24.00 a 01.00h	1.026.000	36,8%	2.788.000
Hoy por hoy	SER Conv	10.00 a 11.00h	895.000	14,3%	6.248.000
La bisagra	RNE1 Conv	10.00 a 11.00h	729.000	11,7%	6.248.000
Protagonistas	COPE Conv	11.00 a 12.00h	711.000	11,1%	6.417.000
España a las 8	RNE1 Conv	08.00 a 09.00h	660.000	16,3%	4.038.000
El primero de la mañana	Antena 3	08.00 a 09.00h	626.000	15,5%	4.038.000
Escrito en el aire	RNE1 Conv	09.00 a 10.00h	626.000	11,9%	5.262.000
Matinal Ser	SER Conv	08.00 a 09.00h	554.000	13,7%	4.038.000
El primero de la mañana	Antena 3	09.00 a 10.00h	535.000	10,2%	5.262.000
De par en par	RNE1 Conv	12.00 a 13.00h	496.000	9,0%	5.494.000

1. Escribe en letras el porcentaje de las personas que miraron la televisión entre las ocho y las nueve en cada estación y en total.
2. ¿Cuántas personas miraron la televisión entre las diez y las once en cada estación? ¿Y en total?
3. ¿Cuál fue el programa más popular entre las nueve y las diez? ¿Cuántas personas lo miraron?
4. ¿Cuál fue el programa que tuvo menos éxito durante esos cinco días? ¿Qué porcentaje de la audiencia tuvo?
5. ¿Cuál es el programa más popular de todos? ¿Cuántas personas lo miraron? ¿Qué porcentaje de la audiencia lo miró?

G. Números. Escribe el primer número (específico o no) en que piensas al ver las siguientes palabras. Después explica por qué pensaste en él.

1. huevos
2. edad
3. estrellas
4. mala suerte
5. buena suerte
6. naipes (*playing cards*)
7. semana
8. estados
9. equipo
10. dedos
11. febrero
12. hora
13. año
14. milenio

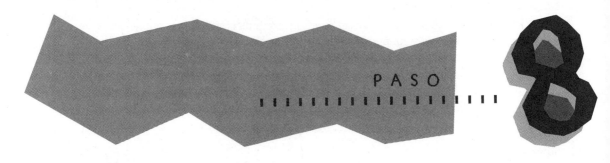

Indefinite and negative words

Indefinite and negative words

algo (pron.)	*something*	nada (pron.)	*nothing*
alguien (pron.)	*someone, somebody, anyone*	nadie (pron.)	*no one, nobody, not anyone*
algún, alguno(a, os, as) (adj.)	*some, any*	ningún, ninguno(a, os, as) (adj.)	*none, not any*
siempre (adv.)	*always*	nunca, jamás (adv.)	*never, not ever*
también (adv.)	*also*	tampoco (adv.)	*not either, neither*
todavía (adv.)	*still*	todavía no (adv.)	*not yet*
o ... o (conj.)	*either . . . or*	ni ... ni (conj.)	*neither . . . nor*

In Spanish, the negative is formed by placing *no* in front of the conjugated verb. As many negative words as are appropriate may be used in the same sentence. At least one of them must precede the verb.

No veo a **nadie nunca** en este lugar.   *I don't see anyone ever in this place.*

Note that a personal *a* is needed before *nadie* and *ningún(guno, guna, gunos, gunas)*. If a negative word other than *no* is placed before the verb, *no* is not needed, but in order to express negation there must always be a negative word before the verb.

No lo veo **nunca**.   *I never see him.*
Nunca lo veo.

No lo vi **tampoco**.   *I didn't see him either.*
Tampoco lo vi.

Ningunos(as) is rarely used because there is no need to pluralize something that does not exist. It is used only with nouns that are always plural.

No encontré **ningunos** pantalones.   *I didn't find any pants.*
No he tenido **ningunas** vacaciones.   *I haven't had any vacation.*

212

Although *jamás* is a synonym of *nunca*, it is not used as frequently. It can be used in affirmative sentences to mean *ever*.

¿Has caminado **jamás** tanto?   *Have you ever walked so much?*

Ejercicios

A. Cambios.   Cambia las siguientes frases a la forma negativa.

1. Eso lo hizo algún estudiante de esa clase.
2. Yo los acompaño siempre.
3. Mis amigas están de acuerdo también.
4. Voy a invitar a Juan o a Horacio.
5. Algún día encontraré a alguien que me ayude.
6. Alguien dijo que yo sabía algo.
7. Siempre tiene algo que decir.
8. También sé que alguien llevó algo para la fiesta.

B. No, no...   Responde en la forma negativa. Usa todas las palabras negativas que sean posibles.

1. Yo no he visto a Esteban, ¿y tú?
2. ¿Ya terminaste el poema?
3. ¿Hay alguien aquí que sepa ruso?
4. ¿Todavía viven en el campo?
5. ¿Has ganado algo alguna vez?
6. ¿Vamos a jugar o a estudiar?
7. ¿Recogiste todo lo que dejé en la mesa?
8. ¿Tienes algún día libre esta semana?
9. ¿Ya salió la edición de la tarde del periódico?
10. ¿Has estado en Barcelona alguna vez?

"Pero," "sino," and "sino que"

Pero is the equivalent to *but* in English.

Quería visitar Machu Picchu **pero** no tuve tiempo.   *I wanted to visit Machu Picchu but I didn't have time.*

Llamé a Vicente **pero** ya había salido.   *I called Vicente but he had left already.*

Indefinite and negative words

Sino is the equivalent to *but*, but in the sense of *but (rather)* and *but instead*. It introduces an opposite or contrasting idea to the first part of the sentence. The first part must be negative.

No compres lechuga **sino** tomates.

Do not buy lettuce, but (rather) tomatoes.

Esa caja **no** es para mí **sino** para ti.

That box is not for me but (rather) for you.

Sino que is used after a negative clause if the second part of the sentence has a conjugated verb.

No quiero que vayas de vacaciones **sino que** te quedes aquí conmigo.

I do not want you to go on vacation but instead stay here with me.

No dijo que vendría **sino que** nos esperaría en la oficina.

He said that he wouldn't come but that he would wait for us in the office.

Ejercicios

A. Completando ideas. Completa las frases siguientes con *pero, sino* o *sino que*.

1. El tren no saldrá a las dos _____ a las tres.
2. No te pedí que le escribieras _____ que lo llamaras por teléfono.
3. No quiero nadar _____ jugar al voliból.
4. No visitaremos el museo _____ la catedral.
5. Quise ir a las montañas _____ el coche no funcionaba.
6. Rafaela quiere sentarse con Andrés _____ ya todos los asientos están ocupados.
7. No te pongas una camiseta _____ un suéter.
8. No perdió el dinero _____ lo gastó.
9. La mochila de Carlos es bonita _____ la de Josefa es mi favorita.
10. Le aconsejé que no hablara con él _____ tuviera un poco de paciencia.

B. Con originalidad. Completa las frases siguientes de una manera original.

1. Tuve que ir a la biblioteca pero...
2. No le pidas que te acompañe sino que...
3. No le hables a Rosana sino...
4. Tráeme los discos pero...
5. No permití que caminara por la calle sino que...
6. Fabio y Salvador querían compartir el cuarto pero...
7. No quería pintar la pared sino que...
8. No quisiera que lloviera tanto sino que...
9. Nunca le compres flores sino...
10. ¿Le puedes decir a Felipe que no venga hoy sino..

214

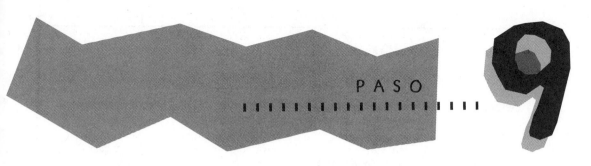

"Gustar" and verbs like "gustar"

"Gustar"

The verb *gustar* is the most common verb used in Spanish to express likes and dislikes. You may recall that the ending of the verb comes from the object or activities that the person likes or dislikes.

No me **gusta el pollo.**   *I do not like chicken.*

No me **gustan los vegetales.**   *I do not like vegetables.*

Remember that if the subject is an infinitive, the singular form of the verb *gustar* is used.

Me **gusta salir** los sábados.   *I like to go out on Saturdays.*

A Felipe le **gusta nadar** y jugar al tenis. *Felipe likes to swim and to play tennis.*

The indirect object pronoun refers to the person or persons who receive the action of the verb.

Nos gusta la música clásica.   *We like classical music.*

Te gustan los videos.   *You like videos.*

To add emphasis, use *a* + **the prepositional pronoun.**

A nosotros nos gusta la música clásica. *We like classical music.*

A ti te gustan los videos.   *You like videos.*

In the case of *le* and *les,* to clarify the context, *a él, a ella,* etc. is used.

A él le gusta la espinaca.   *He likes spinach.*

A ellos les gusta la carne.   *They like meat.*

A Uds. les gustan las frutas.   *You like fruit.*

Other verbs like "gustar"

aburrir	*to be boring*	hacer falta	*to need*
agradar	*to please*	importar	*to be important*
apetecer	*to long for*	interesar	*to be interested in*
bastar	*to suffice, to be enough*	molestar	*to bother*
convenir	*to suit*	parecer	*to seem*
doler	*to ache, hurt*	quedar	*to be left over*
encantar	*to like very much, love*	resultar	*to result*
faltar	*to lack*	sobrar	*to have in excess*
fascinar	*to fascinate*	sorprender	*to surprise*
fastidiar	*to bother, annoy*	tocar	*to be one's turn*

Ejercicios

A. Cambios. Cambia las siguientes frases según la información entre paréntesis.

1. *Me* fastidia el ruido de ese aparato. (a él / a Ud. / a nosotros / a ti)
2. *Nos* encanta ir de compras. (a ti / a Miguel / a Teresa y a mí / a Uds.)
3. ¿No te interesan *los libros de ciencia ficción?* (la biografía de Miguel de Cervantes / pasear por el centro / la música folklórica / las galerías de arte)
4. *Le* hacen falta más estantes. (a mí / a Ud. / a nosotros / a Fermín)

B. Frases incompletas. Escribe frases completas con las palabras a continuación.

1. a mí / doler / las muelas
2. a Salvador / convenir / ir a una universidad pequeña
3. a Uds. / parecer difícil / los ejercicios de algebra
4. a ti / aburrir / los programas sobre la naturaleza
5. a nosotros / interesar / la beca que ofrecen
6. a Juanita / faltar tres años / para terminar su carrera
7. a Lisa y a Eduardo / sorprender / la cantidad de personas que no tienen casa
8. a mí / sobrar / dinero al final de la semana

C. Gustos y necesidades. Para cada una de las personas que aparecen a la izquierda, escribe tres frases explicando tres cosas que te importan o le(s) importan, agradan, etc.

importar / agradar / molestar / hacer falta / aburrir

1. a mí
2. a mis amigos(as)
3. a mis padres
4. a mi mejor amigo(a)
5. a nosotros, los estudiantes
6. a los profesores
7. Ahora háblale directamente a otra persona

Adverbs

Adverbs

An adverb can modify a verb, an adjective, or another adverb.

Many adverbs are independent words (such as *hoy, nada, temprano,* and *ya*). Adverbs that are based on adjectives are formed by adding the suffix *-mente* to the feminine singular form of the adjective. If the adjective has an accent, the corresponding adverb retains the accent.

artístico	artísticamente
original	originalmente

If more than one adverb is used to modify the same word, only the last adverb has the *-mente* ending. The preceding adverbs are used in the feminine singular form of the adjective.

Pablo trabajaba **cuidadosa y hábilmente.**   *Pablo works carefully and ably.*

Adverbial phrases can be formed with *con* and the noun equivalent of the adjective.

cariño	cariñosamente	con cariño
fácil	fácilmente	con facilidad

Adverbial phrases can also be formed with *de manera* or *de modo* followed by the adjective.

amable	de manera amable
sincero	de modo sincero

Used as adverbs, the words *demasiado, más, menos, mejor, mucho,* and *peor* do not change form.

Some common adverbs are:

a menudo (*often*)	bastante (*enough, sufficient*)
acaso (*perhaps*)	bien (*well*)
apenas (*hardly*)	con retraso (*with delay*)
aún (*still*)	de buena gana (*with pleasure*)

217

de mala gana (*unwillingly*)
demasiado (*enough, too, excessively*)
de nuevo (*again*)
de prisa (*in a hurry*)
de pronto (*suddenly*)
despacio (*slowly*)
en seguida (*immediately*)
mal (*badly*)
mejor (*better*)

peor (*worse*)
por desgracia (*unfortunately*)
quizás (*perhaps*)
tal vez (*perhaps*)
tarde (*late*)
temprano (*early*)
todavía (*nevertheless, still, yet*)
ya (*already*)

Adverbs can come after the verb or before an adjective. Adverbs of doubt come before the verb.

Trabajaron **diligentemente.**   *They worked diligently.*
Las entradas **tal vez** sean demasiado caras.   *The tickets are too expensive.*

With *tal vez, quizás,* and *acaso,* the subjunctive may be used if the adverb precedes the verb. If these adverbs follow the verb, the indicative must be used.

Acaso lleguen con retraso.   *Perhaps they will arrive late.*
Acaso llegan con retraso.
Llegan **acaso** con retraso.
Quizás vengan tarde.   *Perhaps they will come late.*
Quizás vienen tarde.
Vienen tarde, **quizás.**

The adverbial construction *the more (the less) … the more (the less) …* is expressed as follows:

Cuánto más practica, **más** mejora.   *The more he practices, the better he gets.*
Cuánto más se quejan, **menos** les   *The more they complain, the less we pay*
  hacemos caso.   *attention to them.*

The words *aquí, acá, ahí, allí,* and *allá* are used as follows:

aquí	*here (precise)*
acá	*here (less precise)*
ahí	*there (not far from the speaker and the person spoken to; a very general sense)*
allí	*there (far from the speaker and the person spoken to)*
allá	*(over) there (farther away than allí)*

Ejercicios

A. Varias maneras de hacer las actividades. ¿Qué actividades haces de las siguientes maneras?

1. alegremente	7. con dificultad	12. a menudo
2. tranquilamente	8. con gusto	13. siempre
3. de buena gana	9. a plenitud	14. de vez en cuando
4. con sumo cuidado	10. pacientemente	15. con orgullo
5. despacio	11. cortésmente	16. de manera instantánea
6. de modo nervioso		

B. Cambios. Cambia los siguientes adjetivos a adverbios. Luego úsalos para hablar sobre tus compañeros de clase o de las actividades en que participan..

rico / débil / espontáneo / lujoso / fácil / apasionado / apresurado / original / cariñoso / respetuoso / atento / artístico / elegante / sumo / rápido / verdadero

C. De otra manera. Reemplaza las siguientes frases adverbiales con adverbios de solamente una palabra.

con felicidad / con curiosidad / con rapidez / con cortesía / con cuidado / de manera silenciosa / de manera profunda / de manera triste / de manera violenta / de manera orgullosa

D. Un discurso interesante. Completa el párrafo, escogiendo uno de los siguientes adverbios o frases adverbiales a continuación.

fielmente / con tanto detalle / afortunadamente / francamente / generalmente / dramáticamente / con atención / de manera tan apasionada / claramente / despacio / raras veces

_____ la profesora habló _____ y _____.
_____ no sigo los discursos largos, pero ella presentó el tema tan _____
que escuché _____. _____ me ha interesado tanto un discurso.
_____ no esperaba que me gustara. De ahora en adelante voy a asistir
_____ a sus presentaciones. Dudo que haya otra persona que pueda describir un tema
_____ y _____.

E. Descripciones. Lee las siguientes preguntas acerca de tu clase de español y de tus estudios del idioma. Contéstalas usando adverbios o frases adverbiales en tus respuestas.

1. ¿Cómo habla el (la) profesor(a)?
2. ¿Cómo le hablas tú a él (ella)?
3. ¿Estarán en México este verano algunos de tus compañeros?
4. ¿Hablan Uds. español en clase?

5. ¿Tratas de pronunciar correctamente?
6. ¿Has sacado buenas notas en esta asignatura?
7. ¿Cómo reaccionarías si sacaras la mejor nota de la clase?

F. Es decir. Completa las siguientes frases con un adverbio o una frase adverbial que describa cómo cada persona hizo la actividad.

1. Él compuso el aparato descompuesto sin hacer ningún ruido; es decir, lo hizo
   _____.
2. Se fijaron en todos los detalles, incluso los más diminutos; es decir, lo hicieron
   _____.
3. Nos pusimos las chaquetas y salimos corriendo; es decir, respondimos a la alarma
   _____.
4. Contesté todas sus preguntas sin variar la verdad en lo más mínimo; es decir,
   contesté _____.
5. Los estudiantes escucharon cada palabra y comprendieron todo lo que el profesor les
   explicaba; es decir, lo comprendieron _____.
6. Estuvo muy contento de haber podido ayudarnos; es decir, nos ayudó
   _____.
7. Resolvieron el problema así no más (*just like that*); es decir, lo resolvieron
   _____.

G. Cómo se comporta mi familia. Usa un adverbio para describir cómo se comportan o trabajan los diferentes miembros de tu familia.

1. Por lo general trabajo _____.
2. Mi mamá cuida sus flores _____.
3. Un tío mío canta _____.
4. Mi hermano menor corre _____.
5. Mi hermana menor sigue sus estudios _____.
6. Mi hermano mayor conduce su motocicleta _____.
7. Una prima mía pinta _____.
8. Mi abuela hace ejercicio _____.
9. Mi abuelo hace el crucigrama _____.
10. Una tía mía habla por teléfono _____.

"Por / Para"

"Por / Para"

Por and *para* could be translated as *for,* but they are not interchangeable. Review their different uses.

"Por"

- Meaning *because* or *for*
  Por no haber estudiado, no saliste bien.
  Because you didn't study, you did not do well.

- Duration of time
  Vi la televisión **por** dos horas.
  I watched television for two hours.

- On behalf of, for the sake of
  Me pidió que hiciera la tarea **por** él.
  He asked me to do it for him.

- In exchange for, instead of
  Le voy a ofrecer cinco dólares **por** ese disco compacto.
  I am going to offer her five dollars for that compact disk.

- Through, along
  Caminamos **por** la orilla del río.
  We walk along the riverbank.

- By
  Me mandó el paquete **por** correo aéreo.
  He sent me the package by air mail.

- Passive voice
  El edificio fue construido **por** esa compañía.
  The building was contructed by that company.

- To go for someone or something
  Vamos al supermercado **por** leche.
  We are going to the supermarket for milk.

- In the expression *estar por* (to be in favor of)
  Yo siempre estuve **por** esa ley.
  I was always in favor of that law.

"Para"

- For the purpose of, intention, use

  Esta bolsa es **para** los libros.
  This bag is for the books.

- In order to

  Fuimos a la tienda **para** comprar
  tortillas.
  We went to the store to buy tortillas.

- Destination

  ¿Por qué no salimos **para** la escuela
  ahora?
  Why don't we leave for school now?

- A point in the future

  Tengo que terminar el informe **para**
  mañana.
  I have to finish the report by tomorrow.

- Comparison or contrast

  Para una persona tan joven, se queja
  demasiado.
  *For a person so young, he complains too
  much.*

- In the expression *estar para* (to be about
  to do something)

  Ya estaba **para** salir cuando sonó el
  teléfono.
  I was about to leave when the phone rang.

Ejercicios

A. "¿Por o para?" Completa las siguientes frases con *por* o *para*.

1. Ése es el cofre que me regalaste _____ las joyas.
2. ¿Cuánto te dieron _____ la grabadora?
3. ¿Cuándo salen _____ el campo Uds.?
4. _____ ser tan intranquilos, se tienen que sentar al frente de la clase.
5. Como no llegaban, salimos _____ ellos.
6. ¿Por qué no dejas eso _____ la semana próxima?
7. Envíame los formularios _____ correo aereo.
8. ¿Sabes si hay una oficina de correos _____ aquí?
9. Ya te he dicho que camines _____ la acera.
10. Esa ropa es _____ las víctimas del huracán.
11. Nos reuniremos _____ celebrar su cumpleaños.
12. Ellos van a estar con nosotros _____ un mes.
13. _____ un candidato político no da muchos discursos.
14. Las paredes fueron pintadas _____ el cuñado de Aurelio.
15. ¿Cuántas páginas te quedan _____ leer?

222

B. Un viaje. Completa el siguiente párrafo con *por* o *para*.

Salimos _____ la capital a las cinco. Queríamos estar allí _____ unas horas y luego seguir _____ la carretera principal _____ poder llegar a casa antes de que fuera demasiado tarde. En un pueblo pequeño compramos unas tazas muy bonitas _____ Isabel. _____ no llevar mucho dinero Carmen no pudo comprar ningún recuerdo del viaje. Rafael conducía el coche a más de 100 km _____ hora y yo tuve que conducir _____ evitar un accidente. _____ todos, este fue uno de los mejores viajes que habíamos hecho en mucho tiempo.

C. Un día muy difícil. Completa el siguiente párrafo con *por* o *para*.

Todavía me quedaban tres ejercicios _____ hacer. Tenía que terminar todo _____ el siguiente día. Aunque había empezado _____ la mañana, encontré que esta lección era demasiado difícil _____ una persona que no había estudiado algebra antes. Llamé a Porfirio _____ teléfono _____ que me viniera a ayudar pero no pudo venir porque tenía que ir _____ su hermano que lo esperaba en el Café Gijón. Mi hermana mayor andaba _____ el centro así que yo sola tuve que concentrarme y terminar todo antes de que ella regresara. Hasta cierto punto, fue mejor que ella no estuviera en casa porque probablemente hubiera hecho los ejercicios _____ mí. Ahora me siento mejor. Estoy _____ salir y encontrarme con mis amigos. Necesito pasar un rato con ellos _____ relajarme un poco.

PRÁCTICA

Un poco más de práctica

1

Lee las oraciones a continuación y escoge la palabra o frase que complete la oración correctamente.

1. Mira esta foto y... si ves algo diferente.

   a) dígame　　　　　　c) dime
   b) dice　　　　　　　d) digas

2. Raquel, podemos ir hoy o mañana, como tú....

   a) quieras　　　　　c) querrías
   b) querrás　　　　　d) quisiste

3. Me gusta más el arte que los deportes, por eso estoy... visitar el museo.

   a) a　　　　　　　　c) por
   b) para　　　　　　　d) de

4. Como no podía correr, el pobre anciano iba... como si no estuviera lloviendo.

   a) andaba　　　　　c) andar
   b) anda　　　　　　d) andando

5. Esos técnicos siempre hacen su trabajo... y pacientemente.

   a) cuidadosa　　　　c) cuidadosamente
   b) cuidado　　　　　d) cuidadoso

6. Algunos creen que este documento no es muy importante, mientras otros opinan que vale más que....

a) este
b) ese

c) aquél
d) aquel

7. Encontraremos una solución de una manera... otra.

a) y
b) e

c) o
d) u

8. Cuando cuido a mis sobrinos... cepillo los dientes al menor.

a) le
b) se

c) les
d) lo

9. Dudo que... el esquema para hoy.

a) habrán acabado
b) hayan acabado

c) acabaran
d) acabarán

10. El guía nos aconsejó... cheques de viajero.

a) trajera
b) traer

c) trajéramos
d) traigamos

Práctica

2

Lee las oraciones a continuación y escoge la palabra o frase que complete la oración correctamente.

1. Es cierto que no... a despegar a tiempo. Hace mal tiempo.

   a) vámonos   c) fuéramos
   b) vayamos   d) vamos

2. Si yo... allí, le habría hablado; él siempre me escucha.

   a) hubiera estado   c) estuve
   b) había estado   d) estaría

3. Si no puedes encontrar el pueblo en... mapa, dímelo y yo te ayudo.

   a) eso   c) esa
   b) ese   d) aquella

4. Cuando... siempre lo pasamos bien.

   a) nos reuniremos   c) nos reunamos
   b) nos reuniríamos d) nos reunimos

5. ... un idioma extranjero no es tan difícil como creen.

   a) Aprendiendo   c) Aprender
   b) Aprende   d) Aprendido

6. Desde hoy en adelante no va a ser posible aceptar cheques personales de... cliente.

   a) ningún   c) algún
   b) ninguno   d) alguno

7. Entre todos estos postres, dime... te apetece más.

   a) que   c) cuáles
   b) qué   d) cuál

8. Damas y caballeros, tomen sus asientos y... los cinturones de seguridad, por favor.

   a) se abrochan   c) se abrochen
   b) abróchense   d) abrochándose

9. Si fueras..., ¿qué le dirías?

   a) yo   c) mí
   b) mi   d) me

10. Cuando... al aeropuerto, llámame y te recogeré en la puerta de la terminal.

    a) llegaste   c) llegues
    b) llegas   d) llegarás

Un poco más de práctica

3

Lee las oraciones a continuación y escoge la palabra o frase que complete la oración correctamente.

1. Aunque su padre y... son buenos amigos, no se ven mucho.

   a) el mío   c) mi
   b) lo mío   d) mío

2. Juan no está todavía, pero en cuanto llegue se lo... a él.

   a) entregaremos   c) entreguemos
   b) hemos entregado d) hayamos entregado

3. Nos... suficiente dinero para asistir al concierto.

   a) faltaron   c) faltamos
   b) faltó   d) faltaban

4. Parece que ese hombre nunca... contento; siempre anda quejándose de algo.

   a) esté   c) estuviera
   b) está   d) estaría

5. Al oír acercándose las sirenas, el ladrón dejó caer las bolsas y... hacia el bosque.

   a) huirá   c) huyó
   b) huyera   d) huye

6. Mi hermano... pidió prestado las llaves a mi padre.

   a) las   c) lo
   b) les   d) le

7. Espera un momento; estoy....

   a) vistiéndome   c) vistiendo
   b) me visto   d) vísteme

8. ¿... reconociste en la reunión?

   a) Con quiénes   c) A quiénes
   b) Quiénes   d) Para quiénes

9. No importa quien... él; es un mal educado.

   a) será   c) sea
   b) sé   d) es

10. Él me mira como si yo... el mal entendimiento.

   a) habría causado c) haya causado
   b) habré causado   d) hubiera causado

Práctica

4

Lee las oraciones a continuación y escoge la palabra o frase que complete la oración correctamente.

1. Me prestó su videocasetera para que... la visita al museo.

   a) grabara
   b) grababa
   c) grabaría
   d) grabé

2. Me quedaré con tal de que me... permiso para salir este fin de semana.

   a) das
   b) des
   c) darás
   d) darías

3. Quisiera... ayudarles, pero tengo otras obligaciones.

   a) poder
   b) pudiera
   c) pueda
   d) puedo

4. A mi hermano se... olvidaron su cartera y sus llaves; por eso tuvo que volver.

   a) la
   b) le
   c) lo
   d) las

5. ¿Hay algo aquí que te... ?

   a) gusta
   b) gustas
   c) guste
   d) gustara

6. Aunque la señora... rica, y todo el mundo sabe que es millonaria, ha donado enormes cantidades de dinero a una variedad de causas.

   a) esté
   b) está
   c) sea
   d) es

7. Gasté más... había querido.

   a) de que
   b) de lo que
   c) de lo
   d) que

8. ¿De quién es esta maleta? ¿Es... ?

   a) tú
   b) te
   c) tuya
   d) ti

9. Sirvamos los entremeses en la sala y luego... en el jardín.

   a) sentamos
   b) sentaremos
   c) nos sentemos
   d) sentémonos

10. Estoy seguro de que no... cinco personas en ese coche.

    a) cabe
    b) quepan
    c) quepa
    d) caben

Un poco más de práctica

5

Lee las oraciones a continuación y escoge la palabra o frase que complete la oración correctamente.

1. Si tú tomas esta cuerda y yo ésa, podemos atarlas juntas y evitar que... el caballo.

   a) se escapa
   b) se escapara
   c) se escapará
   d) se escape

2. Aceptaremos tu oferta si nos... venir a visitarnos en otra ocasión.

   a) prometas
   b) prometes
   c) prometieras
   d) prometerás

3. He decidido no tomar ese curso,... éste.

   a) pero
   b) pero que
   c) sino
   d) sino que

4. Los recién llegados no comprendían nuestro programa, por eso... expliqué.

   a) se los
   b) se lo
   c) les
   d) los

5. Según el pronóstico del tiempo, va a... una tormenta muy violenta este fin de semana.

   a) estar
   b) sacar
   c) haber
   d) hacer

6. Si hay expresiones que no..., te las explico después.

   a) hubieras reconocido
   b) habrás reconocido
   c) reconozcas
   d) reconoces

7. Los artefactos... durante la construcción del metro; son del siglo XII.

   a) descubiertos
   b) se descubrieron
   c) descubriendo
   d) descubrieron

8. Debido al... tiempo, la entrenadora decidió cancelar el entrenamiento de hoy.

   a) mal
   b) malísimo
   c) malo
   d) mala

9. Saca el pasaporte, hemos... presentárselo al aduanero.

   a) de
   b) en
   c) por
   d) para

10. Es evidente que no... hoy a causa de la lluvia.

    a) vendrían
    b) vienen
    c) vinieran
    d) vengan

6

Lee las oraciones a continuación y escoge la palabra o frase que complete la oración correctamente.

1. Por favor, no... el lago; es demasiado peligroso.

   a) cruzarían   c) cruzan
   b) cruzarán   d) crucen

2. Le hemos comprado varios regalos, pero estas camisetas no son para....

   a) lo   c) le
   b) él   d) el

3. Tengo miedo de... lo que pasó.

   a) les diga   c) dígales
   b) les digo   d) decirles

4. Dile al doctor si te... mucho las rodillas.

   a) duele   c) duelen
   b) duela   d) duelan

5. Los médicos le han aconsejado que... de peso.

   a) hubiera bajado   c) baje
   b) baja   d) haya bajado

6. Esperaba encontrar un vuelo que... escala en Mérida para ver a mi primo que vive allí.

   a) hiciera   c) hacía
   b) hizo   d) hará

7. Quisiera visitarlos pero mi horario no me lo....

   a) permite   c) permitiera
   b) permita   d) permitió

8. Espero que él te los... devuelto.

   a) había   c) hubiera
   b) ha   d) haya

9. Aquí tienes las fotos; dime... te interesan.

   a) cual   c) cuáles
   b) cuál   d) cuales

10. Los niños siguieron... y los vecinos se quejaron.

    a) gritar   c) gritaban
    b) gritando   d) gritado

7

Lee las oraciones a continuación y escoge la palabra o frase que complete la oración correctamente.

1. No era necesario que tus padres nos... toda esta información.

   a) ocultaron
   b) ocultaran
   c) ocultarían
   d) ocultaban

2. Creo que van a escoger esta silla y....

   a) esa
   b) la de él
   c) la
   d) ella

3. No aguanto este trabajo más. ¡Qué lo... ellos!

   a) harán
   b) hecho
   c) hagan
   d) hacen

4. Yo estaba vistiéndome para el baile cuando me... cuenta de que tenía la fecha equivocada.

   a) daría
   b) diera
   c) di
   d) daré

5. Fíjate en... matasellos para ver si muestra la fecha cuando fue enviada la carta.

   a) el
   b) la
   c) los
   d) las

6. ¿No la viste... media hora en esta misma sala?

   a) hacía
   b) hace
   c) hizo
   d) haz

7. ... seis y tenemos una reservación para las nueve.

   a) Están
   b) Son
   c) Estamos
   d) Somos

8. Dile a Paco que nos... las fotos después de que las vea.

   a) traiga
   b) trae
   c) traemos
   d) traigamos

9. Mi padre no trabaja los domingos a pesar de que a su jefe le....

   a) gustaría
   b) haya gustado
   c) gustó
   d) guste

10. Fue tonto comenzar el proyecto sin... recibido todos los materiales de antemano.

    a) había
    b) habiendo
    c) haber
    d) hubo

Práctica

8

Lee las oraciones a continuación y escoge la palabra o frase que complete la oración correctamente.

1. Se había desmayado pero afortunadamente volvió en sí y no... que llevarlo al hospital.

   a) tuvimos
   b) tuviéramos
   c) hubiéramos tenido
   d) hubimos tenido

2. Si les dijéramos lo que nos sucedió, nadie lo....

   a) creía
   b) creyera
   c) creería
   d) creyó

3. No dijeron nada hasta que... todos los detalles.

   a) oyeran
   b) oyeron
   c) oigan
   d) oyen

4. Cuando yo... siete años nos mudamos de casa.

   a) he tenido
   b) tuviera
   c) tenía
   d) tendría

5. Fue escandaloso que aunque hubiera tanta gente, nadie... nada.

   a) haga
   b) hiciera
   c) hace
   d) haría

6. ¿Quieres venir conmigo? Sé que te divertirás....

   a) muchísima
   b) muchos
   c) mucha
   d) mucho

7. Después de... las noticias sabía que quería regresar para ayudarles.

   a) oír
   b) oí
   c) oyendo
   d) oía

8. Éste es el... apartamento que hemos visto esta mañana.

   a) tres
   b) tercer
   c) tercero
   d) tercio

9. Encontré tu cartera y... Pedro en el patio.

   a) la de
   b) la
   c) de
   d) lo de

10. Su jefa le ha pedido que... las fechas de sus vacaciones.

    a) cambiará
    b) cambie
    c) cambiaba
    d) cambiara

Un poco más de práctica

1

Lee las oraciones a continuación. Escoge la palabra o frase subrayada que necesitas cambiar para que la oración esté gramaticalmente correcta.

1. Si <u>recuerdo</u> bien, el profesor <u>nos</u> prometió <u>tener</u> las composiciones corregidas
       A   B   C

    <u>por</u> hoy.
    D

2. Al <u>entrar</u> en el edificio <u>en llamas</u>, los bomberos encontraron <u>a</u> dos niños <u>escondido</u>
         A   B   C   D

    debajo de una cama.

3. De una manera <u>o</u> otra, los dueños de su compañía <u>tendrán</u> que <u>buscar</u> otra solución
                 A   B   C

    más <u>económica</u> para satisfacer los mercados internacionales.
         D

4. La gente <u>admiraban</u> la escultura que fue <u>diseñada</u> el año pasado <u>por</u> un artista
           A   B   C

    bastante <u>conocido</u>.
         D

5. Yo <u>les</u> hice las maletas a los niños porque temía que <u>olvidaban</u> <u>algo</u> antes de <u>salir</u>.
        A   B   C   D

6. Si <u>hubiéramos</u> sabido que no <u>vinieron</u> hasta el viernes que <u>viene</u>, no habríamos
          A   B   C

    estado tan <u>preocupados</u> esta semana.
           D

7. <u>Estaba</u> de noche y no podían ver <u>mucho</u> en el bosque, pero se mantuvieron
    A   B

    tranquilos hasta <u>encontrar</u> un sendero que <u>reconocían</u>.
               C   D

8. Originalmente el mural fue <u>pintado</u> en los años <u>cuarenta</u>, <u>sino</u> se han contratado a
                           A   B   C

    <u>varios</u> artistas para mantenerlo en buena condición.
    D

9. Nosotros no <u>conocíamos</u> <u>lo que</u> pasó hasta que leímos el artículo que <u>apareció</u> en el
              A   B   C

    diario <u>de</u> ayer.
       D

10. Aquí hay una caja <u>llena</u> de pinceles; ven y <u>dime</u> si <u>son</u> míos o <u>de ti</u>.
                A   B   C   D

2

Lee las oraciones a continuación. Escoge la palabra o frase subrayada que necesitas cambiar para que la oración esté gramaticalmente correcta.

1. <u>Tal</u> empresas tienen una responsabilidad social <u>de</u> proteger <u>a</u> sus obreros y <u>al</u> mismo
   A   B   C   D

   tiempo el ambiente.

2. Hace varias horas que la policía <u>interroga</u> a ese señor, porque se ha enterado que
   A

   <u>habían</u> dos testigos cerca <u>del</u> lugar donde se cometió <u>el</u> crimen.   •
   B   C   D

3. Levantémonos ahora <u>mismo</u> si <u>esperemos</u> llegar <u>al</u> partido antes de que <u>comience</u>.
   A   B   C   D

4. Todos los veranos <u>íbamos</u> a visitar a <u>nuestros</u> parientes que <u>compartían</u> su casa de
   A   B   C

   campo con <u>nos</u> durante el mes de julio.
   D

5. El profesor <u>les</u> pidió a los estudiantes que <u>recogieron</u> los papeles antes de que <u>sonara</u>
   A   B   C

   el timbre porque otra clase iba a usar <u>esa</u> aula.
   D

6. Después de haber <u>pasando</u> la noche <u>preparando</u> la tarea, no dormí más <u>que</u> tres horas
   A   B   C

   y <u>me</u> desperté agotado.
   D

7. <u>Ese</u> postre que el mesero les está <u>sirviendo</u> es <u>riquísimo</u>; ¿quién lo <u>hubiera</u> hecho?
   A   B   C   D

8. ¿Las cartas? <u>Se</u> las <u>entregué</u> al cartero cuando pasó <u>para</u> la casa porque no <u>tuve</u>
   A   B   C   D

   tiempo para ir a la oficina de correo.

9. Les <u>habíamos dicho</u> que hacía frío allí, pero no nos <u>hicieron</u> caso y <u>se</u> fueron sin
   A   B   C

   <u>llevando</u> ni suéteres ni chaquetas.
   D

10. <u>Estuvo</u> muy importante fijarse <u>en</u> todos los detalles para comprender <u>bien</u> el efecto
    A   B   C

    que <u>querían</u> crear los arquitectos.
    D

3

Lee las oraciones a continuación. Escoge la palabra o frase subrayada que necesitas cambiar para que la oración esté gramaticalmente correcta.

1. Nos <u>interesa</u> ese programa de teatro que <u>ofrecen</u> cada verano pero no encontramos a

A   B

nadie que <u>podía</u> darnos información acerca de <u>él</u>.

   C   D

2. Aunque <u>había</u> <u>muchas</u> distracciones, los estudiantes siguieron <u>leído</u> como si nada

   A   B   C

<u>sucediera</u>.

D

3. <u>Estábamos</u> buscando un hotel donde <u>tuvieran</u> una piscina interior <u>abierto</u>

 A   B   C

veinticuatro horas <u>al</u> día.

     D

4. Duque, ven <u>acá</u>, aquí tienes tu hueso. No <u>ladre</u> más porque vas a <u>despertar</u> <u>a</u> los

    A   B   C D

vecinos.

5. Si no asisten <u>a</u> la conferencia no <u>sabrán</u> <u>qué</u> repasar para la prueba final que

     A   B C

<u>tengamos</u> en dos semanas.

 D

6. <u>Lo</u> interesante fue que <u>al</u> público <u>les</u> gustó la presentación aunque los críticos dijeron

A   B   C

que había sido un <u>fracaso</u>.

       D

7. Leyó una descripción detallada <u>acerca de</u> la productividad norteamericana después

           A

de la Segunda Guerra Mundial, <u>sino que</u> no encontró <u>nada</u> sobre los productos que

           B   C

<u>fueron</u> exportados.

D

8. ¿Averiguaste <u>dónde</u> se <u>les</u> habían perdido <u>las</u> medicinas a tu tía? Las necesita antes

    A B   C

<u>del</u> fin de semana.

D

9. Esta ha <u>sido</u> la <u>sola</u> vez que Rigoberto no me ha dado la ropa sucia para que yo <u>se la</u>

   A   B   C

<u>lave</u>.

D

10. Sé que la merienda <u>estará</u> en el parque <u>pero</u> no he podido averiguar <u>lo que</u> haremos

        A   B   C

si <u>cambia</u> el tiempo.

 D

4

Lee las oraciones a continuación. Escoge la palabra o frase subrayada que necesitas cambiar para que la oración esté gramaticalmente correcta.

1. El horóscopo dice: "Durante el mes de abril sentirás <u>un</u> clima propicio para
   A

   expresarte <u>artísticamente</u>; <u>aprovéchalo</u> porque <u>estará</u> el tiempo propicio para la
   B   C   D

   creatividad".

2. Por favor, <u>envíe</u> su contribución hoy <u>para que</u> las víctimas de la inundación <u>reciente</u>
   A   B   C

   <u>pueda</u> comenzar a reconstruir su vida.
   D

3. <u>Debido</u> al peligro que causaban las inundaciones, <u>las</u> autoridades recomendaron que
   A   B

   la gente de ciertos barrios <u>salieron</u> de sus casas <u>en seguida</u>.
                              C   D

4. Aunque mi abuelo <u>era</u> un banquero <u>internacional</u>, no viajó mucho porque en <u>aquel</u>
                   A   B   C

   entonces los hombres de negocios no viajaban <u>tan</u> como hoy.
                                               D

5. <u>La</u> exposición contará <u>con</u> cinco mil metros cuadrados de <u>jardines</u> y más <u>que</u> diez
   A   B   C   D

   restaurantes.

6. La médica <u>atiende</u> entre treinta y cuarenta trabajadores diariamente en una clínica
             A

   <u>fundada</u> <u>por</u> una organización caritativa <u>hizo</u> tres años.
   B   C   D

7. <u>Me</u> voy a concentrar en retener el <u>más</u> número de empresas en la ciudad, en traer
   A   B

   más compañías y en ayudar a la expansión de los negocios que ya <u>se</u> encuentran
                                                                  C

   <u>establecidos</u> aquí.
   D

8. Digas lo que <u>dices</u> los editores no van a aceptar <u>nunca</u> un cuento <u>tan</u> sensacional de
                A   B   C

   una <u>autora</u> desconocida.
       D

9. A las seis en punto de la tarde del pasado martes, un coche <u>se detuvo</u> en la puerta
                                                              A

   del teatro y de <u>él</u> descendió con <u>cierto</u> aire de misterio, una mujer vestida <u>en</u> negro.
                   B   C   D

10. Cuando mi madrina, que es alemana, se casó con un hombre <u>irlandés</u>, decidieron que
                                                            A

    querían que sus hijos <u>hablen</u> alemán <u>e</u> inglés, así los criaron <u>bilingües</u>.
                          B   C   D

237

5

Lee las oraciones a continuación. Escoge la palabra o frase subrayada que necesitas cambiar para que la oración esté gramaticalmente correcta.

1. Paula, hazme un favor y dile a tu primo que me llame esta noche si le interese ir al
   A   B   C   D
   partido.

2. El artista, cuya obras fueron compradas por una compañía internacional, ha dicho
   A   B
   que nadie puede gozar de sus cuadros si no se muestran al aire libre.
   C   D

3. Antes veíamos la tele mientras preparamos la cena, pero ya no la vemos a menos
   A   B
   que haya un programa muy especial.
   C   D

4. Mis primos son menores que mi pero la diferencia de edad no me molesta porque se
   A   B   C   D
   portan muy bien.

5. Si en cualquiera ocasión deseas volver a visitarnos, sólo tienes que llamarnos y
   A   B
   tendremos un cuarto listo para ti.
   C   D

6. Millones de niños alrededor del mundo sufren de los efectos de la pobreza en la que
   A   B   C
   viven diariamente.
   D

7. Era evidente que los detectives no iban a encontrar a ninguno testigo que los pudiera
   A   B   C   D
   ayudar.

8. Estaba secando los platos y como tenía mis manos mojadas, se me cayó uno y se
   A   B   C
   rompió en mil pedazos.
   D

9. Con su última película recién distribuida, la actriz muestra claramente porqué ha
   A   B
   llegado a estar una de las figuras más populares del cine de hoy.
   C   D

10. Ojalá que no hay tantos problemas esta vez porque si te acuerdas bien, en esa
    A   B
    ocasión no estábamos bien preparados para la reacción del público.
    C   D

6

Lee las oraciones a continuación. Escoge la palabra o frase subrayada que necesitas cambiar para que la oración esté gramaticalmente correcta.

1. Dondequiera que <u>van</u>, van a encontrar <u>a</u> gente con opiniones <u>distintas</u> de <u>las suyas</u>.
               A   B   C   D

2. Mi hermana y yo <u>poníamos</u> la mesa cuando oímos que <u>alguien</u> llamaba a la puerta;
                     A   B

   <u>fueron</u> nuestros abuelos que acababan <u>de</u> volver de Madrid.
    C   D

3. Él <u>sugirió</u> tantos cambios <u>como</u> tú pero sus modificaciones <u>estaban</u> sin duda más
      A   B   C

   modestas que <u>las tuyas</u>.
               D

4. Si <u>tendrás</u> otra oportunidad <u>de</u> participar en el concurso, ¿qué dirías esta vez <u>para</u>
      A   B   C

   impresionar a <u>los</u> jueces?
                 D

5. Habían <u>dicho</u> que esperaban acabar <u>el</u> viernes, pero ahora <u>parecen</u> que tardarán más
         A   B   C

   tiempo <u>de lo que</u> anticipaban.
          D

6. Queríamos que nuestra versión <u>fuera</u> la <u>mejor</u> y para <u>nos asegurar</u> de <u>eso</u>, nos
                                A   B   C   D

   fijamos en todos los detalles.

7. <u>Te</u> lo puedo garantizar; por difícil que <u>es</u> mi hermana no dejará <u>de</u> trabajar si
   A   B   C

   <u>consigue</u> una buena niñera.
    D

8. Cuando <u>vio</u> que el avión tenía problemas mecánicos, el piloto <u>ordenaba</u> a la
          A   B

   tripulación <u>preparar</u> a los pasajeros <u>para</u> un aterrizaje de emergencia.
             C   D

9. <u>Recibimos</u> todos <u>los</u> informes desde hacía tres meses pero <u>repentinamente</u> la oficina
   A   B   C

   de correos dejó <u>de</u> entregar la correspondencia.
             D

10. Hace unos días que llegó <u>a</u> este pueblo <u>preguntaba</u> si alguien <u>había visto</u> los animales
                       A   B   C

   que <u>se</u> habían escapado de su rancho.
      D

Un poco más de práctica

7

Lee las oraciones a continuación. Escoge la palabra o frase subrayada que necesitas cambiar para que la oración esté gramaticalmente correcta.

1. Cuando yo <u>tuve</u> dieciséis años viví con mis abuelos <u>por</u> un tiempo porque mis padres
   A · B

   querían que yo <u>asistiera</u> a una secundaria cerca de <u>ellos</u>.
   · · · · · · · · · · C · D

2. <u>Por</u> la mañana me levanto a las seis <u>sino</u> cuando no oigo <u>el</u> despertador mi padre <u>me</u>
   A · · · · · · · · · · · · · · · · · · B · · · · · · · · · · C · · · · · · · · · · · · D

   despierta.

3. Si no hiciera <u>tanto</u> frío <u>podremos</u> ir al patio <u>para</u> jugar <u>por</u> un rato.
   · · · · · · · · A · · · · · · · B · · · · · · · · · · C · · · · · · D

4. <u>Ni siquiera</u> los detectives <u>pudieron</u> averiguar cómo los ladrones se habían escapado
   A · · · · · · · · · · · · · · · B

   sin <u>dejar</u> huella <u>ninguna</u>.
   · · · · C · · · · · · · D

5. En cuanto <u>llegó</u> el correo sabremos si <u>quedaban</u> entradas o tendremos que <u>buscar</u>
   · · · · · · · A · · · · · · · · · · · · · · · · · · B · · · · · · · · · · · · · · · · C

   otra manera <u>de</u> celebrar su aniversario.
   · · · · · · · · D

6. Al <u>viendo</u> la cara de la bruja, la niña <u>se asustó</u> de <u>tal</u> manera que comenzó <u>a</u> llorar
   · · · A · · · · · · · · · · · · · · · · · · · B · · · · · C · · · · · · · · · · · · · · D

   desconsoladamente.

7. <u>La</u> normal sería <u>escuchar</u> las quejas y tratar <u>de</u> encontrar una solución justa para
   A · · · · · · · · · · B · · · · · · · · · · · · · · · C

   <u>ambas</u> facciones.
   · · · D

8. Entre <u>tú y yo</u>, no <u>me</u> confío <u>en</u> ellos y preferiría comenzar <u>de nuevo</u> nuestra
   · · · · · · A · · · · · · B · · · · · · C · · · · · · · · · · · · · · · · · · · D

   búsqueda.

9. <u>Siendo</u> parte del equipo nacional, Eduardo Pérez <u>ganó</u> su <u>primer</u> medalla de oro
   A · B · · · C

   cuando rompió el récord en <u>los</u> mil metros.
   · · · · · · · · · · · · · · · · · D

10. Como ya habíamos pagado <u>por</u> la excursión, no <u>querríamos</u> tener que cancelar
    · · · · · · · · · · · · · · · · A · · · · · · · · · · · B

    <u>nuestras</u> reservaciones y perder nuestras <u>vacaciones</u>.
    · · C · D

8

Lee las oraciones a continuación. Escoge la palabra o frase subrayada que necesitas cambiar para que la oración esté gramaticalmente correcta.

1. Mientras tanto, trabajamos para <u>mejorar</u> la revista, <u>para</u> saber <u>que</u> desean los
                                      A   B   C

   lectores, para seguir <u>creciendo</u>.
                       D

2. <u>Habríamos devuelto</u> <u>los</u> billetes si hubiéramos sabido que no <u>pudiéramos</u> usarlos
         A   B   C

   <u>para</u> este viaje.
     D

3. En la calle Marcelo, <u>junto al</u> ayuntamiento, <u>puede</u> verse los restos de un templo
                                   A   B

   romano, <u>construido</u> en el <u>primer</u> siglo.
                C   D

4. <u>Ésta</u> es su <u>tercera</u> telenovela y ya <u>es</u> considerando propuestas de varios estudios
     A   B   C

   cinematográficos <u>para</u> su próximo proyecto.
                   D

5. Además de <u>contar</u> con el violinista más <u>célebre</u> del mundo, la orquesta también
              A   B

   <u>posea</u> una <u>gran</u> variedad de músicos de mucho talento.
     C   D

6. Los vegetales no deben <u>pelarse</u> antes de usarlos para que así <u>mantengan</u> todas sus
                         A   B

   vitaminas, pero deben <u>ser</u> limpios porque muchas veces están <u>cubiertos</u> de
                              C   D

   pesticidas.

7. Es difícil <u>distinguimos</u> la verdad entre la cantidad de rumores que reportan sobre <u>ese</u>
                A   B

   cantante, especialmente porque concede <u>escasas</u> entrevistas y vive en reclusión <u>casi</u>
                                           C   D

   total.

8. Mi hermana <u>se</u> parece mucho a mí, pero cuando <u>veas</u> la semejanza entre ella y mi
                   A   B

   hermano mayor, <u>sería</u> obvio que <u>son</u> mellizos.
                   C   D

9. Este año la fiesta <u>de</u> cumpleaños de mi madre va a <u>ser</u> en la casa de mi tía Margarita
                      A   B

   porque cambiamos <u>cada</u> año y este año le <u>tocan</u> a ella.
                     C   D

10. Un estudio <u>reciente</u> indica que más <u>de</u> la tercera parte de la población <u>se siente</u>
                 A   B   C

    culpable si <u>comería</u> sus alimentos predilectos.
               D

9

Lee las oraciones a continuación. Escoge la palabra o frase subrayada que necesitas cambiar para que la oración esté gramaticalmente correcta.

1. <u>Deben</u> ser muy pocos <u>los que</u> no <u>han</u> escuchado las noticias acerca del ejecutivo que
   A   B   C

   fue secuestrado mientras <u>caminara</u> a su oficina.
                       D

2. <u>Los</u> futbolistas volverán a <u>verse</u> el año que <u>venga</u> en México cuando <u>comience</u> la
   A   B   C   D

   nueva temporada.

3. Los bomberos <u>quedaron</u> agotados después de <u>haber luchado</u> un fuego en <u>el cual</u>
                 A   B   C

   milagrosamente no <u>murieron</u> nadie.
                     D

4. No estoy seguro <u>de que</u> Uds. <u>conocen</u> a mi profesor de música, pero si <u>les</u> interesa
                    A   B   C

   puedo <u>presentárselo</u> después del concierto.
          D

5. Al <u>llegar</u> a casa sospechamos que algo <u>malo</u> había sucedido cuando vimos que la
       A   B

   puerta <u>era</u> abierta y las ventanas <u>estaban</u> rotas.
         C   D

6. <u>Cada</u> vez que el payaso aparecía con <u>sus</u> zapatos gigantescos el público, los adultos
   A   B

   <u>tan</u> como los niños, <u>se reía</u> a carcajadas.
   C   D

7. Le pedí a mi hermano que me <u>despertará</u> pero no tuve <u>ninguna</u> dificultad en
                                 A   B

   <u>levantarme</u> porque estaba muy ilusionado con mi <u>primer</u> día en el nuevo trabajo.
       C   D

8. ¿<u>Cuántas</u> veces te he dicho que <u>recoges</u> los libros que dejaste encima <u>de</u> la mesa <u>del</u>
     A   B   C   D

   comedor?

9. En su última carta <u>me</u> dice que me <u>reúne</u> con mis parientes para que discutamos <u>los</u>
                       A   B   C

   planes <u>para</u> la mudanza.
         D

10. Más vale que <u>te quedas</u> aquí por <u>unos</u> meses, así podrás participar <u>por lo menos</u> en
              A   B   C

    <u>las</u> celebraciones del Día de la Independencia.
    D

10

Lee las oraciones a continuación. Escoge la palabra o frase subrayada que necesitas cambiar para que la oración esté gramaticalmente correcta.

1. Cuando <u>éramos</u> en Alaska cayó <u>tanta</u> nieve que <u>hubo</u> días que no podíamos salir del
         A   B   C

   hotel donde <u>nos</u> hospedamos.
              D

2. Como los contratos <u>fueron</u> negociados <u>para</u> un abogado que tenía mucha experiencia
                   A   B

   en este tipo de negocios, <u>el</u> juez no pudo <u>disputar</u> el caso.
                          C   D

3. Era evidente que cuando Rodrigo <u>tratara</u> de devolver el pasaporte que encontró, la
                                A

   policía <u>creyó</u> que él <u>se lo</u> había robado <u>a</u> alguien.
          B   C   D

4. Todos <u>nos</u> preguntábamos quién <u>será</u> ese hombre que apreció <u>disfrazado</u> en la puerta
          A   B   C

   cuando el reloj <u>dio</u> la medianoche.
                 D

5. Quítate <u>los</u> calcetines en caso de que <u>decides</u> meterte en <u>el</u> agua cuando <u>lleguemos</u> a
          A   B   C   D

   la playa.

6. Tráeme <u>los</u> sacacorchos que está en esa gaveta para <u>ver</u> si puedo abrir <u>estas</u> botellas
          A   B   C

   antes de que <u>llegue</u> Antonio.
             D

7. A ellos <u>le</u> pareció absurdo que <u>la</u> gente llevara <u>tanto</u> equipaje <u>para</u> una excursión de
         A   B   C   D

   tan pocos días.

8. Quien <u>descubre</u> el tesoro podrá vivir <u>cómodamente</u> <u>por</u> el resto de su vida; lo valoran
           A   B   C

   en más <u>de</u> veinte millones de dólares.
         D

9. <u>Los</u> artistas, <u>quien</u> se habían quejado <u>al</u> congresista, recibieron más fondos <u>para</u>
    A   B   C   D

   exhibir su obra en varias ciudades extranjeras.

10. Ya habían llegado más de <u>cientos</u> representantes <u>al</u> congreso que <u>se</u> celebraba en <u>la</u>
                           A   B   C   D

    capital.

11

Lee las oraciones a continuación. Escoge la palabra o frase subrayada que necesitas cambiar para que la oración esté gramaticalmente correcta.

1. A Frenando <u>le</u> encanta <u>pasarse</u> el fin de semana <u>haciendo</u> <u>las</u> crucigramas que
          A   B   C   D

   aparecen en los periódicos.

2. Tenemos <u>suficientes</u> camisetas pero <u>se la</u> daremos a los que <u>vienen</u> antes de que
              A   B   C

   comience <u>el</u> maratón.
          D

3. ¿<u>Qué</u> es tu color <u>preferido</u>? Así podré <u>comprarte</u> una camisa que te <u>guste</u>.
    A   B   C   D

4. En general, no me <u>sorprenden</u> que Uds. hayan pagado <u>tanto</u> por la electricidad <u>este</u>
                 A   B   C

   mes; han usado el aire acondicionado <u>mucho</u>.
                                   D

5. Decidimos <u>estar</u> de acuerdo con sus planes <u>para</u> el nuevo centro porque nos habló
             A   B

   <u>apasionadamente</u> y firmemente de <u>las</u> necesidades de los desamparados.
         C   D

6. <u>Todas</u> las mañanas, por temprano que me <u>levanto</u>, siempre llego tarde a la estación y
    A   B

   <u>por eso</u> tengo que tomar <u>el</u> autobús.
    C   D

7. Si hubieras hecho todo <u>lo que</u> te dije, <u>habías</u> podido terminar de <u>arreglar</u> tu cuarto
                 A   B   C

   antes de que <u>llegaran</u> tus padres.
             D

8. <u>Deme</u> lo que llevas en <u>los</u> bolsillos o <u>lo</u> vas a <u>perder</u> todo cuando empieces a saltar.
    A   B   C   D

9. Por mucho que <u>traté</u> de convencerlo, <u>el</u> entrenador no permitió que yo <u>participara</u> en
             A   B   C

   la competencia con <u>esos</u> atletas.
                  D

10. Cuando encontramos a Gonzalo estaba <u>sentado</u> en un banco <u>hablando</u> con un grupo
                                  A   B

   de gente que <u>pareció</u> bastante <u>extraña</u>.
          C   D

Práctica

12

Lee las oraciones a continuación. Escoge la palabra o frase subrayada que necesitas cambiar para que la oración esté gramaticalmente correcta.

1. Antes de salir al patio, el profesor <u>les</u> pidió a los estudiantes que <u>salieran</u> en <u>la</u> orden

                                               A   B   C
   que habían decidido el día <u>anterior</u>.

                                        D

2. ¿Cuántos cuadernos te <u>sobras</u>? Necesito dos <u>para</u> los estudiantes de intercambio que

                            A   B
   <u>llegan</u> mañana <u>por</u> la tarde.

 C   D

3. Quítate el sombrero <u>cada</u> vez que <u>entras</u>, yo no permito que nadie <u>se</u> siente en esta

                            A   B   C
   clase con el sombrero <u>puesto</u>.

                     D

4. Si corres en sentido opuesto, <u>soy</u> seguro que vas a <u>dar con</u> el resto de <u>los</u> turistas

                               A   B   C
   con <u>quienes</u> viniste.

     D

5. Nos alegró mucho <u>pudiéramos</u> ver <u>el</u> águila negra que <u>se</u> refugiaba en las montañas

                           A   B   C
   de <u>esa</u> región.

   D

6. No <u>le</u> dije que se fuera <u>pero</u> que <u>discutiera</u> el asunto con la consejera pues ese curso

    A   B   C
   es un requisito <u>para</u> la graduación.

               D

7. <u>Por</u> varias semanas traté <u>de</u> hablar con alguien que <u>sabía</u> lo que había sucedido <u>al</u>

A   B   C   D
   final de la obra de teatro.

8. Cuando terminábamos <u>temprano</u> a menudo <u>disfrutamos</u> de un <u>largo</u> paseo <u>por</u> la

                          A   B   C   D
   orilla del lago.

9. <u>Piénsalo</u> bien, ya le hemos dicho <u>varias</u> veces que no queremos que haga <u>algo</u> que

A   B   C
   luego <u>le</u> pese.

      D

10. Aunque no seas <u>supersticiosa</u>, no pases <u>para</u> debajo de la escalera; <u>dicen</u> que trae

                 A   B   C
    <u>mala</u> suerte.

D

245

Lee las selecciones a continuación. Escribe en cada espacio a la derecha de la selección la forma correcta de la palabra entre paréntesis que se necesita para completarlo de manera lógica y correcta. Solamente puedes escribir UNA palabra. Si la palabra que necesitas no requiere ningún cambio, escríbela de nuevo en el espacio.

1

_(1)_ gente dice que yo _(2)_ el premio que ofrecen _(3)_ año, pero dudo que me lo _(4)_. Hay otra candidata _(5)_ que _(6)_ todas las cualidades que los jueces _(7)_

Entre tanto, no vale la pena _(8)_ nerviosa mientras nosotras _(9)_ la decisión, porque no hay nada que yo _(10)_ hacer ahora.

1. _____ (Mucho)

2. _____ (merecer)

3. _____ (este)

4. _____ (dar)

5. _____ (merecedor)

6. _____ (tener)

7. _____ (buscar)

8. _____ (ponerse)

9. _____ (esperar)

10. _____ (poder)

2

    _(1)_ las cuatro de la madrugada y los pájaros cantaban como si todo el mundo _(2)_ estar despierto. Me _(3)_ acostado alrededor de la una y no pensaba _(4)_ por otras cinco horas.

    Cerré los ojos una vez más y estaba _(5)_ a pierna suelta cuando de repente _(6)_ un _(7)_ ruido afuera. Un vecino _(8)_ había cortado el árbol para _(9)_ a los pájaros. Afortunadamente no tuvo _(10)_ éxito en callar _(11)_ fascinante melodía matinal.

1. _____ (Ser)

2. _____ (deber)

3. _____ (haber)

4. _____ (levantarse)

5. _____ (dormir)

6. _____ (oír)

7. _____ (grande)

8. _____ (nuestro)

9. _____ (espantar)

10. _____ (ninguno)

11. _____ (ese)

3

    __(1)__ viernes y soñaba con __(2)__ el fin de semana en mi casa de campo, fuera de __(3)__ presiones que ya había estado __(4)__ por varios días en mi trabajo. Con la oficina __(5)__ por dos días, yo podría __(6)__ sin escuchar las quejas __(7)__ y los chismes que me habían __(8)__ loca durante la semana.

    Mientras __(9)__ las luces de la oficina __(10)__ el teléfono. No __(11)__ contestarlo, pero por fin decidí hacerlo en caso de que __(12)__ mi esposo. ¡Qué idea más __(13)__! __(14)__ mi jefe y quería que yo __(15)__ el sábado.

1. _____ (Ser)

2. _____ (pasar)

3. _____ (tanto)

4. _____ (sentir)

5. _____ (cerrado)

6. _____ (escaparse)

7. _____ (constante)

8. _____ (volver)

9. _____ (apagar)

10. _____ (sonar)

11. _____ (querer)

12. _____ (ser)

13. _____ (tonto)

14. _____ (Ser)

15. _____ (trabajar)

4

_(1)_ lloviendo y no podemos decidir qué hacer. Habíamos _(2)_ un picnic en el parque pero _(3)_ planes ya tienen que _(4)_. Hacía un mes que habíamos escogido _(5)_ día para el picnic y _(6)_ un día bonito para _(7)_ de los _(8)_ días de verano.

Yo he comprado mucha comida y si no escampa no _(9)_ qué voy a hacer. De momento oigo a alguien _(10)_ a la puerta. Al _(11)_, veo a todos nuestros parientes con bolsas y cajas. Habían _(12)_ el picnic a nuestra casa. Después de todo, vamos a pasar un día en familia.

1. _____ (Seguir)

2. _____ (planear)

3. _____ (ese)

4. _____ (cambiar)

5. _____ (ese)

6. _____ (esperar)

7. _____ (disfrutar)

8. _____ (primero)

9. _____ (saber)

10. _____ (tocar)

11. _____ (abrir)

12. _____ (traer)

5

El año pasado yo __(1)__ muchas fotos durante mi viaje, pero de todas ellas __(2)__ fue tan impresionante como la de la torre __(3)__ en el siglo XVI. En cuanto la __(4)__, supe en seguida que había capturado una imagen que me __(5)__ recordar __(6)__ inolvidable viaje.

Desde entonces he querido __(7)__ fotógrafo profesional y mis padres, junto con mis amigos, me __(8)__. El año que viene espero ingresar en un instituto dedicado a la fotografía. Cuando me gradúe __(9)__ ganarme la vida y divertirme a la vez.

1. _____ (sacar)

2. _____ (ninguno)

3. _____ (construir)

4. _____ (ver)

5. _____ (permitir)

6. _____ (aquel)

7. _____ (hacerse)

8. _____ (apoyar)

9. _____ (poder)

Práctica

6

Caminé solo, sin rumbo, bajo la lluvia __(1)__ y __(2)__. Sin esperanza, mutilado del alma. Con Leónidas se había ido la única dicha, el único __(3)__ afecto que me ligaba a la tierra. __(4)__ desde niños, la guerra nos __(5)__ durante varios años. Encontrarnos, después de la lucha y la soledad, constituyó la mayor alegría de nuestra vida. Ya sólo __(6)__ los dos; sin embargo, muy pronto nos dimos cuenta que __(7)__ vivir cada uno por su lado y así lo hicimos. Durante __(8)__ años habíamos adquirido costumbres __(9)__, hábitos e independencia absoluta. Leónidas encontró un puesto de cajero en un banco; yo me __(10)__ de contador en una compañía de seguros. Durante la semana, cada quien vivía dedicado a su trabajo o a su soledad; pero los domingos los __(11)__ siempre juntos. ¡Éramos tan __(12)__ entonces! Puedo asegurar que los dos esperábamos la llegada de __(13)__ día.

1. _____ (persistente)

2. _____ (monótono)

3. _____ (grande)

4. _____ (Inseparable)

5. _____ (alejar)

6. _____ (quedar)

7. _____ (deber)

8. _____ (aquel)

9. _____ (propio)

10. _____ (emplear)

11. _____ (pasar)

12. _____ (feliz)

13. _____ (ese)

7

Nos gustaría __(1)__ temprano para evitar el tráfico que siempre es un problema a esa hora. Resulta mucho mejor salir antes de que __(2)__ muchos vehículos en la carretera. Si salimos antes de las siete __(3)__ esos problemas.

No __(4)__ cómo mi padre lo hace, día tras día, __(5)__ en su coche como prisionero, __(6)__ lentamente como una tortuga. Si yo fuera él, no __(7)__ al trabajo, sino que __(8)__ el transporte público. Creo que todo el mundo estará de acuerdo que ése es un __(9)__ modo de llegar al trabajo sin __(10)__ loco.

1. _____ (marcharse)

2. _____ (haber)

3. _____ (evitar)

4. _____ (saber)

5. _____ (sentar)

6. _____ (moverse)

7. _____ (conducir)

8. _____ (tomar)

9. _____ (bueno)

10. _____ (volverse)

Práctica

8

—Lo que te voy a contar es muy importante, así quiero que te sientes aquí y que me __(1)__ bien. Si no me __(2)__ bien, dímelo y te lo __(3)__.

Me acuerdo de esas palabras de mi padre como si __(4)__ ayer. Están __(5)__ en mi memoria para siempre. En ese momento inolvidable él me informó que había __(6)__ su trabajo y que tendríamos que __(7)__ de casa para vivir con mis abuelos. Yo tenía miedo de __(8)__ preguntas pero ahora, veinte años después, me doy cuenta de que no sólo temía oír esas noticias malas, pero al mismo tiempo no quería que mi padre __(9)__ tanto.

1. _____ (escuchar)

2. _____ (entender)

3. _____ (repetir)

4. _____ (ser)

5. _____ (grabar)

6. _____ (perder)

7. _____ (mudarse)

8. _____ (hacer)

9. _____ (sufrir)

9

—Buenas tardes. ¿Podría decirme...?

—Al __(1)__ mi voz, la persona se retira con pasos pesados e inseguros. Aprieto de nuevo el timbre, __(2)__ vez __(3)__:

—¡__(4)__! ¡Ábrame! ¿Qué le pasa? ¿No me __(5)__?

—No obtengo respuesta. __(6)__ tocando el timbre, sin resultados. Me retiro del portón, sin __(7)__ la mirada de las mínimas rendijas, como si la distancia __(8)__ darme perspectiva e incluso penetración. Con toda la atención fija en esa puerta condenada, atravieso la calle __(9)__ hacia atrás; un grito agudo me salva a tiempo, seguido de un pitazo prolongado y feroz, mientras yo, aturdido, busco a la persona __(10)__ voz acaba de __(11)__, sólo veo el automóvil que se aleja por la calle y me abrazo a un poste de luz, a un asidero que, más que seguridad, me ofrece un punto de apoyo para el paso súbito de la sangre helada a la piel __(12)__, sudorosa. Miro hacia la casa que fue, era, debía ser la de Amilamia.

1. _____ (escuchar)

2. _____ (este)

3. _____ (gritar)

4. _____ (Oír)

5. _____ (oír)

6. _____ (Continuar)

7. _____ (alejar)

8. _____ (poder)

9. _____ (caminar)

10. _____ (cuyo)

11. _____ (salvarse)

12. _____ (ardiente)

Práctica

10

Éramos alpinistas de alguna experiencia y sabíamos que los picos estarían __(1)__ de nieve y que la subida __(2)__ un reto de verdad. Hacía casi un año que mis compañeros y yo __(3)__ la excursión y __(4)__ muy ilusionados y no queríamos que nada __(5)__ esa experiencia tan __(6)__.

Por fin llegó el día __(7)__ y yo __(8)__ mi equipaje en el camión que nos llevaría al pie de la sierra. Mis amigos me __(9)__ y después de un viaje de dos horas estábamos __(10)__ para __(11)__ la subida.

1. _____ (cubrir)

2. _____ (ser)

3. _____ (planear)

4. _____ (estar)

5. _____ (impedir)

6. _____ (deseado)

7. _____ (anticipado)

8. _____ (poner)

9. _____ (seguir)

10. _____ (preparar)

11. _____ (comenzar)

11

Muchos padres __(1)__ ansiosos cuando sus hijos comienzan el __(2)__ grado. En muchos casos es la primera vez que los niños pasarán el día entero fuera de casa, __(3)__ de sus padres. Por un lado quieren que sus hijos __(4)__ a ser independientes, pero por otro lado temen que los __(5)__ a perder.

La mayoría de hijos se adoptan al nuevo régimen sin dificultad __(6)__, pero de vez en cuando __(7)__ problemas. En __(8)__ casos se recomienda que los padres se pongan en contacto con los profesores inmediatamente. Con la comunicación __(9)__ los padres y profesores pueden buscar remedios para __(10)__ los conflictos o los problemas.

1. _____ (parecer)

2. _____ (primero)

3. _____ (separar)

4. _____ (aprender)

5. _____ (ir)

6. _____ (alguno)

7. _____ (surgir)

8. _____ (tal)

9. _____ (abierto)

10. _____ (solucionar)

Práctica

12

Las nubes estaban __(1)__ y
amenazaban la recepción de boda que la
familia de la novia __(2)__ organizado bajo
una tienda enorme en su jardín. Los
invitados habían __(3)__ de __(4)__ partes y
la familia temía que el tiempo __(5)__ el día
para su hija y para los invitados.

No sé por qué nos preocupamos tanto
__(6)__ día, porque todo __(7)__ bien.
Aunque __(8)__, esto no tuvo __(9)__ efecto
negativo en las festividades. Sí, estuvimos
mojados, algunos __(10)__ que otros, pero al
fin y al cabo nos divertimos y todos salieron
__(11)__.

1. _____ (gris)

2. _____ (haber)

3. _____ (venir)

4. _____ (todo)

5. _____ (destruir)

6. _____ (aquel)

7. _____ (resultar)

8. _____ (llover)

9. _____ (ninguno)

10. _____ (peor)

11. _____ (feliz)

Un poco más de práctica

13

Las ventanas iluminadas y el brillo del cine quedaron atrás. A los lados de la calle sólo __(1)__ árboles y flores __(2)__ brotando mágicamente de la semioscuridad. El ruido de los automóviles y sus faros __(3)__ se hizo cada ves más __(4)__ y ella se sentó en una de las bancas sin __(5)__ en su derredor. Descubrió que __(6)__ cansada. Del fondo de la bolsa __(7)__ un cigarro. La débil llama de su encendedor se extinguió tres veces antes de que __(8)__ prenderlo. Luego fumó larga y ávidamente, mientras las hojas, tan __(9)__ como la lluvia, __(10)__ a su alrededor.

1. _____ (haber)

2. _____ (marchito)

3. _____ (deslumbrante)

4. _____ (lejano)

5. _____ (mirar)

6. _____ (estar)

7. _____ (sacar)

8. _____ (lograr)

9. _____ (ruidoso)

10. _____ (caer)

Práctica

14

Acabo de __(1)__ de la secundaria y después de dos meses de trabajo este verano, iré a la universidad donde __(2)__ con estudiantes de alrededor del mundo. Todos __(3)__ que acostumbrarnos a __(4)__ situaciones y responsabilidades.

La universidad ya me __(5)__ enviado mucha información acerca de la vida universitaria. El programa académico va a ser __(6)__, pero quieren que los estudiantes __(7)__ en actividades fuera de clase también. Pienso __(8)__ con el equipo de baloncesto y será importante que __(9)__ un trabajo parte del tiempo. Aunque me siento un poco nerviosa ahora, estoy segura de que me sentiré tranquila en cuanto __(10)__ instalada en el dormitorio y __(11)__ a conocer a otros estudiantes.

1. _____ (graduarse)

2. _____ (vivir)

3. _____ (tener)

4. _____ (nuevo)

5. _____ (haber)

6. _____ (exigente)

7. _____ (participar)

8. _____ (jugar)

9. _____ (encontrar)

10. _____ (estar)

11. _____ (llegar)

Un poco más de práctica

15

Si __(1)__ sabido antes de marcharme que iban a estar allí, habría llevado las fotos conmigo, pero no lo __(2)__. No creía que __(3)__ porque habían ido al mismo concierto la noche anterior con otros amigos. Cuando nos vimos, __(4)__ cola delante de la taquilla, y comenzamos a __(5)__ de la casualidad de encontrarnos entre __(6)__ gente.

El programa __(7)__ una hora en comenzar, debido a problemas __(8)__ con el escenario. Cuando por fin la banda __(9)__ su primera canción, la multitud de aficionados __(10)__ a gritar y a cantar en coro.

1. _____ (haber)

2. _____ (saber)

3. _____ (ir)

4. _____ (hacer)

5. _____ (reírse)

6. _____ (tanto)

7. _____ (tardar)

8. _____ (técnico)

9. _____ (tocar)

10. _____ (comenzar)

Práctica

16

Para matar las horas, para __(1)__ de nosotros __(2)__, Adriana y yo __(3)__ por las desiertas calles de la aldea. En una plaza __(4)__ una feria __(5)__ y Adriana se obstinó en que __(6)__ a algunos aparatos. Al bajar de la rueda de la fortuna, el látigo, las sillas voladoras, aún tuve puntería para batir con diecisiete perdigones once __(7)__ figuritas de plomo. Luego enlacé objetos de barro, resistí toques __(8)__ y __(9)__ de un canario amaestrado un papel rojo que develaba el porvenir.

Adriana __(10)__ feliz regresando a una estéril infancia. Hastiada del amor, de las palabras, de todo lo que dejan las palabras, encontramos __(11)__ tarde de domingo un sitio primitivo que concedía el olvido y la inocencia. Me negué a __(12)__ en la casa de los espejos, y Adriana __(13)__ a orillas de la feria una barraca sola, miserable.

1. _____ (olvidarse)

2. _____ (mismo)

3. _____ (vagar)

4. _____ (hallar)

5. _____ (ambulante)

6. _____ (subir)

7. _____ (oscilante)

8. _____ (eléctrico)

9. _____ (obtener)

10. _____ (ser)

11. _____ (aquel)

12. _____ (entrar)

13. _____ (ver)

Un poco más de práctica

Stress and accentuation rules

A word ending in any consonant (except *-n* or *-s*) is stressed on the last syllable.

       *as-cen-**sor***   *ciu-**dad***   *ca-pi-**tal***

A word that ends in a vowel or in *-n* or *-s* is stressed on the next-to-last syllable.

       *be-**lle**-za*   *mo-**re**-no*   *es-**pe**-cie*

If the word does not fall into either of the two groups above, the stress is shown with a written accent on the stressed vowel.

       *cons-truc-**ción***   ***cóm**-pra-lo*   ***fá**–bri-ca*

You should also keep in mind the following words:

Yo hice el trabajo **solo.**	*I did the job alone.*
Baila **sólo** con Jacinto.	*She dances only with Jacinto.*
Ése regalo es para **mí.**	*That present is for me.*
¿Dónde pusiste **mi** libro?	*Where did you put my book?*
Él es el tío de Serafín.	*He is Serafin's uncle.*
Escribe en **el** cuaderno.	*Write in the notebook.*
Le dijimos que **sí.**	*We told him yes.*
Lo repitió para **sí.**	*He repeated it to himself.*
Si tienen tiempo, nos visitarán.	*If they have time, they will visit us.*

Yo no **sé** nada.	*I don't know anything.*
¡**Sé** amable!	*Be kind!*
Ella **se** mira en el espejo.	*She looks at herself in the mirror.*
Una taza de **té,** por favor.	*A cup of tea, please.*
¿A qué hora **te** afeitaste?	*What time did you shave?*
Tengo **más** de diez dólares.	*I have more than ten dollars.*
Iré de compras contigo **mas** no tengo dinero.	*I will go shopping with you, but I don't have any money.*
Aún no sabemos lo que hicieron.	*We still don't know what they did.*
Vino a la escuela **aun** cuando estaba enfermo.	*He came to school even when he was sick.*
¿Qué estás haciendo?'	*What are you doing?*
Me dijo **que** estaba enfermo.	*He told me that he was sick.*
Por favor, **dé** las llaves al portero.	*Please give the keys to the doorman.*
Ese avión viene **de** San Francisco.	*That plane comes from San Francisco.*

¿Cuál?, ¿Quién?, ¿Por qué?, ¿Cuánto?, ¿Cómo?, ¿Cuándo?, and *¿Dónde?* have accents when they are used as question words, but not when they are used as conjunctions or relative pronouns.

    —¿Dónde pusiste los discos compactos?

    —Los puse donde siempre los pongo.

Also, remember that demonstrative adjectives are not accentuated. If they are pronouns, they are accentuated.

Quiero **esa** cinta y **aquélla.**	*I want this cassette and that one.*

Adverbs that end in -*mente* retain the accent of the adjective form from which they were formed.

Ese problema es **fácil.**	*That problem is easy.*
Ellas lo hacen **fácilmente.**	*They do it easily.*

Some words and expressions used to connect ideas

The following lists are by no means exhaustive, but they will give you a good start to connect ideas, to summarize, and to emphasize. These words and expressions will allow you to enrich your vocabulary and to speak and write in more connected discourse.

To begin to introduce an idea you may use the following:

para empezar (*to begin*)
a partir de (*beginning with*)
en primer lugar (*in the first place*)

como punto de partida (*as a point of departure*)
al principio (*at the beginning*)
al + *infinitive* (*upon . . .*)

To add another idea or if you are telling a story and want to add the next step or express ideas that were taking place at the same time, you may use the following:

para continuar (*to continue*)
en cuanto (*as soon as*)
durante (*during*)
mientras tanto (*in the meanwhile*)
además (*besides*)
también (*also*)
luego (*then, later*)
después de + *infinitive* (*afterwards, after*)

tan pronto como (*as soon as*)
al mismo tiempo (*at the same time*)
mientras (*while*)
y (*and*)
tampoco (*nor, either, neither*)
entonces (*then*)
antes de + *infinitive* (*before*)
con respecto a (*with respect to*)

To express a contrasting point of view or to restrict another one previously expressed, you may use the following:

como (*because*)
sin embargo (*however*)
a pesar de (que) (*in spite of the fact that*)
aunque (*although*)

pero (*but*)
en cambio (*on the other hand*)
sino que (*but rather*)
sino (*but*)

265

*   *   *

To draw a conclusion or to show cause and effect, you may use the following:

a causa de (*on account of, because of*)
a fin de cuentas (*in the end, after all*)
al fin y al cabo (*after all*)
así que (*so*)
como (*because*)
como consecuencia (*as a consequence*)
como resultado (*as a result*)
de todos modos (*at any rate, anyhow*)
debido a (*owing to, because of*)
en conclusión (*in conclusion*)
en definitiva (*in conclusion, definitely*)
en fin (*in short*)

en resumen (*in summary*)
en resumidas cuentas (*in short*)
en todo caso (*in any case*)
para concluir (*to conclude*)
para resumir (*to summarize*)
para terminar (*to end*)
por (*because of*)
por consiguiente (*therefore*)
por eso (*therefore*)
por lo tanto (*therefore*)
porque (*because*)
puesto que (*because*)
ya que (*because, seeing that*)

*   *   *

To present different aspects of a topic or to make transitions, you may use the following:

a su vez (*in turn*)
así (*so*)
con relación a (*in relation to*)
con respecto a (*with respect to*)
conviene indicar/señalar (*it is suitable to indicate or point out*)
de ese modo (*in that way*)
en cuanto a (*regarding*)

hablando de (*speaking of, in reference to*)
no... sino (que) (*not . . . but rather*)
por lo general (*generally*)
por otro lado (*on the other hand*)
por un lado (*on one hand*)
si pensamos en (*if we think about*)
también viene al caso (*it is also to the point*)

*   *   *

To emphasize, you may use the following:

de hecho (*in fact*)
en realidad (*actually*)

hay que tomar en cuenta que (*one must realize that*)
lo importante es que (*what is important is that*)

*   *   *

To give examples, you may use the following:

para ilustrar (*to illustrate*)

por ejemplo (*for example*)

Prepositions

Simple prepositions

a	*at, to*
ante	*before*
bajo	*under*
con	*with*
contra	*against*
de	*of, from; in; with*
desde	*from, since*
durante	*during*
en	*in, into, at, on*
entre	*among, between*
excepto	*except*
hacia	*toward*
hasta	*until, as far as, up to*
mediante	*by means of*
menos	*except*
para	*for, in order to, considering*
por	*for, by, through, for the sake of, in exchange for, per*
salvo	*except, save*
según	*according to*
sin	*without*
sobre	*on, about, over, concerning*
tras	*after*

Compound prepositions

acerca de	*about*
además de	*besides*
alrededor de	*around*
antes de	*before (time, order)*
cerca de	*near*
debajo de	*under*
delante de	*before (space)*
dentro de	*within*
después de	*after (time, order)*
detrás de	*behind, after*
encima de	*on top of*
frente a	*in front of, opposite*
fuera de	*outside*
junto a	*next to, close to*
lejos de	*far from*
respecto a	*with respect to*
tocante a	*with regard to*

Prepositional combinations

a causa de	*on account of*
a diferencia de	*unlike*
a excepción de	*with the exception of*
a fuerza de	*by dint of, by force of*
a pesar de	*in spite of*
a través de	*across, through*
al lado de	*next to*
con tal de	*provided that*
en cuanto a	*as for*
en frente de	*before, in front of*
en medio de	*in the middle of*
en vez de	*instead of*
en virtud de	*by virtue of*
por causa de	*on account of, because of*
por razón de	*as a consequence of*

Appendix C

Verbs that do not require a preposition when followed by a noun (except when the direct object is a person)

buscar	*to look for*
esperar	*to wait for, to hope for*
mirar	*to look at*
pedir	*to ask for*

Common verbs that do not require a preposition before an infinitive

aconsejar	*to advise to*
acordar	*to agree to*
deber	*to ought to (should)*
decidir	*to decide to*
dejar	*to allow to (let)*
desear	*to wish to*
esperar	*to hope to, to expect to*
hacer	*to make to, to have to*
intentar	*to attempt to*
lograr	*to succeed in*
mandar	*to order to*
merecer	*to deserve to*
necesitar	*to need to*
olvidar	*to forget to*
parecer	*to seem to*
pedir	*to ask to*
pensar	*to plan to, intend to, think of*
permitir	*to allow to (permit)*
poder	*to be able to (can)*
preferir	*to prefer to*
prohibir	*to forbid to*
prometer	*to promise to*
proponer	*to propose to*
querer	*to want to*
recordar	*to remember to*
saber	*to know how to*
soler	*to be accustomed to (used to)*
temer	*to be afraid to*

Verbs that take "a" + infinitive

acercarse a	*to approach, to go near*
acostumbrarse a	*to become accustomed to, to become used to*
alcanzar a	*to succeed in, to manage to*
animar(se) a	*to feel encouraged to*
aprender a	*to learn to, to learn how to*
apresurarse a	*to hurry to*
arriesgarse a	*to expose oneself to danger, to dare to*
asomarse a	*to look out at*
aspirar a	*to aspire to*
atreverse a	*to dare to*
ayudar a	*to help to*
comenzar a	*to begin to*
comprometerse a	*to commit oneself to*
contribuir a	*to contribute to*
convidar a	*to invite to*
decidirse a	*to decide to*
dedicarse a	*to devote oneself to*
desafiar a	*to dare to; to challenge to*
detenerse a	*to pause to, to stop to*
determinarse a	*to resolve to*
dirigirse a	*to go to, to go toward*
disponerse a	*to get ready to*
echarse a	*to begin to, to start to*
empezar a	*to begin to, to start to*
enseñar a	*to teach to*
exponerse a	*to run the risk of*
inclinarse a	*to be inclined to*
inspirar a	*to inspire to*
invitar a	*to invite to*
ir a	*to go to*
limitarse a	*to limit oneself to*
llegar a	*to become*
meterse a	*to begin to*
negarse a	*to refuse to*
obligar a	*to oblige to, to obligate to*
ofrecerse a	*to volunteer to, to offer to*
oponerse a	*to be opposed to*
pararse a	*to stop to*
ponerse a	*to begin to, to start to*
principiar a	*to begin to, to start to*
quedarse a	*to remain to*
regresar a	*to return to*

renunciar a	*to give up, renounce*
resignarse a	*to resign oneself to*
resistirse a	*to oppose, to resist*
resolverse a	*to make up one's mind to*
romper a	*to burst out*
salir a	*to go out to*
sentarse a	*to sit down to*
someter a	*to submit to, to subdue to*
subir a	*to climb*
venir a	*to come to, to end up by*
volver a	*to (do something) again, to return to*

Verbs that take "a" + noun or pronoun

acercarse a	*to approach, to go near*
acostumbrarse a	*to become accustomed to, to get used to*
aficionarse a	*to become fond of*
asemejarse a	*to resemble, to look like*
asistir a	*to attend*
asomarse a	*to appear at*
cuidar a	*to take care of (someone)*
dar a	*to face, to look out on, to open on*
dedicarse a	*to devote oneself to*
desafiar a	*to dare to, to challenge to*
destinar a	*to assign to*
entrar a	*to enter*
faltar a	*to be absent from*
ir a	*to go to*
jugar a	*to play a sport or a game*
limitarse a	*to limit onself to*
oler a	*to smell of, to smell like*
oponerse a	*to be opposed to*
parecerse a	*to resemble, to look like*
pasar a	*to proceed to, to pass on to*
renunciar a	*to give up, renounce*
resignarse a	*to resign onself to*
saber a	*to taste of or like*
sonar a	*to sound like*
subir a	*to get on, to get into, to climb into*
volver a	*to . . . again*

Prepositions

Verbs that take "con" + infinitive

acabar con	*to put an end to, to finish*
amenazar con	*to threaten to*
conformarse con	*to put up with, to be satisfied with*
contar con	*to count on, to rely on*
contentarse con	*to be satisfied with*
cumplir con	*to fulfill (an obligation, duty)*
dar con	*to come upon, to meet*
encontrarse con	*to run into, to meet*
entenderse con	*to have an understanding with*
entretenerse con	*to amuse oneself by*
meterse con	*to pick a quarrel with*
quedarse con	*to keep, to hold on to*
soñar con	*to dream of, to dream about*

Verbs that take "con" + noun

acabar con	*to put an end to, to finish, to exhaust*
amenazar con	*to threaten to*
bastar con	*to be enough*
casarse con	*to marry*
comprometerse con	*to get engaged to*
conformarse con	*to be satisfied with*
contar con	*to count on, rely on*
contentarse con	*to be satisfied with*
cumplir con	*to fulfill (an obligation, duty)*
gozar con	*to enjoy*
romper con	*to break off with*
soñar con	*to dream with*
tropezar con	*to come upon, to run into, to stumble against*

Verbs that take "de" + infinitive

acabar de	*to have just*
acordarse de	*to remember to*
alegrarse de	*to be glad to*

alejarse de	*to go / move away from*
arrepentirse de	*to repent*
asombrarse de	*to be astonished at*
avergonzarse de	*to be ashamed of*
cansarse de	*to become tired of*
cesar de	*to cease, to stop*
dejar de	*to stop, to fail to*
encargarse de	*to take charge of*
enterarse de	*to find out about, to become aware of*
haber de	*must, to have to*
ocuparse de	*to be busy with, to attend to, to pay attention to*
olvidarse de	*to forget to*
parar de	*to stop*
quejarse de	*to complain of or about*
sorprenderse de	*to be surprised to*
terminar de	*to finish*
tratar de	*to try to*
tratarse de	*to be a question or matter of, to deal with*

Verbs that take "de" + noun or pronoun

abusar de	*to abuse, to take advantage of, to overindulge in*
acordarse de	*to remember*
alejarse de	*to go away from*
apartarse de	*to keep away from, to withdraw from*
apoderarse de	*to take possession of, to take hold of*
aprovecharse de	*to take advantage of*
arrepentirse de	*to be sorry for, to repent of*
asombrarse de	*to be astonished at*
asustarse de	*to be afraid of*
avergonzarse de	*to be ashamed of*
bajar de	*to get out of, to descend from, to get off*
burlarse de	*to make fun of*
cambiar de	*to change (trains, buses, clothes, etc.), to change one's mind*
cansarse de	*to become tired of*
compadecerse de	*to feel sorry for, to sympathize with*
constar de	*to consist of*
depender de	*to depend on*
despedirse de	*to say goodbye to, to take leave of*

273

disfrutar de	*to enjoy*
dudar de	*to doubt*
enamorarse de	*to fall in love with*
encargarse de	*to take charge of*
enterarse de	*to find out about, to become aware of*
huir de	*to flee from*
irse de	*to leave*
marcharse de	*to leave*
ocuparse de	*to be busy with, to attend to,*
	to pay attention to
olvidarse de	*to forget*
pensar de	*to think of or about, to have an opinion*
preocuparse de	*to worry about, to be concerned about*
quejarse de	*to complain of or about*
reírse de	*to laugh at*
salir de	*to leave from, to go out of*
separarse de	*to leave*
servir de	*to serve as*
servirse de	*to make use of, to use*
tratarse de	*to be a question of, to deal with*
valerse de	*to make use of, to avail oneself of*

Verbs that generally take "en" + infinitive

complacerse en	*to take pleasure in, to be pleased to*
confiar en	*to trust, to be confident*
consentir en	*to consent to*
convenir en	*to agree to, to agree on*
empeñarse en	*to persist in, to insist on*
esforzarse en	*to strive for, to try to*
insistir en	*to insist on*
persistir en	*to persist in*
quedar en	*to agree to, to agree on*
tardar en	*to be late in, to delay in*

Verbs that generally take "en" + noun or pronoun

apoyarse en	*to lean against, to lean on*
confiar en	*to rely on, to trust in*
consistir en	*to consist of*
convertirse en	*to become, to convert to, to turn into*
entrar en	*to enter, to go into*
fijarse en	*to notice, to take notice of*
influir en	*to have an influence on*
meterse en	*to get involved in, to meddle in*
pararse en	*to stop at*
pensar en	*to think of, to think about*

Verbs that generally take "por" + infinitive, noun, pronoun, or adjective

acabar por	*to end (up) by*
dar por	*to consider, to regard as*
darse por	*to pretend, to consider oneself*
empezar por	*to begin by*
estar por	*to be in favor of*
interesarse por	*to take an interest in*
luchar por	*to struggle to*
pasar por	*to be considered as*
preguntar por	*to ask for, to inquire about*
preocuparse por	*to worry about*
tener por	*to consider something, to have an opinion on something*
terminar por	*to end (up) by*
tomar por	*to take someone for*

Verbs that take "para" + infinitive

destinar para	*to destine to, to assign to*
luchar para	*to struggle in order to*
prepararse para	*to prepare oneself for*
quedarse para	*to remain to*
trabajar para	*to work for*

Verbs

Verbos regulares

Infinitivo: *hablar*
Participio pasado: *hablado*

Verbos de la primera conjugación: *-ar*
Gerundio: *hablando*

Tiempos simples

Indicativo

Presente	Imperfecto	Pretérito	Futuro	Condicional
hablo	hablaba	hablé	hablaré	hablaría
hablas	hablabas	hablaste	hablarás	hablarías
habla	hablaba	habló	hablará	hablaría
hablamos	hablábamos	hablamos	hablaremos	hablaríamos
habláis	hablabais	hablasteis	hablaréis	hablaríais
hablan	hablaban	hablaron	hablarán	hablarían

Subjuntivo

Presente	Imperfecto	
hable	hablara	hablase
hables	hablaras	hablases
hable	hablara	hablase
hablemos	habláramos	hablásemos
habléis	hablarais	hablaseis
hablen	hablaran	hablasen

Imperativo

Afirmativo	Negativo
habla (tú)	no hables
hable (Ud.)	
hablemos	
hablad (vosotros)	no habléis
hablen (Uds.)	

Tiempos compuestos

Indicativo

Presente perfecto	Pluscuamperfecto	Futuro perfecto	Condicional perfecto
he hablado	había hablado	habré hablado	habría hablado
has hablado	habías hablado	habrás hablado	habrías hablado
ha hablado	había hablado	habrá hablado	habría hablado
hemos hablado	habíamos hablado	habremos hablado	habríamos hablado
habéis hablado	habíais hablado	habréis hablado	habríais hablado
han hablado	habían hablado	habrán hablado	habrían hablado

Subjuntivo

Presente perfecto	Pluscuamperfecto
haya hablado	hubiera hablado / hubiese hablado
hayas hablado	hubieras hablado / hubieses hablado
haya hablado	hubiera hablado / hubiese hablado
hayamos hablado	hubiéramos hablado / hubiésemos hablado
hayáis hablado	hubierais hablado / hubieseis hablado
hayan hablado	hubieran hablado / hubiesen hablado

Verbos de la segunda conjugación: -er Infinitivo: *aprender*
Gerundio: *aprendiendo* Participio pasado: *aprendido*

Tiempos simples

Indicativo

Presente	Imperfecto	Pretérito	Futuro	Condicional
aprendo	aprendía	aprendí	aprenderé	aprendería
aprendes	aprendías	aprendiste	aprenderás	aprenderías
aprende	aprendía	aprendió	aprenderá	aprendería
aprendemos	aprendíamos	aprendimos	aprenderemos	aprenderíamos
aprendéis	aprendíais	aprendisteis	aprenderéis	aprenderíais
aprenden	aprendían	aprendieron	aprenderán	aprenderían

Subjuntivo

Presente	Imperfecto	
aprenda	aprendiera	aprendiese
aprendas	aprendieras	aprendieses
aprenda	aprendiera	aprendiese
aprendamos	aprendiéramos	aprendiésemos
aprendáis	aprendierais	aprendieseis
aprendan	aprendieran	aprendiesen

Imperativo

Afirmativo	Negativo
aprende (tú)	no aprendas
aprenda (Ud.)	
aprendamos	
aprended (vosotros)	no aprendáis
aprendan (Uds.)	

Tiempos compuestos

Indicativo

Presente perfecto	Pluscuamperfecto	Futuro perfecto	Condicional perfecto
he aprendido	había aprendido	habré aprendido	habría aprendido
has aprendido	habías aprendido	habrás aprendido	habrías aprendido
ha aprendido	había aprendido	habrá aprendido	habría aprendido
hemos aprendido	habíamos aprendido	habremos aprendido	habríamos aprendido
habéis aprendido	habíais aprendido	habréis aprendido	habríais aprendido
han aprendido	habían aprendido	habrán aprendido	habrían aprendido

Subjuntivo

Presente perfecto	Pluscuamperfecto	
haya aprendido	hubiera aprendido	hubiese aprendido
hayas aprendido	hubieras aprendido	hubieses aprendido
haya aprendido	hubiera aprendido	hubiese aprendido
hayamos aprendido	hubiéramos aprendido	hubiésemos aprendido
hayáis aprendido	hubierais aprendido	hubieseis aprendido
hayan aprendido	hubieran aprendido	hubiesen aprendido

Verbos de la tercera conjugación: -ir
Gerundio: *viviendo*

Infinitivo: *vivir*
Participio pasado: *vivido*

Tiempos simples

Indicativo

Presente	Imperfecto	Pretérito	Futuro	Condicional
vivo	vivía	viví	viviré	viviría
vives	vivías	viviste	vivirás	vivirías
vive	vivía	vivió	vivirá	viviría
vivimos	vivíamos	vivimos	viviremos	viviríamos
vivís	vivíais	vivisteis	viviréis	viviríais
viven	vivían	vivieron	vivirán	vivirían

Subjuntivo

Presente	Imperfecto	
viva	viviera	viviese
vivas	vivieras	vivieses
viva	viviera	viviese
vivamos	viviéramos	viviésemos
viváis	vivierais	vivieseis
vivan	vivieran	viviesen

Imperativo

Afirmativo	Negativo
vive (tú)	no vivas
viva (Ud.)	
vivamos	
vivid (vosotros)	no viváis
vivan (Uds.)	

Tiempos compuestos

Indicativo

Presente perfecto	Pluscuam-perfecto	Futuro perfecto	Condicional perfecto
he vivido	había vivido	habré vivido	habría vivido
has vivido	habías vivido	habrás vivido	habrías vivido
ha vivido	había vivido	habrá vivido	habría vivido
hemos vivido	habíamos vivido	habremos vivido	habríamos vivido
habéis vivido	habíais vivido	habréis vivido	habríais vivido
han vivido	habían vivido	habrán vivido	habrían vivido

Subjuntivo

Presente perfecto	Pluscuamperfecto	
haya vivido	hubiera vivido	hubiese vivido
hayas vivido	hubieras vivido	hubieses vivido
haya vivido	hubiera vivido	hubiese vivido
hayamos vivido	hubiéramos vivido	hubiésemos vivido
hayáis vivido	hubierais vivido	hubieseis vivido
hayan vivido	hubieran vivido	hubiesen vivido

Verbos irregulares

Indicativo / Subjuntivo

	Presente	Imperfecto	Pretérito	Futuro	Condicional	Subjuntivo Presente	Subjuntivo Imperfecto	
andar	ando	andaba	anduve	andaré	andaría	ande	anduviera	anduviese
	andas	andabas	anduviste	andarás	andarías	andes	anduvieras	anduvieses
	anda	andaba	anduvo	andará	andaría	ande	anduviera	anduviese
andando	andamos	andábamos	anduvimos	andaremos	andaríamos	andemos	anduviéramos	anduviésemos
	andáis	andabais	anduvisteis	andaréis	andaríais	andéis	anduvierais	anduvieseis
andado	andan	andaban	anduvieron	andarán	andarían	anden	anduvieran	anduviesen
caber	quepo	cabía	cupe	cabré	cabría	quepa	cupiera	cupiese
	cabes	cabías	cupiste	cabrás	cabrías	quepas	cupieras	cupieses
cabiendo	cabe	cabía	cupo	cabrá	cabría	quepa	cupiera	cupiese
	cabemos	cabíamos	cupimos	cabremos	cabríamos	quepamos	cupiéramos	cupiésemos
cabido	cabéis	cabíais	cupisteis	cabréis	cabríais	quepáis	cupierais	cupieseis
	caben	cabían	cupieron	cabrán	cabrían	quepan	cupieran	cupiesen
caer	caigo	caía	caí	caeré	caería	caiga	cayera	cayese
	caes	caías	caíste	caerás	caerías	caigas	cayeras	cayeses
cayendo	cae	caía	cayó	caerá	caería	caiga	cayera	cayese
	caemos	caíamos	caímos	caeremos	caeríamos	caigamos	cayéramos	cayésemos
caído	caéis	caíais	caísteis	caeréis	caeríais	caigáis	cayerais	cayeseis
	caen	caían	cayeron	caerán	caerían	caigan	cayeran	cayesen
conducir	conduzco	conducía	conduje	conduciré	conduciría	conduzca	condujera	condujese
	conduces	conducías	condujiste	conducirás	conducirías	conduzcas	condujeras	condujeses
conduciendo	conduce	conducía	condujo	conducirá	conduciría	conduzca	condujera	condujese
	conducimos	conducíamos	condujimos	conduciremos	conduciríamos	conduzcamos	condujéramos	condujésemos
conducido	conducís	conducíais	condujisteis	conduciréis	conduciríais	conduzcáis	condujerais	condujeseis
	conducen	conducían	condujeron	conducirán	conducirían	conduzcan	condujeran	condujesen

Imperativo

Afirmativo	Negativo
anda	no andes
ande	
andemos	
andad	no andéis
anden	
cabe	no quepas
quepa	
quepamos	
cabed	no quepáis
quepan	
cae	no caigas
caiga	
caigamos	
caed	no caigáis
caigan	
conduce	no conduzcas
conduzca	
conduzcamos	
conducid	no conduzcáis
conduzcan	

dar — dando — dado

Presente	Imperfecto	Pretérito	Futuro	Condicional	Pres. subj.	Imperf. subj. (-ra)	Imperf. subj. (-se)	Imperativo	Imperativo neg.
doy	daba	di	daré	daría	dé	diera	diese	da	
das	dabas	diste	darás	darías	des	dieras	dieses	dé	no des
da	daba	dió	dará	daría	dé	diera	diese	demos	
damos	dábamos	dimos	daremos	daríamos	demos	diéramos	diésemos	dad	
dais	dabais	disteis	daréis	daríais	deis	dierais	dieseis	den	no deis
dan	daban	dieron	darán	darían	den	dieran	diesen		

decir — diciendo — dicho

Presente	Imperfecto	Pretérito	Futuro	Condicional	Pres. subj.	Imperf. subj. (-ra)	Imperf. subj. (-se)	Imperativo	Imperativo neg.
digo	decía	dije	diré	diría	diga	dijera	dijese	di	
dices	decías	dijiste	dirás	dirías	digas	dijeras	dijeses	diga	no digas
dice	decía	dijo	dirá	diría	diga	dijera	dijese	digamos	
decimos	decíamos	dijimos	diremos	diríamos	digamos	dijéramos	dijésemos	decid	
decís	decíais	dijisteis	diréis	diríais	digáis	dijerais	dijeseis	digen	no digáis
dicen	decían	dijeron	dirán	dirían	digan	dijeran	dijesen		

estar — estando — estado

Presente	Imperfecto	Pretérito	Futuro	Condicional	Pres. subj.	Imperf. subj. (-ra)	Imperf. subj. (-se)	Imperativo	Imperativo neg.
estoy	estaba	estuve	estaré	estaría	esté	estuviera	estuviese	está	
estás	estabas	estuviste	estarás	estarías	estés	estuvieras	estuvieses	esté	no estés
está	estaba	estuvo	estará	estaría	esté	estuviera	estuviese	estemos	
estamos	estábamos	estuvimos	estaremos	estaríamos	estemos	estuviéramos	estuviésemos	estad	
estáis	estabais	estuvisteis	estaréis	estaríais	estéis	estuvierais	estuvieseis	estén	no estéis
están	estaban	estuvieron	estarán	estarían	estén	estuvieran	estuviesen		

haber — habiendo — habido

Presente	Imperfecto	Pretérito	Futuro	Condicional	Pres. subj.	Imperf. subj. (-ra)	Imperf. subj. (-se)
he	había	hube	habré	habría	haya	hubiera	hubiese
has	habías	hubiste	habrás	habrías	hayas	hubieras	hubieses
ha	había	hubo	habrá	habría	haya	hubiera	hubiese
hemos	habíamos	hubimos	habremos	habríamos	hayamos	hubiéramos	hubiésemos
habéis	habíais	hubisteis	habréis	habríais	hayáis	hubierais	hubieseis
han	habían	hubieron	habrán	habrían	hayan	hubieran	hubiesen

hacer — haciendo — hecho

Presente	Imperfecto	Pretérito	Futuro	Condicional	Pres. subj.	Imperf. subj. (-ra)	Imperf. subj. (-se)	Imperativo	Imperativo neg.
hago	hacía	hice	haré	haría	haga	hiciera	hiciese	haz	
haces	hacías	hiciste	harás	harías	hagas	hicieras	hicieses	haga	no hagas
hace	hacía	hizo	hará	haría	haga	hiciera	hiciese	hagamos	
hacemos	hacíamos	hicimos	haremos	haríamos	hagamos	hiciéramos	hiciésemos	haced	
hacéis	hacíais	hicisteis	haréis	haríais	hagáis	hicierais	hicieseis	hagan	no hagáis
hacen	hacían	hicieron	harán	harían	hagan	hicieran	hiciesen		

Indicativo	Presente	Imperfecto	Pretérito	Futuro	Condicional	Subjuntivo Presente	Subjuntivo Imperfecto	Subjuntivo Imperfecto	Imperativo Afirmativo	Imperativo Negativo
ir	voy	iba	fui	iré	iría	vaya	fuera	fuese		
yendo	vas	ibas	fuiste	irás	irías	vayas	fueras	fueses	ve	no vayas
	va	iba	fue	irá	iría	vaya	fuera	fuese	vaya	
ido	vamos	íbamos	fuimos	iremos	iríamos	vayamos	fuéramos	fuésemos	vamos	
	vais	ibais	fuisteis	iréis	iríais	vayáis	fuerais	fueseis	id	no vayáis
	van	iban	fueron	irán	irían	vayan	fueran	fuesen	vayan	
oír	oigo	oía	oí	oiré	oiría	oiga	oyera	oyese		
oyendo	oyes	oías	oíste	oirás	oirías	oigas	oyeras	oyeses	oye	no oigas
	oye	oía	oyó	oirá	oiría	oiga	oyera	oyese	oiga	
oído	oímos	oíamos	oímos	oiremos	oiríamos	oigamos	oyéramos	oyésemos	oigamos	
	oís	oíais	oísteis	oiréis	oiríais	oigáis	oyerais	oyeseis	oíd	no oigáis
	oyen	oían	oyeron	oirán	oirían	oigan	oyeran	oyesen	oigan	
poder	puedo	podía	pude	podré	podría	pueda	pudiera	pudiese		
pudiendo	puedes	podías	pudiste	podrás	podrías	puedas	pudieras	pudieses		
	puede	podía	pudo	podrá	podría	pueda	pudiera	pudiese		
podido	podemos	podíamos	pudimos	podremos	podríamos	podamos	pudiéramos	pudiésemos		
	podéis	podíais	pudisteis	podréis	podríais	podáis	pudierais	pudieseis		
	pueden	podían	pudieron	podrán	podrían	puedan	pudieran	pudiesen		
poner	pongo	ponía	puse	pondré	pondría	ponga	pusiera	pusiese		
poniendo	pones	ponías	pusiste	pondrás	pondrías	pongas	pusieras	pusieses	pon	no pongas
	pone	ponía	puso	pondrá	pondría	ponga	pusiera	pusiese	ponga	
puesto	ponemos	poníamos	pusimos	pondremos	pondríamos	pongamos	pusiéramos	pusiésemos	pongamos	
	ponéis	poníais	pusisteis	pondréis	pondríais	pongáis	pusierais	pusieseis	poned	no pongáis
	ponen	ponían	pusieron	pondrán	pondrían	pongan	pusieran	pusiesen	pongan	
querer	quiero	quería	quise	querré	querría	quiera	quisiera	quisiese		
queriendo	quieres	querías	quisiste	querrás	querrías	quieras	quisieras	quisieses		
	quiere	quería	quiso	querrá	querría	quiera	quisiera	quisiese		
querido	queremos	queríamos	quisimos	querremos	querríamos	queramos	quisiéramos	quisiésemos		
	queréis	queríais	quisisteis	querréis	querríais	queráis	quisierais	quisieseis		
	quieren	querían	quisieron	querrán	querrían	quieran	quisieran	quisiesen		

Spanish Irregular Verb Conjugation Chart

saber (sabiendo / sabido)

Persona	Presente	Imperfecto	Pretérito	Futuro	Condicional	Pres. Subj.	Imp. Subj. (-ra)	Imp. Subj. (-se)	Mandatos	Mandatos neg.
yo	sé	sabía	supe	sabré	sabría	sepa	supiera	supiese		
tú	sabes	sabías	supiste	sabrás	sabrías	sepas	supieras	supieses	sabe	no sepas
él/ella/Ud.	sabe	sabía	supo	sabrá	sabría	sepa	supiera	supiese	sepa	
nosotros	sabemos	sabíamos	supimos	sabremos	sabríamos	sepamos	supiéramos	supiésemos	sepamos	
vosotros	sabéis	sabíais	supisteis	sabréis	sabríais	sepáis	supierais	supieseis	sabed	no sepáis
ellos/Uds.	saben	sabían	supieron	sabrán	sabrían	sepan	supieran	supiesen	sepan	

salir (saliendo / salido)

Persona	Presente	Imperfecto	Pretérito	Futuro	Condicional	Pres. Subj.	Imp. Subj. (-ra)	Imp. Subj. (-se)	Mandatos	Mandatos neg.
yo	salgo	salía	salí	saldré	saldría	salga	saliera	saliese		
tú	sales	salías	saliste	saldrás	saldrías	salgas	salieras	salieses	sal	no salgas
él/ella/Ud.	sale	salía	salió	saldrá	saldría	salga	saliera	saliese	salga	
nosotros	salimos	salíamos	salimos	saldremos	saldríamos	salgamos	saliéramos	saliésemos	salgamos	
vosotros	salís	salíais	salisteis	saldréis	saldríais	salgáis	salierais	salieseis	salid	no salgáis
ellos/Uds.	salen	salían	salieron	saldrán	saldrían	salgan	salieran	saliesen	salgan	

ser (siendo / sido)

Persona	Presente	Imperfecto	Pretérito	Futuro	Condicional	Pres. Subj.	Imp. Subj. (-ra)	Imp. Subj. (-se)	Mandatos	Mandatos neg.
yo	soy	era	fui	seré	sería	sea	fuera	fuese		
tú	eres	eras	fuiste	serás	serías	seas	fueras	fueses	sé	no seas
él/ella/Ud.	es	era	fue	será	sería	sea	fuera	fuese	sea	
nosotros	somos	éramos	fuimos	seremos	seríamos	seamos	fuéramos	fuésemos	seamos	
vosotros	sois	erais	fuisteis	seréis	seríais	seáis	fuerais	fueseis	sed	no seáis
ellos/Uds.	son	eran	fueron	serán	serían	sean	fueran	fuesen	sean	

tener (teniendo / tenido)

Persona	Presente	Imperfecto	Pretérito	Futuro	Condicional	Pres. Subj.	Imp. Subj. (-ra)	Imp. Subj. (-se)	Mandatos	Mandatos neg.
yo	tengo	tenía	tuve	tendré	tendría	tenga	tuviera	tuviese		
tú	tienes	tenías	tuviste	tendrás	tendrías	tengas	tuvieras	tuvieses	ten	no tengas
él/ella/Ud.	tiene	tenía	tuvo	tendrá	tendría	tenga	tuviera	tuviese	tenga	
nosotros	tenemos	teníamos	tuvimos	tendremos	tendríamos	tengamos	tuviéramos	tuviésemos	tengamos	
vosotros	tenéis	teníais	tuvisteis	tendréis	tendríais	tengáis	tuvierais	tuvieseis	tened	no tengáis
ellos/Uds.	tienen	tenían	tuvieron	tendrán	tendrían	tengan	tuvieran	tuviesen	tengan	

traer (trayendo / traído)

Persona	Presente	Imperfecto	Pretérito	Futuro	Condicional	Pres. Subj.	Imp. Subj. (-ra)	Imp. Subj. (-se)	Mandatos	Mandatos neg.
yo	traigo	traía	traje	traeré	traería	traiga	trajera	trajese		
tú	traes	traías	trajiste	traerás	traerías	traigas	trajeras	trajeses	trae	no traigas
él/ella/Ud.	trae	traía	trajo	traerá	traería	traiga	trajera	trajese	traiga	
nosotros	traemos	traíamos	trajimos	traeremos	traeríamos	traigamos	trajéramos	trajésemos	traigamos	
vosotros	traéis	traíais	trajisteis	traeréis	traeríais	traigáis	trajerais	trajeseis	traed	no traigáis
ellos/Uds.	traen	traían	trajeron	traerán	traerían	traigan	trajeran	trajesen	traigan	

Indicativo	Presente	Imperfecto	Pretérito	Futuro	Condicional	Subjuntivo Presente	Subjuntivo Imperfecto	Imperativo Afirmativo	Imperativo Negativo
valer	valgo	valía	valí	valdré	valdría	valga	valiera / valiese		
valiendo	vales	valías	valiste	valdrás	valdrías	valgas	valieras / valieses		
	vale	valía	valió	valdrá	valdría	valga	valiera / valiese		
valido	valemos	valíamos	valimos	valdremos	valdríamos	valgamos	valiéramos / valiésemos		
	valéis	valíais	valisteis	valdréis	valdríais	valgáis	valierais / valieseis		
	valen	valían	valieron	valdrán	valdrían	valgan	valieran / valiesen		
venir	vengo	venía	vine	vendré	vendría	venga	viniera / viniese		
viniendo	vienes	venías	viniste	vendrás	vendrías	vengas	vinieras / vinieses	ven	no vengas
	viene	venía	vino	vendrá	vendría	venga	viniera / viniese	venga	
venido	venimos	veníamos	vinimos	vendremos	vendríamos	vengamos	viniéramos / viniésemos	vengamos	
	venís	veníais	vinisteis	vendréis	vendríais	vengáis	vinierais / vinieseis	venid	no vengáis
	vienen	venían	vinieron	vendrán	vendrían	vengan	vinieran / viniesen	vengan	
ver	veo	veía	vi	veré	vería	vea	viera / viese		
viendo	ves	veías	viste	verás	verías	veas	vieras / vieses	ve	no veas
	ve	veía	vio	verá	vería	vea	viera / viese	vea	
visto	vemos	veíamos	vimos	veremos	veríamos	veamos	viéramos / viésemos	veamos	
	veis	veíais	visteis	veréis	veríais	veáis	vierais / vieseis	ved	no veáis
	ven	veían	vieron	verán	verían	vean	vieran / viesen	vean	

Verbos con cambios en el radical

Verbos de la primera y de la segunda conjugación (-ar y -er): o → ue

Indicativo

	Presente	Imperfecto	Pretérito	Futuro	Condicional
contar	cuento	contaba	conté	contaré	contaría
	cuentas	contabas	contaste	contarás	contarías
contando	cuenta	contaba	contó	contará	contaría
	contamos	contábamos	contamos	contaremos	contaríamos
contado	contáis	contabais	contasteis	contaréis	contaríais
	cuentan	contaban	contaron	contarán	contarían
volver	vuelvo	volvía	volví	volveré	volvería
	vuelves	volvías	volviste	volverás	volverías
volviendo	vuelve	volvía	volvió	volverá	volvería
	volvemos	volvíamos	volvimos	volveremos	volveríamos
vuelto	volvéis	volvías	volvisteis	volveréis	volveríais
	vuelven	volvían	volvieron	volverán	volverían

Subjuntivo

Presente	Imperfecto	Imperfecto
cuente	contara	contase
cuentes	contaras	contases
cuente	contara	contase
contemos	contáramos	contásemos
contéis	contarais	contaseis
cuenten	contaran	contasen
vuelva	volviera	volviese
vuelvas	volvieras	volvieses
vuelva	volviera	volviese
volvamos	volviéramos	volviésemos
volváis	volvierais	volvieseis
vuelvan	volvieran	volviesen

Imperativo

Afirmativo	Negativo
cuenta	no cuentes
cuente	
contemos	
contad	no contéis
cuenten	
vuelve	no vuelvas
vuelva	
volvamos	
volved	no volváis
vuelvan	

Otros verbos: acordarse, acostar(se), almorzar, apostar, colgar, costar, demostrar, encontrar, llover, mover, mostrar, probar, recordar, rogar, soler, sonar, soñar, torcer, volar

Verbos de la primera y de la segunda conjugación (-ar y -er): e → ie

Indicativo

	Presente	Imperfecto	Pretérito	Futuro	Condicional
pensar	pienso	pensaba	pensé	pensaré	pensaría
	piensas	pensabas	pensaste	pensarás	pensarías
	piensa	pensaba	pensó	pensará	pensaría
pensando	pensamos	pensábamos	pensamos	pensaremos	pensaríamos
	pensáis	pensabais	pensasteis	pensaréis	pensaríais
pensado	piensan	pensaban	pensaron	pensarán	pensarían
entender	entiendo	entendía	entendí	entenderé	entendería
	entiendes	entendías	entendiste	entenderás	entenderías
entendiendo	entiende	entendía	entendió	entenderá	entendería
	entendemos	entendíamos	entendimos	entenderemos	entenderíamos
entendido	entendéis	entendíais	entendisteis	entenderéis	entenderíais
	entienden	entendían	entendieron	entenderán	entenderían

Subjuntivo

Presente	Imperfecto	
piense	pensara	pensase
pienses	pensaras	pensases
piense	pensara	pensase
pensemos	pensáramos	pensásemos
penséis	pensarais	pensaseis
piensen	pensaran	pensasen
entienda	entendiera	entendiese
entiendas	entendieras	entendieses
entienda	entendiera	entendiese
entendamos	entendiéramos	entendiésemos
entendáis	entendierais	entendieseis
entiendan	entendieran	entendiesen

Imperativo

Afirmativo	Negativo
piensa	no pienses
piense	
pensemos	
pensad	no penséis
piensen	
entiende	no entiendas
entienda	
entendamos	
entended	no entendáis
entiendan	

Otros verbos: apretar, atravesar, calentar, cerrar, comenzar, confesar, despertar(se), empezar, encender, entender, gobernar, negar, nevar, perder, sentar(se), regar, temblar, tender, tropezar

Verbos de la tercera conjugación (-ir) o → ue → u

Indicativo

	Presente	Imperfecto	Pretérito	Futuro	Condicional
dormir	duermo	dormía	dormí	dormiré	dormiría
	duermes	dormías	dormiste	dormirás	dormirías
durmiendo	duerme	dormía	durmió	dormirá	dormiría
	dormimos	dormíamos	dormimos	dormiremos	dormiríamos
dormido	dormís	dormíais	dormisteis	dormiréis	dormiríais
	duermen	dormían	durmieron	dormirán	dormirían

Subjuntivo

Presente	Imperfecto	
duerma	durmiera	durmiese
duermas	durmieras	durmieses
duerma	durmiera	durmiese
durmamos	durmiéramos	durmiésemos
durmáis	durmierais	durmieseis
duerman	durmieran	durmiesen

Imperativo

Afirmativo	Negativo
duerme	no duermas
duerma	
durmamos	
dormid	no durmáis
duerman	

Otro verbo: morir

Verbos de la tercera conjugación (-ir): e → ie → i

Indicativo

	Presente	Imperfecto	Pretérito	Futuro	Condicional
mentir	miento	mentía	mentí	mentiré	mentiría
	mientes	mentías	mentiste	mentirás	mentirías
mintiendo	miente	mentía	mintió	mentirá	mentiría
	mentimos	mentíamos	mentimos	mentiremos	mentiríamos
mentido	mentís	mentíais	mentisteis	mentiréis	mentiríais
	mienten	mentían	mintieron	mentirán	mentirían

Subjuntivo

Presente	Imperfecto	
mienta	mintiera	mintiese
mientas	mintieras	mintieses
mienta	mintiera	mintiese
mintamos	mintiéramos	mintiésemos
mintáis	mintierais	mintieseis
mientan	mintieran	mintiesen

Imperativo

Afirmativo	Negativo
miente	no mientas
mienta	
mintamos	
mentid	no mintáis
mientan	

Otros verbos: advertir, arrepentir(se), consentir, convertir(se), divertir(se), herir, preferir, referir, sugerir

Verbos de la tercera conjugación (-ir): e → i

Indicativo

	Presente	Imperfecto	Pretérito	Futuro	Condicional
pedir	pido	pedía	pedí	pediré	pediría
	pides	pedías	pediste	pedirás	pedirías
pidiendo	pide	pedía	pidió	pedirá	pediría
	pedimos	pedíamos	pedimos	pediremos	pediríamos
pedido	pedís	pedíais	pedisteis	pediréis	pediríais
	piden	pedían	pidieron	pedirán	pedirían

Subjuntivo

Presente	Imperfecto	
pida	pidiera	pidiese
pidas	pidieras	pidieses
pida	pidiera	pidiese
pidamos	pidiéramos	pidiésemos
pidáis	pidierais	pidieseis
pidan	pidieran	pidiesen

Imperativo

Afirmativo	Negativo
pide	no pidas
pida	
pidamos	
pedid	no pidáis
pidan	

Otros verbos: competir, concebir, despedir(se), elegir, impedir, perseguir, reír(se), repetir, reñir, seguir, servir, vestir(se)

Verbos de cambio ortográfico

-gar g → **gu** *delante de* e

Verbo	Indicativo Pretérito	Subjuntivo Presente
llegar	llegué	llegue
	llegaste	llegues
	llegó	llegue
	llegamos	lleguemos
	llegasteis	lleguéis
	llegaron	lleguen

Otros verbos: colgar, navegar, obligar, pagar, rogar, jugar

-ger, -gir g → **j** *delante de* a *y* o

Verbo	Indicativo Pretérito	Subjuntivo Presente
proteger	protejo	proteja
	proteges	protejas
	protege	proteja
	protegemos	protejamos
	protegéis	protejáis
	protegen	protejan

Otros verbos: coger, dirigir, escoger, exigir, recoger, corregir

-gar g → **gü** *delante de* e

Verbo	Indicativo Pretérito	Subjuntivo Presente
averiguar	averigüé	averigüe
	averiguaste	averigües
	averiguó	averigüe
	averiguamos	averigüemos
	averiguasteis	averigüéis
	averiguaron	averigüen

Otro verbo: apaciguar

-guir gu → **g** *delante de* o *y* a

Verbo	Indicativo Presente	Subjuntivo Presente
seguir	sigo	siga
	sigues	sigas
	sigue	siga
	seguimos	sigamos
	seguís	sigáis
	siguen	sigan

Otros verbos: conseguir, distinguir, perseguir, proseguir

-cer, -cir *después de una vocal* c → **zc** *delante de* a *y* o

Verbo	Indicativo Presente	Subjuntivo Presente
conocer	conozco	conozca
	conoces	conozcas
	conoce	conozca
	conocemos	conozcamos
	conocéis	conozcáis
	conocen	conozcan

Otros verbos: agradecer, aparecer, establecer, merecer, obedecer, producir, ofrecer, conducir, deducir, introducir

-cer, -cir *después de una consonante* c → **z** *delante de* a *y* o

Verbo	Indicativo Presente	Subjuntivo Presente
vencer	venzo	venza
	vences	venzas
	vence	venza
	vencemos	venzamos
	vencéis	venzáis
	vencen	venzan

Otros verbos: convencer, esparcir, torcer, ejercer

-car c → qu delante de e

Verbo	Indicativo Pretérito	Subjuntivo Presente
buscar	busqué	busque
	buscaste	busques
	buscó	busque
	buscamos	busquemos
	buscasteis	busquéis
	buscaron	busquen

Otros verbos: comunicar, explicar, indicar, sacar, tocar, platicar, atacar, colocar, dedicar

-zar z → c delante de e

Verbo	Indicativo Pretérito	Subjuntivo Presente
comenzar	comencé	comience
	comenzaste	comiences
	comenzó	comience
	comenzamos	comencemos
	comenzasteis	comencéis
	comenzaron	comiencen

Otros verbos: abrazar, almorzar, cruzar, empezar, gozar, alcanzar, avanzar, cazar, lanzar

-aer, -eer i (no acentuada) → y entre vocales

Verbo	Indicativo Pretérito	Subjuntivo Imperfecto
creer	creí	creyera
	creíste	creyeras
	creyó	creyera
creyendo	creímos	creyéramos
	creísteis	creyerais
creído	creyeron	creyeran

Otros verbos: leer, poseer, caer

-uar u → ú

Verbo	Indicativo Presente	Subjuntivo Presente
actuar	actúo	actúe
	actúas	actúes
	actúa	actúe
	actuamos	actuemos
	actuáis	actuéis
	actúan	actúen

Otros verbos: acentuar, continuar, efectuar, graduar(se), situar

-iar i → í

Verbo	Indicativo Presente	Subjuntivo Presente
enviar	envío	envíe
	envías	envíes
	envía	envíe
	enviamos	enviemos
	enviáis	enviéis
	envían	envíen

Otros verbos: ampliar, criar, enfriar, guiar, variar, confiar, desviar, fiar(se)

-eír pierde una e

Verbo	Indicativo Pretérito	Subjuntivo Imperfecto
reír	reí	riera
	reíste	rieras
	rió	riera
riendo	reímos	riéramos
	reísteis	rierais
reído	rieron	rieran

Otros verbos: sonreír, freír

-uir i (no acentuada) → **y** entre vocales (menos **-quir**)

Verbo	Indicativo		Imperativo	Subjuntivo	
	Presente	Pretérito		Presente	Imperfecto
huir	huyo	huí		huya	huyera
	huyes	huiste	huye	huyas	huyeras
	huye	huyó	huya	huya	huyera
huyendo	huimos	huimos	huyamos	huyamos	huyéramos
	huís	huisteis	huid	huyáis	huyerais
huido	huyen	huyeron	huyan	huyan	huyeran

Otros verbos: construir, concluir, contribuir, destruir, instruir, sustituir

Index

293

295

W

Y